国家出版基金项目
NATIONAL PUBLICATION FOUNDATION

"船舶智能制造关键共性技术"丛书

船厂大数据技术应用

刘　鹏　吴建军　周同明　范玉顺　张圣洁　主　编

哈尔滨工程大学出版社
Harbin Engineering University Press

内 容 简 介

本书通过介绍船厂大数据技术应用的顶层设计、船厂大数据质量保证方法与技术、船厂大数据分析技术与应用使能工具、基于大数据的派工管控协同优化应用、基于大数据的中间产品物流分析与智能优化应用、基于大数据的船厂智能能源管控等内容,解决了造船业数字化应用不足、数据孤岛、数据质量低、数据利用效率低的现状和问题,可为从事船舶设计、船舶建造、生产管理等工作的人员提供一定参考。

相信本书能够为广大造船企业业务实推进智能制造提供指导与帮助。

图书在版编目(CIP)数据

船厂大数据技术应用/刘鹏等主编. —哈尔滨:
哈尔滨工程大学出版社,2023. 11
ISBN 978-7-5661-4036-4

Ⅰ.①船… Ⅱ.①刘… Ⅲ.①船厂-数据处理 Ⅳ.
①U673-39

中国版本图书馆 CIP 数据核字(2023)第 129271 号

船厂大数据技术应用
CHUANCHANG DASHUJU JISHU YINGYONG

选题策划	史大伟 汪 璇 周长江
责任编辑	石 岭
封面设计	李海波

出版发行	哈尔滨工程大学出版社
社　　址	哈尔滨市南岗区南通大街 145 号
邮政编码	150001
发行电话	0451-82519328
传　　真	0451-82519699
经　　销	新华书店
印　　刷	哈尔滨午阳印刷有限公司
开　　本	787 mm×1 092 mm　1/16
印　　张	12
字　　数	301 千字
版　　次	2023 年 11 月第 1 版
印　　次	2023 年 11 月第 1 次印刷
书　　号	ISBN 978-7-5661-4036-4
定　　价	65.00 元

http://www.hrbeupress.com
E-mail:heupress@ hrbeu.edu.cn

《船厂大数据技术应用》
编　委　会

主　编

刘　鹏　　吴建军　　周同明　　范玉顺　　张圣洁

副主编

周文鑫　　刘连臣　　沈文轩　　吴　韩　　朱若凡　　王　飞

编写人员

储云泽	于　航	姜　军	郗金波	汪　璇	王　旭
谢子明	黄敏健	饶　靖	赵　晶	牛延丹	周荣富
陈好楠	张　然	马秋杰	邵明智	杨　虎	郭　佳
黄建伟	李　波	陈卫彬	封雨生	徐　鹏	张　宇
胡小锋	张亚辉	陆燕辉	马誉贤	刘建峰	倪　健
张宝民	苏华德	吴　佩	田　凌	李敬花	杨博歆
周青骅	习　猛	瞿雪刚	罗　金	万　莉	钱振华
周　瑜	戴　伟	马彦军	伍英杰	宋建伟	张亚运
王素清	沈　伟	刘玉峰	唐诗渊	唐永生	李　迎
张　俭	陆　豆	张致宁	李　季		

前　　言

随着全球新一轮科技革命和产业变革深入发展,新一代信息技术与先进制造技术加速融合,为制造业高端化、智能化、绿色化发展提供了历史机遇,世界造船强国纷纷规划建设智能船厂,以智能制造为抓手,力图抢占全球制造业新一轮竞争制高点。船舶制造是典型的离散型生产,具有船厂空间尺度大、船舶建造周期相对较长、工艺流程复杂、单件小批量生产、中间产品种类繁多、物理尺寸差异大、作业环境相对恶劣等行业特点,对智能制造技术提出了特殊要求。

近年来,在国家的关心指导、行业的不断努力下,我国船舶工业实现了跨越式发展,产业规模迅速扩大,国际市场份额大幅跃升,造船三大指标位居世界前列,船舶工业核心设施和技术能力大幅提升,形成了长三角、珠三角和环渤海湾三大造船基地;造船核心设施能力达到国际领先水平,骨干船厂建立起以中间产品组织生产为特征的现代总装造船模式,并不同程度地开展了智能化转型探索工作,取得了一定成效。但是我国船舶工业大而不强的问题依然存在,造船质量、效率与世界先进造船国家相比还存在一定差距,我国船舶制造业处于数字化制造起步阶段,各造船企业发展水平参差不齐,三维数字化工艺设计能力不足,关键工艺环节装备自动化水平不高,基础数据缺乏积累,互联互通能力薄弱,集成化水平低等问题亟待解决。未来的 10~20 年是我国由造船大国向造船强国迈进的关键时期,也是我国造船企业通过技术创新实现转型升级、由大到强的重要发展机遇期,风险更大,挑战更为激烈。

为贯彻落实海洋强国、造船强国国家战略,国家相关部委先后发布了《推进船舶总装建造智能化转型行动计划(2019—2021 年)》(工信部联装〔2018〕287 号)、《船舶总装建造智能化标准体系建设指南(2020 版)》(工信厅科〔2020〕36 号)等规划文件,旨在加快新一代信息通信技术与先进造船技术的深度融合,提高我国造船效率和质量,推进船舶总装建造数字化、智能化转型。2016 年 12 月 20 日,工业和信息化部、财政部批复"船舶智能制造关键共性技术专项"项目立项,专项以船舶智能车间为对象,研究突破船舶智能制造关键共性技术,形成船舶智能制造核心技术和系统集成能力,使我国船舶企业建造技术水平跃上一个新台阶,缩短与国际先进造船国家的差距。通过"船舶智能制造关键共性技术专项"四年的研究,形成了一批船舶智能制造关键技术研究成果。为更好地推广科研成果,实现行业共享,项目组将专项的主要研究成果编辑成一套"船舶智能制造关键共性技术"丛书,该丛书以船舶智能车间为对象,通过对面向智能制造的船舶设计技术、船舶智能制造集成技术应用以及互联互通的船舶智能制造车间基础平台开发的相关研究总结,形成船舶智能制造关键共性技术的知识文库,为我国造船企业推进智能制造提供方向指引和知识支撑,助推提升企业造船效率和质量水平,为进一步构建智能船厂,实现我国由造船大国向造船强国的转变打下坚实基础。

本丛书共十一分册,各分册主要内容如下:

第一分册《船舶智能制造数字化设计技术》主要介绍船舶智能制造的数据源头数字化设计技术,包括基于统一三维模型的详细设计及审图、设计与生产集成、三维工艺可视化作业指导以及面向智能制造的产品数据管理系统开发与应用等内容。

第二分册《船舶智能制造工艺设计》主要介绍船体构件加工成形、船体焊接、管子加工、船体结构件装配、分段舾装、涂装等关键工艺环节的工艺模型设计、工艺特征描述、工艺路线设计、工艺知识库构建。

第三分册《船舶智能制造模式》主要介绍造船企业智能化转型的目标图像,分析国内骨干造船企业智能制造技术总体水平与差异,构建以信息物理系统为核心的船舶智能制造系统架构,研究船舶智能制造的设计、管控生产模式,并给出实施路径与评估评价方法。

第四分册《船舶智能制造车间解决方案》主要介绍船舶智能车间通用模型、面向智能制造的船舶中间产品工艺路线制定,提出船体分段、管子加工与分段涂装智能车间解决方案。

第五分册《船舶中间产品智能生产线设计技术》主要介绍国内骨干船厂中间产品生产线的发展现状以及对自动化、智能化程度的需求,研究型材切割、条材切割、船体小组立、平面分段、管子加工等典型中间产品生产线的设计方案,设计开发智能控制系统并验证,支持各类中间产品智能生产线的应用。

第六分册《船舶智能制造的统一数据库集成平台》主要介绍数据库顶层设计、数据库设计规范、数据库标准接口和数据库集成开发技术。

第七分册《船厂大数据技术应用》主要介绍船厂大数据应用的顶层设计、大数据质量保证、大数据分析和应用使能工具等技术,并对基于大数据的派工管控协同优化、分段物流分析与智能优化、船厂能源管控优化进行应用研究。

第八分册《船舶车间智能制造感知技术》主要介绍船舶分段制造车间定位技术、船舶制造中间产品几何信息感知技术、车间资源状态信息采集技术、船舶焊接与涂装车间环境感知应用技术。

第九分册《船舶制造车间组网技术》主要介绍船舶制造车间复杂作业环境下的网络构建和覆盖、制造过程物联,构建基于物联网的可控、可管、可扩展和可信的船舶分段制造车

间网络空间架构。

　　第十分册《船舶智能制造海量数据传输与融合技术》主要介绍基于三维模型的海量数据传输技术及海量异构数据融合、管理技术。

　　第十一分册《船舶分段车间数字化多工位协同制造技术》主要介绍船舶分段制造车间切割、焊接等多工位协同作业、协同机制分析技术与船舶制造现场多数据源协同集成技术。

　　本丛书是项目团队花费大量时间和精力研究、编写的成果，希望能够得到广大读者的认可和支持。同时，我们也期待着读者的宝贵意见和建议，以便我们不断改进和完善本丛书的内容，为读者提供更加优质的服务和产品。

　　最后，我们要感谢所有参与本丛书编写和出版的人员及单位，他们的付出和支持是本丛书能够顺利出版的重要保障；还要感谢所有关注和支持智能制造技术发展的人，让我们共同推动智能制造技术在船舶行业的广泛应用和发展，为实现船舶工业数字化、智能化转型而不懈努力！

编　者

2023 年 5 月

目　　录

第1章 船厂大数据技术
应用的顶层设计

1.1 概　述

　　船厂大数据技术应用的顶层设计立足于船厂现状,着眼于船舶制造的行业特点和要求。本章首先通过梳理和整合,面向船舶制造进行统一大数据环境分析,从顶层建立了跨业务、跨专业、跨部门的船厂大数据视图,设计了船厂结构化、非结构化数据模型,统筹船厂大数据的规划,提出了船厂知识共享机制和流程,建立了知识协同评价指标体系,在此基础上提出了船厂大数据建立集成与共享的机制,为我国船厂大数据技术应用顶层设计的组织实施提供指导;其次基于船厂大数据环境和数据模型的分析,从信息技术和船舶行业技术两个维度出发,围绕船舶分段制造过程,制订了船厂智能制造大数据相关标准规范;最后围绕船厂在提高效率、降低成本等方面的需求,开展了面向船舶智能制造的共性大数据应用技术、使能工具和方法的调研分析,为船厂开展大数据技术应用提供支持。

1.2　面向船舶制造的统一大数据环境分析和数据模型

1.2.1　船厂已有信息化基础和大数据应用现状

　　当前很多船厂已经建设了产品数据管理(PDM)系统、计算机辅助工艺设计(CAPP)系统、企业资源计划(ERP)和制造执行系统(MES)等信息系统,上海外高桥造船有限公司等少数骨干船厂开展了计算机执行制造系统(CIMS)技术等的研究,但CIMS的应用缺乏突破性进展,各个部门之间存在信息孤岛等现象,仍有大量的制造过程缺乏数据记录,数据质量难以保证,难以从中获取有价值的知识来指导后续的优化。船舶产品开发流程、设计流程、审批流程、送审流程和制造流程等基本上还是以手动执行为主,各流程节点的派工也以纸质任务单为主,信息化程度有待提高。制造任务所需要的数据一般也以口头或书面通知,再由具体执行人员重新进行数据组织,任务数据难以自动衔接,因此在任务执行过程中,对数据往往需要进行确认等辅助工作,降低了生产效率,同时制造过程缺乏对突发事件的应对机制。大量数据由人工录入而不是系统间集成,缺乏自动化、规范化的录入手段,难免会产生因输入失误、量纲理解不一致等造成的数据错误或缺失。

　　新一轮科技革命和产业革命兴起,将引发船舶建造业分工格局的深度调整,船舶制造模式加快向设计智能化、产品智能化、管理精细化、信息集成化等方向发展,世界上多个造船强国已经提出打造智能船厂的目标。

目前大数据技术在航运领域已经有了诸多应用,通过对各大班轮联盟从中国出口到全球港口的船期的挂靠频次大数据进行一系列提取、整理、分析与可视化,得到港口热力图,从中可以看到各大班轮联盟在全球的网络布点情况,形象化的大数据为航运业班轮公司提供一系列预测分析,也可看出国家出口贸易的热点分布,为航线开发的规划提供参考依据。大数据服务也在航运业有着重要的发展前景,从数以百万计的班轮船期信息中挖掘出动态船舶地理位置,集装箱地理位置,国际贸易相关客户信息、资金信息等,支持着每年四万亿美元的中国国际贸易;在国际上,以劳氏海损、克拉克森航运情报网、美国皮尔斯公司等为代表,国内以中国航运数据库、中华船舶交易平台、上海航运交易所运价指数平台等为代表,建立了一系列航运大数据服务。

但在船舶建造领域,虽然大数据管理与应用的需求强烈,但基于大数据技术的应用案例还较少。造船行业大数据应用需求主要有:提高船舶建造计划的精确度和合理性;加快信息技术、制造与营运的整合;提高制造效率;监测并追溯具体生产设备;打破孤岛式的质量管理;量化日常生产对财务业绩的影响;通过监控制造过程提供预防性维护建议等。在智能船厂建设过程中,利用船舶建造大数据实现船舶制造过程优化,优化生产效率、产品质量、生产负载、在制品库存、设备利用率、制造成本等各类指标,缩短交船周期,对船厂综合竞争力的提高具有重要意义。

我国造船业在许多制造场景中都需要应用船舶建造大数据。在造船精度管理方面,国内船厂的制造设备水平远远高于 20 世纪 90 年代日本船厂的制造设备水平,但造船精度管理水平却落后于同时期日本的造船精度管理水平,而先吊装主机后装管路技术、上层建筑整体吊装技术等都建立在船舶精度控制技术的高水准之上。在漫长的制造周期中,严格的船舶分段制造的精度控制必不可少,每个工艺流程的精度水平都将影响后续流程的顺利实施,船体建造精度的数据采集和分析对工艺过程中工件的几何形状、尺寸和位置等的控制具有重要作用,测量得到的船体建造精度数据是实现精度控制的重要依据。在焊接变形的预测与控制方面,焊接方法、焊接过程工艺参数、焊接工艺方案选择、零件加工精度、环境参数等的优化是控制焊接变形的主要手段,这主要建立在历史数据的基础上。

船厂大数据应用具有广阔的前景,通过对造船过程中各项工艺流程建立优化模型,基于历史或实时数据的分析找出最合适的工艺路线、工艺方案、工艺参数、零件加工精度以及环境参数等,可以实现造船效率和质量的提升,以大数据助力建设造船强国。

1.2.2 船厂大数据环境分析和大数据视图建立

船厂的核心业务是造船。现代船舶的制造是应用成组技术和相似性原理,通过分道设计实施以中间产品(零件、部件、分段等)为导向、分类成组,以组为单位安排人员、设备等生产资源,在规定的生产单元内,建立成组生产单元或分道作业线,完成固定工艺流程的全部作业,经过逐级制造,最终合成整船。船厂的船舶产量相对汽车、家电等行业来说很少,但船舶构成船体的零件数以万计,且这些零件结构大多不同,并非大批量生产。现代船舶制造是通过合理的工程分解,组织定速、定位置、定作业、连续的单件流水生产,使船舶制造具备大批量生产的特点,实现生产效率的提高。正是由于这种基于工程分解的造船模式,船舶建造的各部分生产相对独立化,要协调船厂各部门的工作,就需要加强跨组织、跨业务的信息交互,因而需要从顶层梳理船厂数据,建立涵盖不同业务范围、指导企业信息架构设计的船厂大数据视图。

船厂组织规模庞大、部门科室众多、专业工种复杂,船舶产品建造周期长、工作量大、作业面广、制造流程复杂,各组织、各业务又分别有独立、自成体系的信息系统,这些导致船厂大数据分布分散、多源异构,难以实现组织管理和应用。船厂大数据视图建立的基础是对整个船舶制造过程中各类业务所涉及的相关信息进行分类梳理,而船厂不同业务都由相应的部门负责,如生产保障部负责各类生产设备的管理,生产管理部负责造船计划编制和确保生产计划落实,质量管理部负责对生产过程进行质量监督与控制。船厂相关人员通过对船厂不同业务部门核心数据资产的调研,建立船厂大数据视图,为船厂大数据的采集、清洗、分析与应用提供顶层框架指导。

基于实地调研所得的船厂数据主要包括结构化、半结构化和非结构化三类,这些不同格式的信息是船厂大数据的主要来源。技术文档、专利、标准、图纸等属于非结构化数据;船厂建立的设计管理系统、物资管理系统、物流管理系统、生产管理系统、质量管理系统、制造执行系统等核心信息系统的数据库存储的数据属于结构化数据;来自船厂的电子邮件系统、网页、报表、博客、微信等平台的数据属于半结构化数据。半结构化数据也是结构化数据的一种形式,它并不符合关系型数据库或其他以数据表的形式关联起来的数据模型结构,但包含相关标记,用来分隔语义元素以及对记录和字段进行分层,半结构化数据的扩展性很好,其同一类实体可以有不同数量或顺序的属性。

通过对船厂智能制造大数据的分类梳理,建立的船厂大数据视图如图 1-1 所示,主要包括数据来源层、资源层、业务层和管理层。该数据视图是结合船厂生产特点和业务需求,从信息建设的顶层对船厂核心大数据资产的统筹与整合。

1.2.3　船厂数据特性分析与数据模型设计

船厂已有的数据是船厂大数据建立与分析的基础,此外,还有一些数据是船厂未能定义与采集的,但又对船厂的业务执行有重要影响。下面对这几类数据的特性进行分析。

船厂现有的各种信息系统中保存着订单数据、设计数据、供应商数据、生产计划数据、制造执行数据等,这些数据主要由传统的关系数据库系统进行管理,以结构化数据的形式存储。它们应用广泛,构成了目前船厂数据的主体。目前,船厂针对不同业务系统之间的数据交换做了大量工作,开发了一系列数据接口,企业信息集成水平有了很大的提升。

来自船厂的电子邮件系统、网页、报表、博客、微信等平台的数据,主要以半结构化的形式存在,且数据量随着时间的推移稳步增长。随着船厂信息化水平的提高、自动化孤岛的逐渐消除,数据量增长速度加快,这些数据蕴含着宝贵的知识,目前还缺乏有序化的组织管理,难以被船厂其他人员有效检索或重用,不利于船厂这部分数据价值的充分发挥。

针对非结构化数据,如图档、文档、视频、音频等,目前的管理还仅仅停留在较浅的层面。传统的关系型数据库为非结构化数据提供了大对象的数据类型,将非结构化数据以二进制数据的形式存储在数据库中,或将关系型数据库与文件系统结合起来,将非结构化数据以文件格式存储在文件系统中,而对该文件的描述信息以元数据的形式存储在数据库中,这些非结构化数据存储方法缺乏对数据中所蕴含知识的挖掘与智能化管理。国内一些大型的非结构化数据管理平台如阿里云,可以提供图像识别、全文检索等服务,但船厂还有大量的设计图纸等数据,需要个性化的开发才能实现文件内容的解析和管理。

管理层

生产设计管理	生产计划管理	物流管理	质量管理
设计计划 产品基础数据 图纸目录 文档管理 物料清单信息 设计流程管理	事业计划 大日程计划 搭载网络计划 中日程计划 后行日程计划 工程进度统计	场地信息 运输工具信息 采购供应物流 库存信息 生产物流 销售物流 回收废弃物流	质量管理体系文件 检验计划 质量检验 质量控制 证书管理 质量统计信息 质量培训
成本管理	工时管理	中间产品管理	供应商管理
设计成本 采购成本 生产成本 管理成本 成本核算 成本分析	定额工时信息 实动工时信息 工时分析信息	待加工件信息 船体建造中间产品 舾装中间产品 船舶产品信息	供货商信息 外协加工信息 租赁公司信息 供应能力 供应记录 结算方式

业务层

船体制造信息	管系制造信息	涂装信息	船舶维护保养信息
船体计划信息 船体制造质量信息 船体制造工艺信息 船体材料信息 船体建造阶段 船体建造对象	管系计划信息 管系制造托盘信息 管系制造质量信息 管系制造工艺信息 管系制造阶段 管系制造对象	涂装计划信息 涂装质量信息 涂装工艺信息 涂装材料信息 涂装阶段 涂装对象	船舶故障信息 维修保养计划 维修方式 保养方式 维护保养记录

资源层

组织人员信息	场地资源信息	设备资源信息	工装信息
组织信息 人员信息 职务信息 技能信息 薪资信息	原材料堆放区信息 预处理区域信息 制造场地信息 分段堆放区域信息 船台码头船坞信息	运输设备信息 加工设备信息 起吊设备信息 辅助设备信息 设备运行状态 设备检修维护	工装种类 工装型号 工装功能 负责人员 工作参数信息

数据来源层

结构化数据:物资管理系统、物流管理系统、生产管理系统、质量管理系统、制造执行系统……

非结构化数据:专利、标准、图纸……

半结构化数据:报表、网页、微信……

图1-1 船厂大数据视图

而船厂未能定义与采集的数据如环境数据与三废数据等,由于过去认识和研究条件不足,没有得到人们足够的重视。在目前智能制造的发展趋势下,环境数据和三废数据对船厂建立资源节约型和环境友好型的生产模式有重要的推进作用。对船厂目前尚未建立培育的数据,需结合造船相关业务实物流和信息流的分析,对环境数据、三废数据等进行分类梳理,结合船厂实际业务需求,建立相应的数据规范,以标准指导船厂数据的建立。

　　不同数据的管理,最终都能转化成结构化、非结构化数据的管理问题,结构化数据模型建立的思路与 E-R 模型类似,由于结构化数据的属性较容易获取且具有统一的数据格式,其管理主要依靠关系型数据库。下面主要阐述船厂非结构化数据模型的建立方法。

　　由于非结构化数据具有属性数量不定、属性值的长度多变、父子属性、信息要素的组合毫无规律等特征,因此传统的关系型数据库并不是管理非结构化数据的最佳方案。关系型数据库中存储格式规范的数据,每条记录相当于一个元组,每个元组字段的组成都一样。有的元组并不具备所有字段的值,但关系型数据库会为每个元组分配所有的字段,这样的结构具有高度的预定义特征,便于表与表之间进行数据连接等操作,一般设计好关系型数据库之后,其结构就不能轻易变更。而非关系型数据库(NoSQL 数据库)以键值对应存储数据,结构灵活多变、易扩展,每条记录可以有不一样的属性——可根据需要增减键值对。比如针对文档和视频的数据管理,就需要设计不同的字段(属性),文档属性包括标题、作者、文件类型等,而视频属性包括频率、清晰度等。非结构化数据种类繁多,人们难以预先定义所有非结构化数据的所有属性。因此,设计一种扩展性强、无须预定义的数据模型,对船厂非结构化数据的管理具有重要作用,如图 1-2 所示。

attribute=<AttrName,DataType,DataValue,Unit,isArray>
datasource=<SourceId,SourceName,AT(datasource)>
datarecord=<RecordId,SourceId,AT(datarecord)>
datastatis=<StatisId,RecordId,AT(datastatis),Rule(datastatis)>

图 1-2　船厂非结构化数据模型

　　attribute 表示属性数据,每个属性由属性名(AttrName)、数据类型(DataType)、属性值(DataValue)、单位(Unit)、是否数组(isArray)定义,如果某个属性值是数组,那么就可以用于描述一些实时采集或连续生成的数据序列,如焊接电压;datasource 表示来源数据,用于描述非结构化数据的来源,由来源编号(SourceId)、来源名称(SourceName)、来源属性集(AT(datasource))定义,来源属性集中的属性,都是在 attribute 模式下定义,描述该非结构化数据的来源应该具备的属性;datarecord 是数据记录,是非结构化数据管理的主要对象,由记录编号(RecordId)、来源编号(SourceId)、记录属性集(AT(datarecord))定义,记录属性集中的属性,都是在 attribute 模式下定义,描述该非结构化数据的原始数据记录应该具备的属性;datastatis 是统计数据,由统计编号(StatisId)、记录编号(RecordId)、统计属性集(AT(datastatis))以及统计策略(Rule(datastatis))定义,统计属性集中的属性,都是在 attribute 模式下定义的,统计策略则根据具体的数据清洗方法进行定义,datastatis 是对非结构化数据的一次统计或提炼,比如在船厂的图纸解析数据中,有大量的解析结果是没有实际意义的,这些没有意义的数据仍会存储在 datarecord 模式下,为非结构化数据提供完整性记录,但在 datastatis 模式中,这部分没有意义的数据会被清洗掉,以提高数据质量。

　　基于以上定义的非结构化数据模型进行船厂非结构化数据的描述,通常使用 XML 或 JSON 对非结构化数据进行描述。XML 和 JSON 都具有很好的可读性,并可扩展,都有丰富的解析手段或工具,可根据实际情况决定使用哪种描述语言。下面以船厂图纸数据的描述说明 JSON 在非结构化数据建模方面的用途。

通过对船厂设计图纸的解析,得到 datarecord 数据(部分)如图 1-3 所示,图中对船厂设计图纸的 JSON 描述,实现了对船厂设计图纸基于内容的信息建模,而不仅仅是停留在对图纸名称、容量大小等属性的浅层次定义,这些 JSON 数据为船厂非结构化数据基于内容的深层次管理创造了条件。

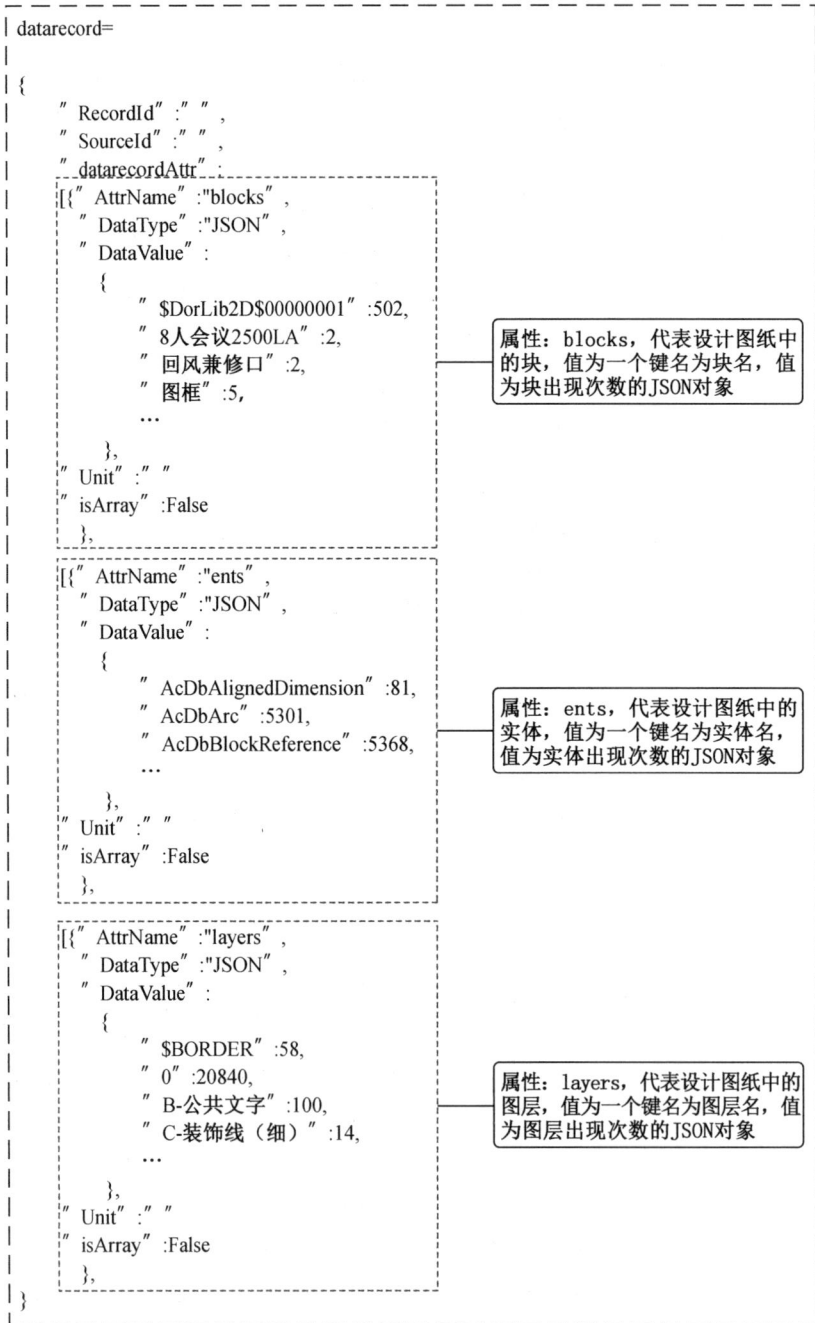

```
datarecord=

{
  "RecordId":"",
  "SourceId":"",
  "datarecordAttr":
  [{"AttrName":"blocks",
    "DataType":"JSON",
    "DataValue":
      {
        "$DorLib2D$00000001":502,
        "8人会议2500LA":2,
        "回风兼修口":2,
        "图框":5,
        …
      },
    "Unit":" "
    "isArray":False
  },

  [{"AttrName":"ents",
    "DataType":"JSON",
    "DataValue":
      {
        "AcDbAlignedDimension":81,
        "AcDbArc":5301,
        "AcDbBlockReference":5368,
        …
      },
    "Unit":" "
    "isArray":False
  },

  [{"AttrName":"layers",
    "DataType":"JSON",
    "DataValue":
      {
        "$BORDER":58,
        "0":20840,
        "B-公共文字":100,
        "C-装饰线（细）":14,
        …
      },
    "Unit":" "
    "isArray":False
  },
}
```

属性:blocks,代表设计图纸中的块,值为一个键名为块名,值为块出现次数的JSON对象

属性:ents,代表设计图纸中的实体,值为一个键名为实体名,值为实体出现次数的JSON对象

属性:layers,代表设计图纸中的图层,值为一个键名为图层名,值为图层出现次数的JSON对象

图 1-3　图纸数据解析结果及其 JSON 描述

描述船厂非结构化数据的 JSON 或 XML 文档,可以用非关系型数据库存储。典型的非关系型数据库如 MongoDB 是以类 JSON 数据格式进行存储的,JSON 字符串没有办法直接写入 MongoDB,可以将 JSON 字符串转换成 DBObject 或 Document,然后写入 MongoDB,实现 JSON 数据的持久化,进而使用该数据库的全文索引等功能。

1.3 船厂智能制造大数据建立机制

1.3.1 船厂知识共享机制和流程

船厂知识共享指知识在船厂中转移、传递和交流的过程。个人或部门的知识能够传播到整个船厂,甚至船厂外部。知识的共享通常有两种方法:一种是信息技术的手段,以知识建模、数据库技术、网络技术等相关技术为代表;另一种是企业组织制度和企业文化方面的手段。企业组织制度和企业文化方面的影响因素是多方面的,领导重视是关键,船厂每个工作人员作为隐性知识的重要来源,也需要相应的激励机制才能够保证人向外界共享知识的积极性。但从技术角度来说,利用信息技术,实现知识的显式化、网络化以及术语的规范化等,是对知识共享的直接支持。

针对船厂知识的显式化、规范化表达,采用本体建模的方法对船厂设计、生产、维护等各类知识进行描述。船厂知识来源复杂、载体形式多样,需要一种灵活、可扩展、便于计算机理解的方式对船厂知识进行规范化描述。本体主要是一种知识组织体系,通过对领域中的概念与概念之间关系的显式描述进行知识的表示和组织。用于船厂知识描述的本体包括五个基本元素:类(class)、属性(property)、限制(restriction of property between class)、实例(instance)、关系(relation between instance)。如图 1-4 所示,以某载重量为 159 000 t 的油船中间产品知识本体为例,展示本体建模中的各项基本元素(类、属性、限制、实例与关系)的使用方式,利用节点和带属性的边构成的有向图描述类与类、实例与实例之间的关系,以易于理解的方式形式化表达船舶中间产品的相关知识。

从信息技术层面看,船厂的知识共享必定基于网络的知识共享,知识存储在数据库中,需要让相应权限的人员浏览、管理这些数据,使不同岗位的工作人员能够快速、准确地获取知识。利用 Web 应用开发技术,建立基于浏览器/服务器模式(B/S)的应用,利用超文本传输协议(http),实现用户与应用的交互,以 OWL 文件为载体,记录不同来源、不同结构的知识数据,从而使不同用户能对数据库中的知识进行访问,实现知识共享。图 1-5 是针对船舶制造工艺知识建立的服务系统框架。

船厂知识共享的流程如图 1-6 所示,在知识建模阶段,科研管理人员依据专家知识、标准规范、图纸文档等材料,建立领域本体模型,并添加相应实例,将生成的 OWL 本体文件存储到关系数据库;船厂专家通过网络访问关系数据库中存储的知识,进行知识模型的审核,给出修改意见。在知识使用阶段,设计、制造人员通过网络访问焊接、舾装、涂装等不同领域知识,在个人业务过程中浏览知识,提高业务水平。在知识更新阶段,船厂工作人员结合自身在业务过程中处理过的有价值的问题,将相应的设计案例、施工案例描述出来,科研管理人员结合这些案例,开展领域本体的更新与实例更新工作,将本体与实例的增、删、查、改通过网络固化到数据库中,实现知识的迭代优化。

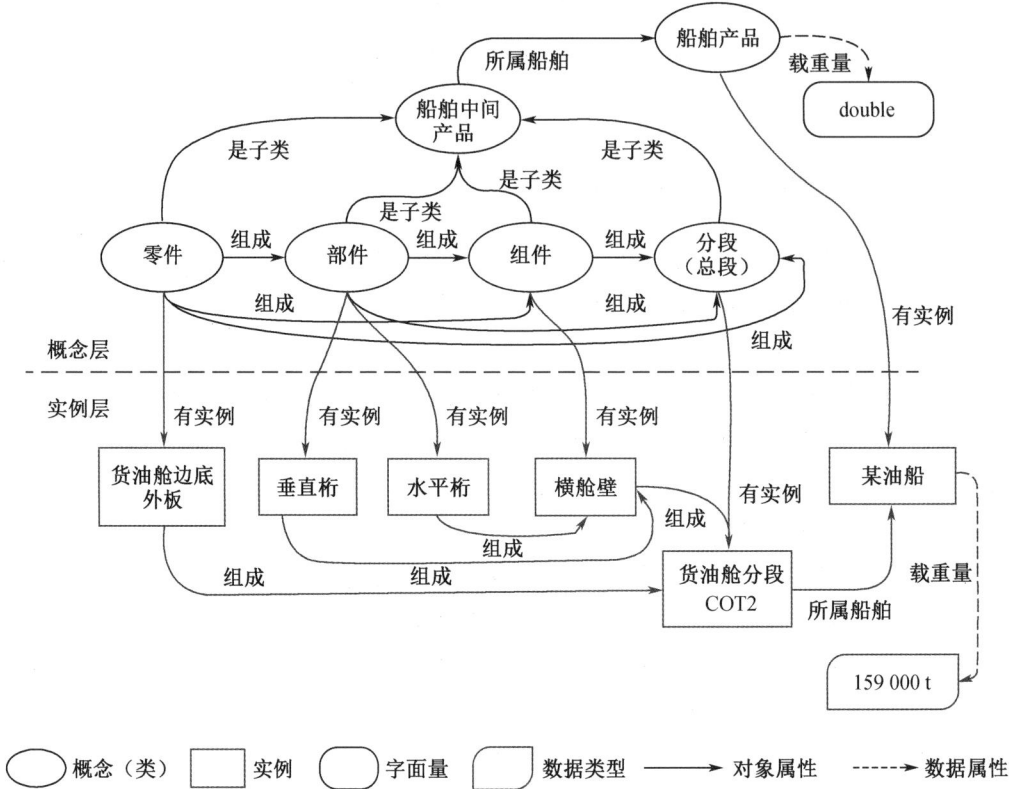

图1-4 本体建模基本元素示例

1.3.2 船厂知识协同评价方法和共享激励机制

船厂组织机构众多、业务流程复杂,其中涉及的知识存在于文档、资料、图纸等有形载体和船厂众多工作人员的经验之中,且对船厂这类制造业务高度复杂的企业而言,存在于不同部门长期生产作业所积累的经验中的隐性知识,是企业财富的主要源泉。而要激励员工或部门共享不同业务活动的有关知识,将隐性知识外化为显性知识,不断建立与扩展船厂大数据的内容,就需要对这些来源不同的知识进行评价,并结合评价结果建立知识共享的激励机制。一方面,初步保障船厂大数据的质量,为船厂大数据的应用奠定基础;另一方面,合理的评价机制能够将知识共享的行为与员工绩效挂钩,促进全员协同创新。

船厂知识的评价与传统的业绩评价有一定的差别,并不完全依据成果所创造的利润或降低的成本进行知识价值的度量。从船厂大数据建立的角度来看,员工提出或创造的知识还具有增加船企知识存量的价值,船厂知识的沉淀将逐渐由量变引发质变,为船厂创新能力的增强提供稳定的支撑。因而针对船厂知识的协同评价指标的制定,有以下几条原则:

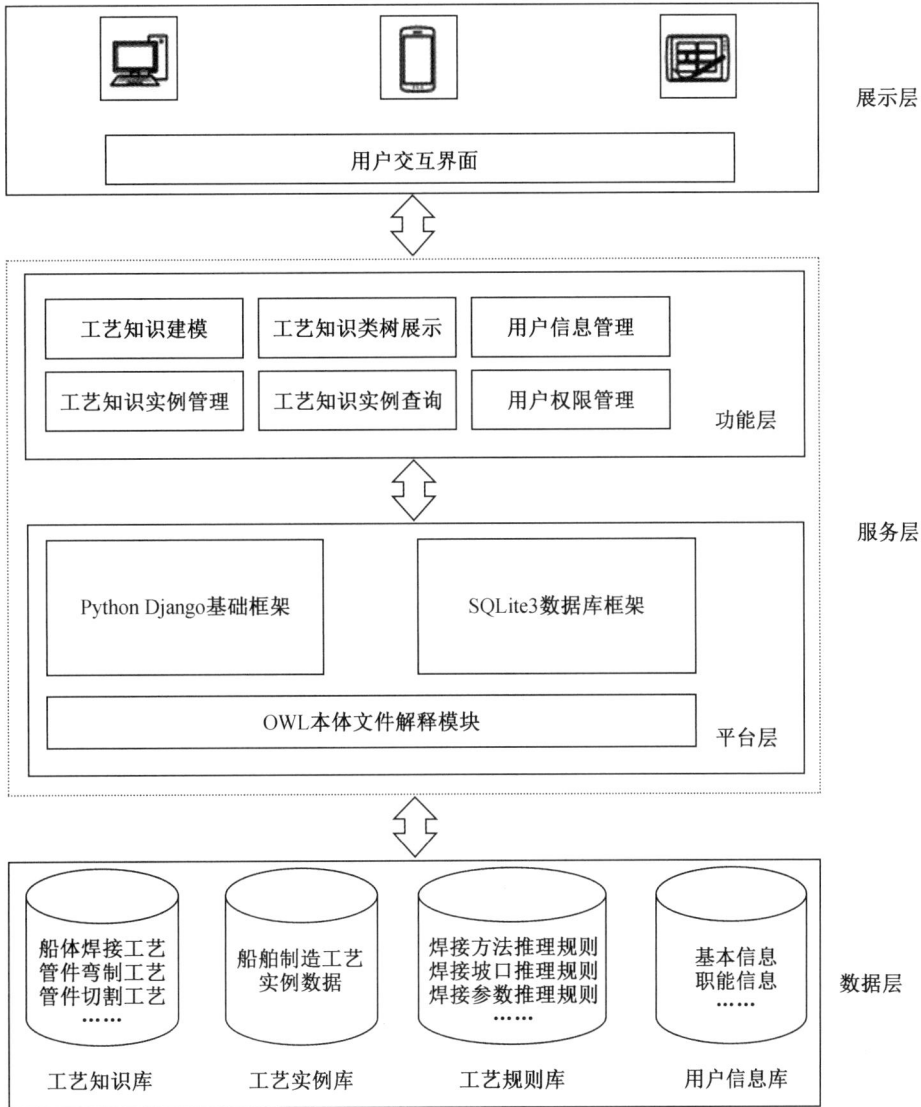

图 1-5　船舶制造工艺知识服务系统框架

（1）完备性原则。知识的评价不仅要反映知识共享的结果，也要反映知识共享的过程，不仅要对知识的成果进行评价，也要综合考虑知识共享的意愿。

（2）共性化和个性化兼顾原则。船厂知识评价指标的确定，要兼顾设计部门、制造部门和管理部门业务职能的异同点，从两方面着手：领导层面应结合船厂战略规划、研发领域等，自顶向下确定知识指标的宏观维度；而业务执行人员、一线员工应结合自身专业特点，自底向上提出符合不同业务特点的、切实可操作的评价指标，并不断为评价指标的迭代优化贡献力量。

（3）可比性原则。知识是比较抽象的概念，但基于船厂知识的形式化定义方法，知识评价指标最终也应明确可考察，且在一定范围内可比较。

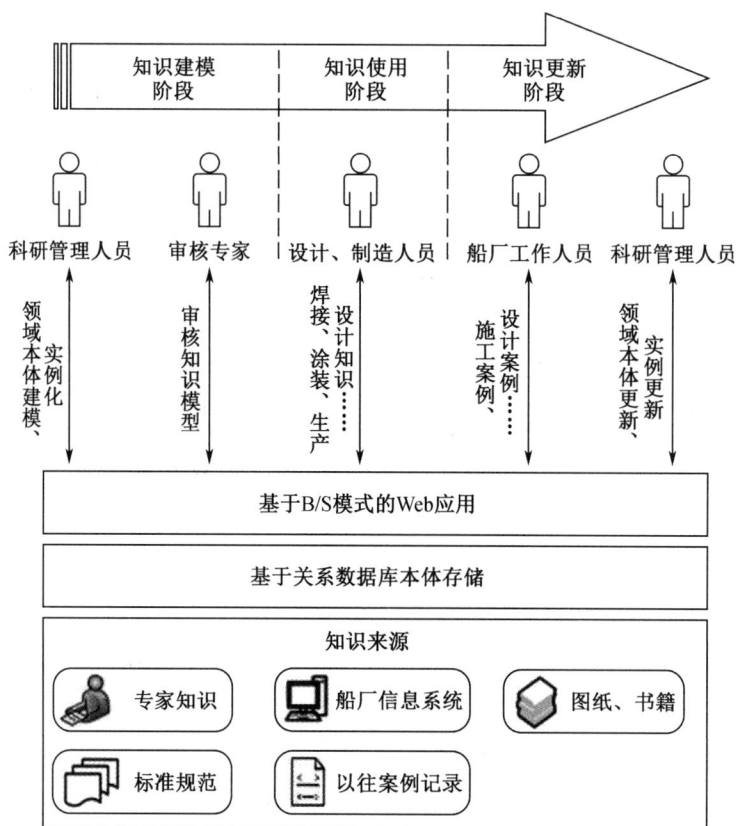

图 1-6　船厂知识共享流程

　　基于以上原则，提出船厂知识共享协同评价指标，对知识进行合理的评价，该评价指标可融合船厂人员对知识共享的主观意愿和客观效果数据，如图 1-7 所示。知识共享的主观意愿表示船厂人员参与船厂知识共享相关工作的主观态度，这部分指标的量化评价主要依据一定范围内团队成员互评，依据互评的结果，从一定程度上能够准确反映知识共享的意愿，这一部分的评价更多的并非针对知识本身，而是针对人，通过对主观意愿的评价，为增强人的知识共享观念和意愿奠定基础。知识共享的客观效果则主要是针对知识本身的评价，理论上团队成员所创造或分享的知识质量越高、知识被引用越多，知识共享的客观效果就越好，这部分的评价既可依据主观互评，又能结合客观数据。

　　船厂知识共享的主观意愿，主要包括团队协作精神、传授知识的积极性、传授知识的能力、学习知识的积极性、学习知识的能力、共享知识的被接受程度等。下面是对主观意愿的二级指标的解释。

　　团队协作精神：反映的是一个互相了解的团队成员之间对彼此团队协作精神的判断，团队协作精神越强，则在日常工作中彼此交流的意愿越强，知识的传递也就越容易。

　　传授知识的积极性和能力：分别反映团队成员作为隐性知识的主要载体，向外输出知识的积极性和能力高低。

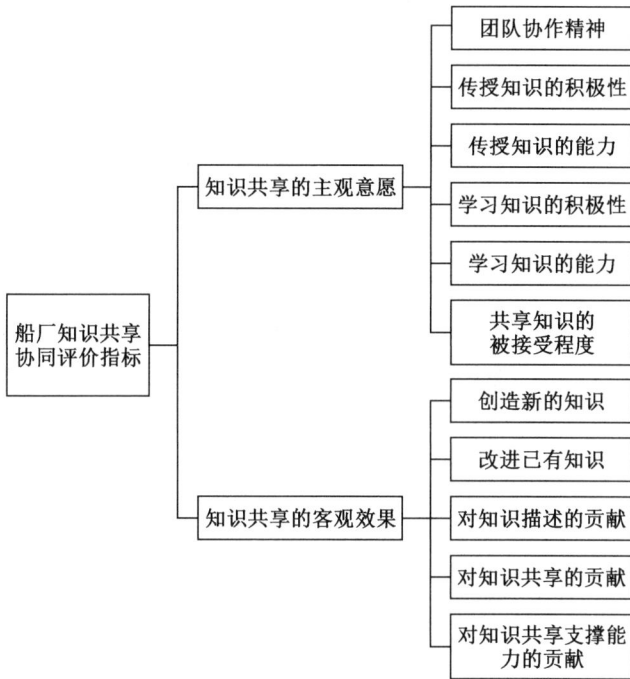

图 1-7　船厂知识共享协同评价指标体系

学习知识的积极性和能力：分别反映团队成员作为隐性知识的主要载体，从外界接受知识的积极性和能力高低。

共享知识的被接受程度：反映的是团队成员向外传授知识时，知识的接收对象从中学习到经验的多少、能否在日后的工作中重用所接收的知识。

船厂知识共享的客观效果主要包括创造新的知识、改进已有知识、对知识描述的贡献、对知识共享的贡献、对知识共享支撑能力的贡献。以下是对客观效果二级指标的解释。

创造新的知识：既包括以形式化方式定义的新知识，也包括在船厂日常生产过程中研究人员的专利、论文、技术指导等半结构化、非结构化的知识产权类载体，这些知识产权类载体经过充分的理解后，也具有转化为形式化知识的可能性。

改进已有知识：对船厂已有知识加以改进，既包括形式化定义的知识，也包括传统的知识载体。

对知识描述的贡献：对船厂不同载体的显性知识、隐性知识进行形式化描述的贡献。知识的建模并非所有专业人员都熟悉，往往需要专门的知识管理人员进行各类知识的结构化描述，进而将技术人员的隐性知识转化为计算机可理解的显性知识。

对知识共享的贡献：对船厂知识共享的客观贡献，包括在船厂举办技术分享会的频次、所分享知识的引用频次、被用户积极评价的频次等，这些数据能从客观上反映知识共享的效果和知识的质量。

对知识共享支撑能力的贡献：知识共享支撑能力主要指结合信息技术、企业管理方法等，促进船厂知识共享方面的贡献，比如建立知识管理系统、建立船厂知识共享社区、提出知识共享规章制度等。

以上评价指标体系的构建,为船厂的知识评价明确方向,在具体的业务过程中相应的指标可调整、可扩展。以下是评价指标的量化方法。

船厂知识评价需要对以上多个抽象或具体指标进行描述,对于多个船厂知识共享的主体,综合不同指标的评价是一个多准则决策(multiple-criteria decision making,MCDM)问题。针对船厂知识评价的多准则决策问题,集成层次分析法(analytic hierarchy process,AHP)和模糊综合评判法实现知识共享量化评价。如图1-8所示,首先依据船厂知识协同评价指标体系建立分层次评价模型,逐层分解上级宏观指标,建立可实测或可调查的具体指标集合,进而分析比较各指标的重要程度(利用比较矩阵反映不同评价指标的相对重要性),最终利用AHP方法计算指标的权值向量,确定不同指标在最终的知识共享评价结果中所占的权重。然后利用模糊综合评判法对不同人员的知识共享进行评分排序(模糊评价矩阵反映不同评价指标对不同评价结果的隶属度)。

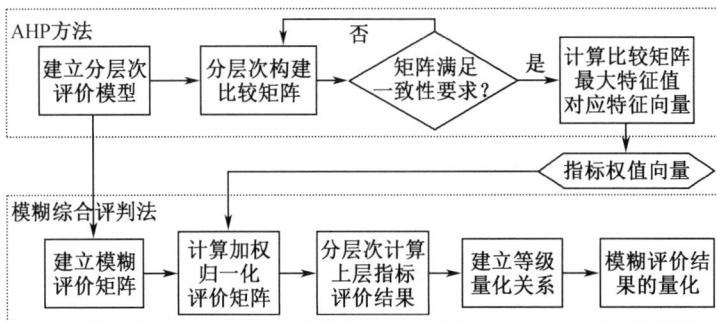

图1-8 集成AHP方法和模糊综合评判法的知识共享量化评价

船厂大数据的建立并非短时间可以完成,需要不同部门的工作人员(尤其是研发人员)积极进行知识的共享。对船厂知识共享的激励,从企业层面要建立相应的制度、形成企业文化,从团队层面要结合知识共享的评价结果,制定相应的激励措施。

从船厂层面,一方面应建立柔性化的组织管理机制,尤其针对研发人员,他们不仅有自己固定的部门组织上下层级属性,还要能在不同的研究项目中担任不同角色,这有利于充分发挥研发人员的主动性和灵活性,这种相对松散的组织管理,避免了不同层级工作人员之间信息流通、知识共享的不顺畅;另一方面应在研发团队发扬民主开放、相互学习的文化氛围,避免在研发过程中领导一言堂的官僚作风,使工作人员能够在自由开放的软环境下主动分享知识、积极学习知识,同时也能增强企业的凝聚力。

从团队层面,不仅要对知识共享的客观效果进行评判,还要对知识共享的主观意愿进行激励。当知识共享的客观效果较好时,可以将其计入绩效,对个人或团队进行工资、奖金、福利、荣誉、职位等方面的奖励;当知识共享主观意愿较为强烈时,可在企业日常工作中安排相应的知识培训,在团队内部给予非物质奖励或适当的物质奖励。

在船厂展开知识共享工作的不同阶段,评价指标与激励机制也应当适应性调整。比如在船厂还未建立好完备的知识管理系统的情况下,可以对"知识共享支撑能力方面的贡献"

加大评价权重;而在船厂已有海量形式化定义知识的情况下,可增加"改进已有知识"的权重。此外,船厂还应培养专门的知识管理人才,为船厂知识的建立与维护工作提供稳定的支撑。

1.3.3 船企数据集成和共享机制

船厂不同业务活动产生的数据具有多源异构的特征,并由不同信息系统管理,由此产生的"信息孤岛"现象,不利于船厂大数据采集和通信。而船厂数据的集成机制研究,就是要对各种异构数据提供统一的表示、存储和管理。针对船厂企业内部设计数据、车间生产数据、质量管理数据等多源异构的问题,基于主数据的关键性、唯一性和长期有效性等特点,建立主数据管理系统是实现船厂数据集成的有效途径。通过合理的数据集成机制,实现数据在各个应用系统中的一致性,并进一步支持船厂核心数据的全面共享。

主数据是企业信息中相对静态不变的数据,是全局模式下的规范数据,能够被不同职能部门反复使用和高度共享。目前船厂设计部门、生产管理部门、制造部门、物流集配部门有各自的系统,但通常难以共享这些业务系统之间的数据,而通过主数据管理可以保证船厂内异构系统中业务数据的协调和重用,如图1-9所示,结合船厂已有的信息系统和设计生产等具体业务,以优化船厂资源配置、产品提质增效为导向,整合梳理一套船厂的基础数据视图,主要包括岗位、人员、部门、设备等相关的数据,不同部门通过主数据管理平台集中维护船厂的主数据,保证各应用系统之间基础信息的一致性,顺利实现数据集成和共享。

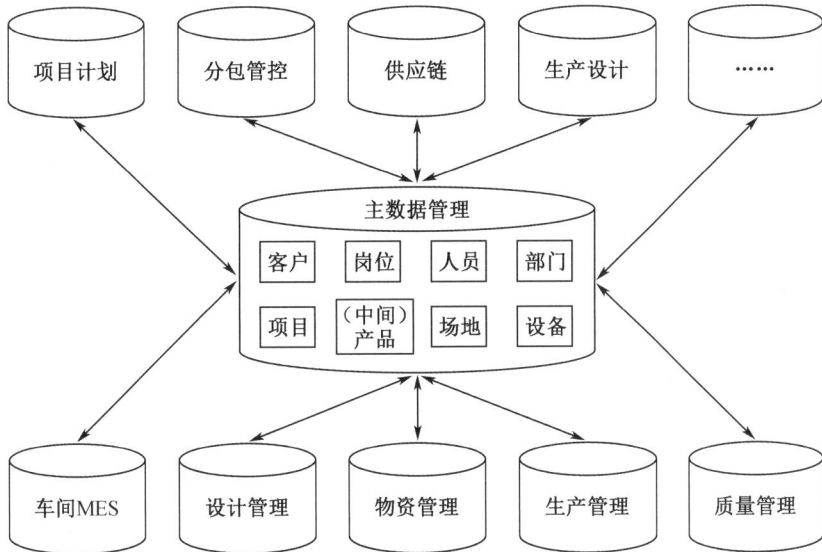

图1-9 基于主数据管理的船厂数据集成架构示意图

针对目前船厂部门条块分割、信息孤岛严重和智能制造大数据来源多样的现状,设计的船厂建立与维护主数据的流程,如图1-10所示。

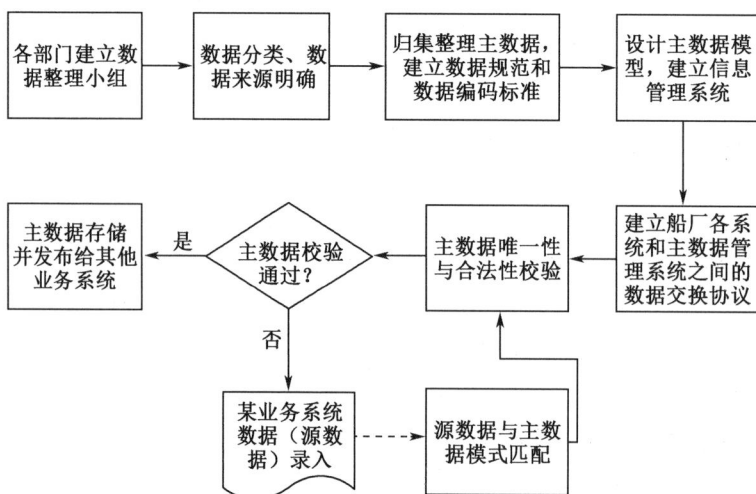

图 1-10　船厂建立与维护主数据的流程

由于船厂在设计、生产与管理方面已有大量自成体系的信息系统,因此船厂主数据的建立并非短时间内可以完成的。首先,需要每个业务部门都抽调熟悉业务的人员,建立船厂数据整理小组,梳理出不同业务系统自身数据的特点、业务系统存在的缺陷,以及某个业务系统与其他业务数据的重复、冲突等情况,并灵活召开小组会议,综合提出最终的数据分类方案,并定义主数据系统中各部分数据组成的信息来源(相应的业务系统),如图 1-11 所示。

其次,归集整理由船厂不同业务系统采集的设计数据、车间生产数据等,建立统一的数据规范,为船厂主数据的建立提供规范化的指导,保证主数据的一致性;与此同时,建立数据编码,保证不同信息系统的数据映射到主数据系统时,采用统一、规范的数据编码体系,在数据资源的管理上既能唯一性识别又具备较强的可扩展性,便于数据的集成管理。

最后,基于船厂主数据相关规范,进行主数据的物理建模,建立主数据管理系统,并建立船厂已有业务系统与主数据管理系统之间的数据交换协议,便于主数据系统与其他系统之间相互操作和数据交换。

通过设计元数据映射表,建立异构数据和主数据之间的映射关系,解决各业务系统数据和主数据的匹配问题。主数据模型与某个业务系统中的局部数据模型往往存在差别,比如船厂在设计系统中存储的船舶产品数据结构与面向客户的订单管理系统中存储的产品数据结构,就有相同的数据项和不同的数据项,而船厂不可能针对每两个业务系统中相同的数据项都建立映射关系,因此通过建立各个业务系统的数据源与主数据中的类、属性的映射关系,进而将主数据模型作为桥梁,在各个业务系统之间进行数据模式转换与信息共享。

在船厂某业务系统数据录入时,首先将该业务数据与主数据进行模式匹配,将异构数据解析为主数据系统可识别并存储的数据,并在主数据系统中进行数据的唯一性与合法性检验,只有当主数据校验通过时,该业务数据的录入才能成功,由主数据系统将该数据发布给其他业务系统,实现船厂各系统的数据集成和共享。

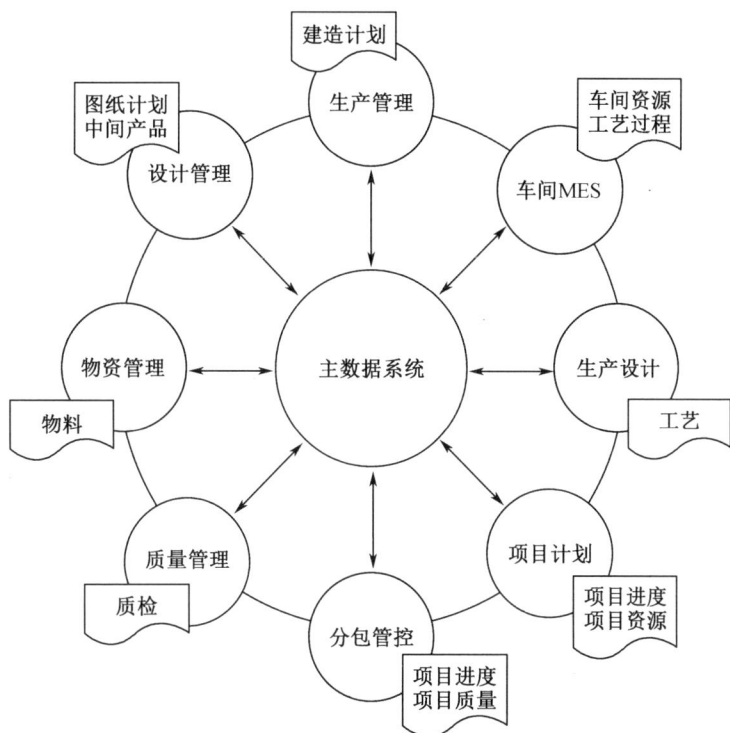

图 1-11 船厂主数据来源与分类

1.4 船厂智能制造大数据标准规范的研究和制订

1.4.1 船舶领域智能制造标准化建设现状

我国船舶工业提出了"智能制造,标准先行"的方针,将标准制订放在了重要位置;而海外发达国家将其标准的超前研制视作与技术创新同等重要的环节,标准的研制直接关系到其在船舶领域的国际竞争中的话语权。日本于 2012 年启动了"智能船舶应用平台"项目,项目产生的"船舶海上共享数据服务"和"船上机械设备标准数据"两项标准正在国际标准化组织(ISO)中推进,为日本在船-岸高效信息交互领域抢占了先机。在当前船舶行业需求收紧、结构转型升级的关键时期,强化标准引领,以标准化建设增强智能转型的倍增效应,是推动我国造船品质升级、效率提高的重要手段。

《国家智能制造标准体系建设指南(2021 版)》(以下简称《建设指南》)对智能制造基础共性标准和关键技术标准进行了较为细致的规划,但对高技术船舶、新能源汽车等十大重点领域的行业应用标准还没有形成完善的体系,少有和船舶智能制造直接相关的专用标准,因而船舶智能制造标准体系的构建和船舶领域标准的研制,相对缺乏基础。

船舶产业领域的标准建设方面,工业和信息化部、国家标准化管理委员会在 2012 年共同组织编制了《船舶工业标准体系(2012年版)》。该标准体系框架为四层架构:第一层为标准体系顶层;第二层为大类,包括金属船舶制造、非金属船舶制造、娱乐船和运动船制造与修理、船用配套设备制造、海洋工程及其他浮动装置制造、船舶修理及拆解共6个大类;第三层为中类,包括14个中类;第四层为小类,包括55个小类。该标准体系适用于船舶工业标准的制订和管理,是目前指导船舶产品设计、制造、试验、修理、管理和工程建设的依据。该标准体系涵盖了现有和新增的船舶工业国家标准和船舶行业标准共计2 774项(统计截至2011年12月31日),其中现有标准1 984项,计划新增标准790项。AAI小类"信息技术及其应用"规定了船厂数据库、船舶产品数据表示与交换方面的标准,已有标准仅3项,计划新增标准15项。由此可见,在国家和行业标准的层面上,与船厂信息化建设相关的标准极少,"信息技术及其应用"是国家大力推进需要研制的标准方向。

工业和信息化部、国家国防科技工业局在2019年联合发布《推进船舶总装建造智能化转型行动计划(2019—2021年)》(以下简称《行动计划》),明确指出经过2019—2021年三年努力,对接国家智能制造标准体系,针对船舶工业特点,要初步构建我国船舶智能制造标准体系,使造船企业管理精细化和信息集成化水平显著提高,建造质量与效率达到国际先进水平,并为建设智能船厂奠定坚实基础。其中"建立船舶智能制造标准体系"是行动计划的重点任务之一,着重围绕船舶智能车间,从总体规划、智能设计、智能工艺、智能装备、智能管理和互联互通六个方面推进智能制造标准研究,为船舶行业的智能化转型形成有力标准支撑,在三年内的主要目标是制订、修订船舶智能制造标准20项以上。

以上国家层面指导文件的发布,说明船舶行业智能制造方面的标准极为缺乏。2012年形成的《船舶工业标准体系(2021年版)》,对船厂的设计、生产、管理等业务活动的展开提供了较为系统的指导,但随着国家在智能制造方面的布局,已经不能完全适应新时代标准建设的需求,因而目前国内在船舶智能制造标准体系的建设、船舶智能制造标准制定方面还存在一定的空缺,船舶智能制造相关标准的研制对智能造船转型具有重要意义。

1.4.2 船厂数据规范制订

目前船厂的信息化建设多面向具体的应用背景开发相应的应用系统,缺乏统一的信息化建设架构,存在部门条块分割、系统独立感知、信息孤岛严重的情况,各个信息化应用系统之间缺乏对彼此涉及的数据的理解和进行数据共享的渠道。通过建立相应的船厂数据规范,一方面可为船厂信息化建设提供顶层指导,通过数据实体的梳理和规范化描述,为各个应用系统的数据库建立提供建设思路和参考模型,有利于船厂大数据集成;另一方面可为船舶制造大数据集成应用奠定基础,通过分类梳理船厂在船舶建造过程中开展的各项业务及这些业务所涉及的人员、资源、产品等核心数据实体,对这些实体进行细粒度的分类研究,为在此基础上的进一步的业务应用系统开发、特定主题改进项目的研究等提供数据支撑。

通过对船舶制造六大要素(人机料法环测)和船厂的生产管理、物流管理、流程管理和工艺信息管理等主要业务的梳理,参考现有数字化车间标准、智能船厂体系架构等,提出的船舶分段制造信息框架,如图1-12所示。该框架是对船舶分段制造过程中涉及的数据进行结构化建模的总体依据,描述了船舶制造中不同模块之间的信息联系,主要包括工艺信息管理、产品信息管理、人员信息管理、生产资源信息管理、生产管理、质量信息管理、物流仓储信息管理、制造流程管理几大主题域,针对船厂的信息建模与数据规范编制工作围绕这几大主题域展开。

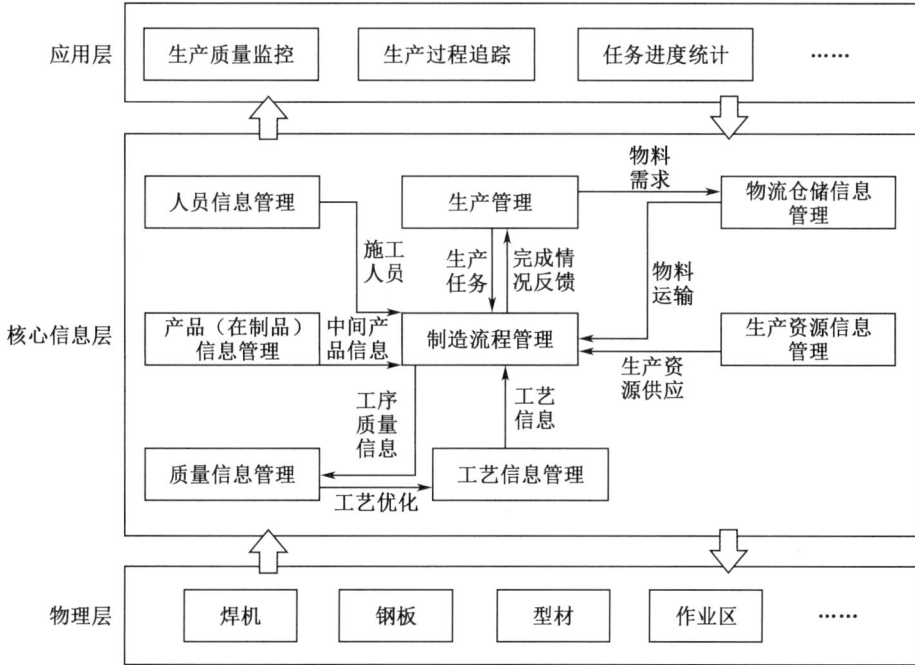

图1-12　船舶分段制造信息框架

针对船厂诸多业务领域和数据实体,利用 IDEF1X 建模方法,对船舶制造过程涉及的数据进行信息建模,IDEF1X 结合软件工程 E-R 模型和结构化建模的思想,提供了一套严谨的语义描述、语法规则和图形化语言,便于生成数据模型,其建模元素主要由实体、联系和属性组成,如图 1-13 所示。

在对船厂各业务领域进行信息建模的基础上,将每个实体(表格)中的数据划分为三类,即基础信息、分类信息和关联信息,进一步制订数据规范。采用摘要表示的方式描述船舶分段制造中产生与涉及的数据,摘要内容包括数据名称、数据类型、说明和备注,如表 1-1 所示。数据规范中每个属性的条目格式如下:

——数据名称:数据(或属性、字段)的名称。

——数据类型:数据的类型,比如字符型、数值型、日期型、整型等。

——说明:对数据(或属性、字段)的定义或解释说明。

——备注:对数据(或属性、字段)的其他信息进行补充说明,比如数据的单位、数据来源、关联属性等。

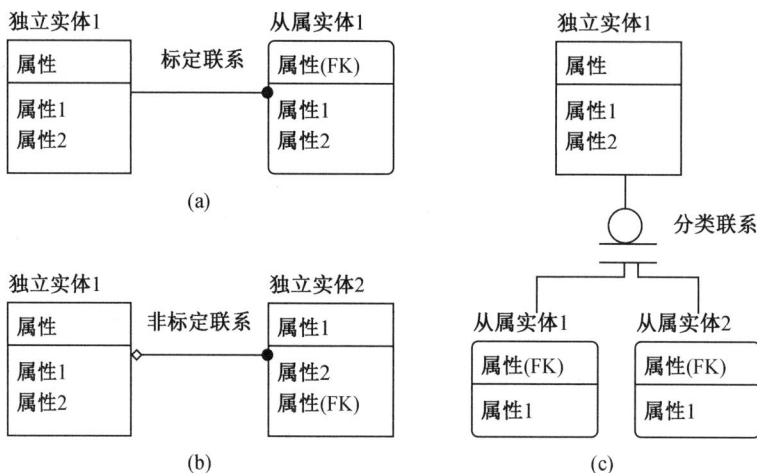

图 1-13　IDEF1X 建模方法

表 1-1　数据规范条目明细表

字段信息类型	数据名称	数据类型	说明	备注
基础信息	质检项目	字符型	质量检验的项目	如"焊接裂纹检验"
	抽检数	整型	抽检数量	
	检验工具	列表型	检验工具列表	
分类信息	检验类型	枚举型	检验类型	如"自检、互检"或"全检、抽检"等
关联信息	质量检验计划 ID	字符型	质量检验内容所关联的质量检验计划	

1.4.3　船厂知识描述规范制订

　　船厂组织规模庞大、部门科室众多、专业工种复杂,船舶产品建造周期长、工作量大、作业面广、制造流程复杂,这些现状导致船厂知识分布分散,难以实现组织管理和应用。在船舶工艺设计和制造过程中,常常需要重用、参考已有的类似性工作的经验,但目前船厂知识管理的工作主要还停留在各种技术文件、工程图档、科技文献等文件形式的显性知识的管理阶段,尚未归纳、凝练成易于为计算机理解的知识,也缺乏相关制造或管理等业务知识的获取手段。因此需要对各种船厂生产、管理活动中涉及的知识进行收集、归纳和整理,形成系统化、自成体系的知识,并建立统一的船厂知识描述模型,对船厂设计、生产、运维等全周期的业务活动所包含的知识进行形式化、规范化的组织,使不同部门的知识逐渐沉淀积累,成为船厂的重要资产,为各部门、各业务提供可共享与重用的知识支撑,提高工作效率和造船质量。

根据《知识管理第7部分:知识分类通用要求》(GB/T 23703.7—2014)的规定,知识的分类应该具有业务相关性,也就是说,以船厂为知识研究的对象,需要以船厂的核心业务为知识分类的主要依据。图1-14所示是结合船厂核心业务所建立的船厂知识分类体系,主要包含船厂基本概念、船舶产品相关知识、人员相关知识、造船技术相关知识、中间产品相关知识、造船业务活动、造船计划相关知识、资产相关知识、船用材料相关知识、技术文档这些领域的知识。船厂知识的分类不同于通用的知识分类方式(将知识分为数据类知识、经验类知识、方法类知识、模型算法类知识等),是结合船厂业务建立的分类体系,便于船厂在日后的设计、生产等活动中设置各业务领域专业人员开展知识管理工作。

在船厂知识描述规范的制订中,采用基于本体的知识建模方法对各种类型的数据进行抽象建模,基于可动态变化的"类—属性—关系—实例"本体描述,实现各类数据的统一建模,建立船厂设计、生产和运维的全周期业务领域的一系列典型本体模型,并提供了本体模型的实例化信息,为日后船厂各业务领域知识的积累打下基础。

本体是领域中概念与概念之间联系的显示描述,在基于本体进行知识建模时,需要明确一个领域需要哪些概念(类),概念之间存在哪些关系,概念又存在哪些实例等问题。本体创建没有固定的步骤,可能从抽象到具体,也可能从具体案例总结抽象知识,但大体包含以下几个步骤。

(1)确定领域范围,即确定知识建模的研究范围。

(2)确定领域中需要描述的概念(类),并按照不同概念的相关性,将这些概念归类(划分成不同集合)。有时将一个类划分到另一个类下层,不完全是父子类的关系考虑,而是出于知识领域划分的需要。

(3)为每一个概念集合分配一个命名空间,建立这些概念之间的层次关系。

(4)描述概念之间的关系,给概念添加属性,如有必要,建立这些关系之间的层次结构。

(5)定义类的实例(个体)并填充其属性值,但本体模型的实例化并非必需的步骤。

以上步骤中的(2)(3)(4)并不具有严格的先后顺序,在实际建模过程中,往往需要嵌套进行、同步推进,这也反映了本体建模的灵活性。

利用本体编辑软件Protégé建立造船质量管理知识的本体模型(部分),如图1-15所示,该模型以"质量控制项目"和"精度项目"为核心概念(类),通过对这些核心概念进一步展开,构成了标准化的造船质量管理知识描述框架。其中每个类都可以实例化,比如"质量控制项目"这个类可以有"角焊缝表面气孔检验"这一相关的实例。该描述框架可以描述角焊缝质量检验方法和存在的质量问题等知识。

由此也可以看出,基于本体建模的知识描述方法具有很高的灵活性和可扩展性,因为该建模方式采用了节点与边组合的描述方式,当领域知识模型中出现了新的类(实体)时,可以便利地在已有模型中添加一个节点,并建立新的节点与原有节点之间的语义联系。相对于传统的关系型数据库存储信息的方式,这种基于图结构的数据建模方法,不会因为局部属性或关系的变更引发大规模的模型更改,很适合进行船厂知识的规范化描述。

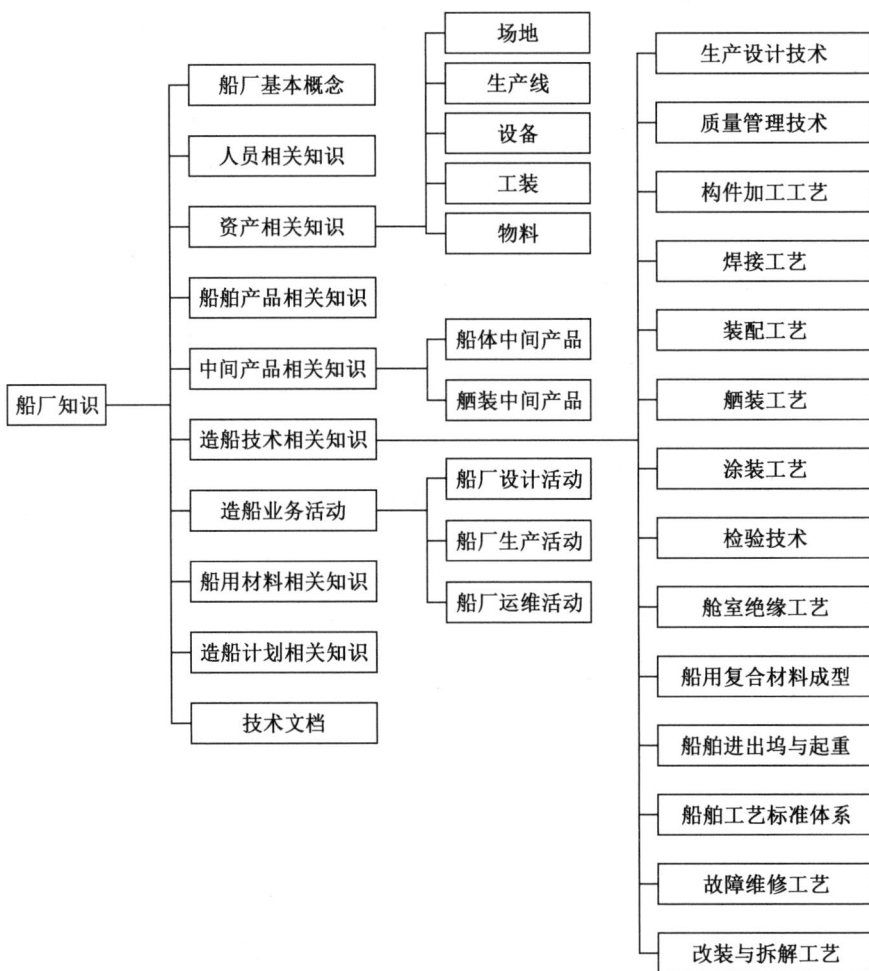

图 1-14　船厂知识分类体系

1.5　船舶智能制造大数据技术应用使能技术

大数据是制造业提高核心能力、整合产业链和实现从要素驱动向创新驱动转型的有力手段。对一个制造型企业来说,大数据不仅可以用来提升企业的运行效率,更重要的是通过大数据等新一代信息技术提供的能力来改变商业流程及商业模式。建设船舶海工企业级工业大数据系统,需要解决多个层面的问题,业务层面需要对各个环节的数据进行梳理和分析,形成完善的数据体系,来描述完整的船舶制造生产过程;技术层面需要建立统一的大数据系统来汇集和处理船舶企业生产全生命周期的数据,其中需要根据具体的业务场景选择合适的技术架构。

从船厂战略管理的视角可以看出大数据及相关技术与企业战略之间的关系。

(1)大数据可用于提升企业的运行效率。

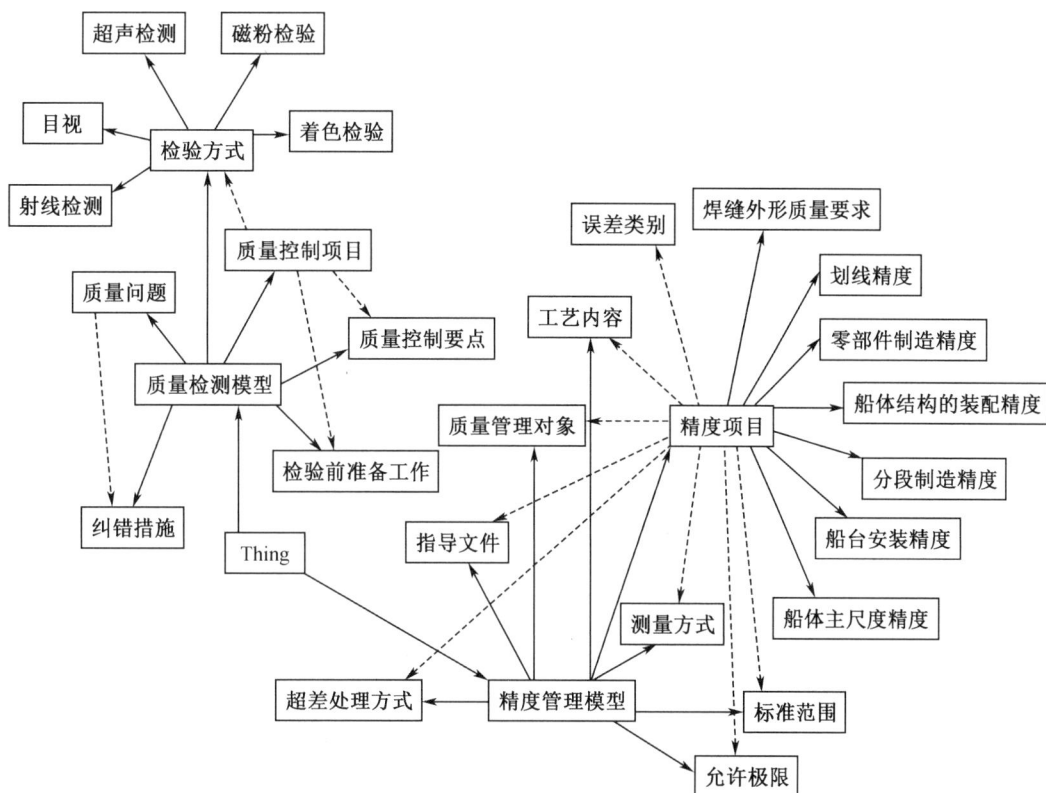

图 1-15　造船质量管理知识的本体模型(部分)

（2）大数据及相关技术可以帮助企业扁平化运行,加快信息在产品生产制造过程中的流动。

（3）大数据可用于帮助制造模式的改变,形成新的商业模式。其中比较典型的智能制造模式有自动化生产、个性化制造、网络化协调及服务化转型等。

船厂工业大数据应用顶层架构(图 1-16)包含三个维度:生命周期与价值流层、企业纵向层和 IT 价值链层。在生命周期与价值流层,按照工业大数据的应用领域,又可分成产品生产阶段开始前的产品研发与设计、产品交付前的生产与供应链管理及产品交付后的运维与服务管理三个领域。在企业纵向层,按照数据采集方式与应用层级又可分成信息物理系统层、企业管理信息系统层及平台互联系统层。在 IT 价值链层,又可分成业务架构、信息系统架构及 IT 技术架构三个层次,其中信息系统架构又可分为应用架构及信息架构。

为保证船厂大数据技术应用的顺利进行和建设目标的可行性,本书建议按照数据采集、数据管理、数据存储、计算分析、可视化、数据应用等层次结构框架来构建船厂大数据技术应用技术框架,具备日志、流式数据采集,结构化、非结构化数据(文档、音频、视频等)等存储功能,同时具备数据清洗、数据挖掘与计算、可视化展示以及 Web 访问等功能。

图 1-17 为船厂大数据平台应用技术体系框架图。

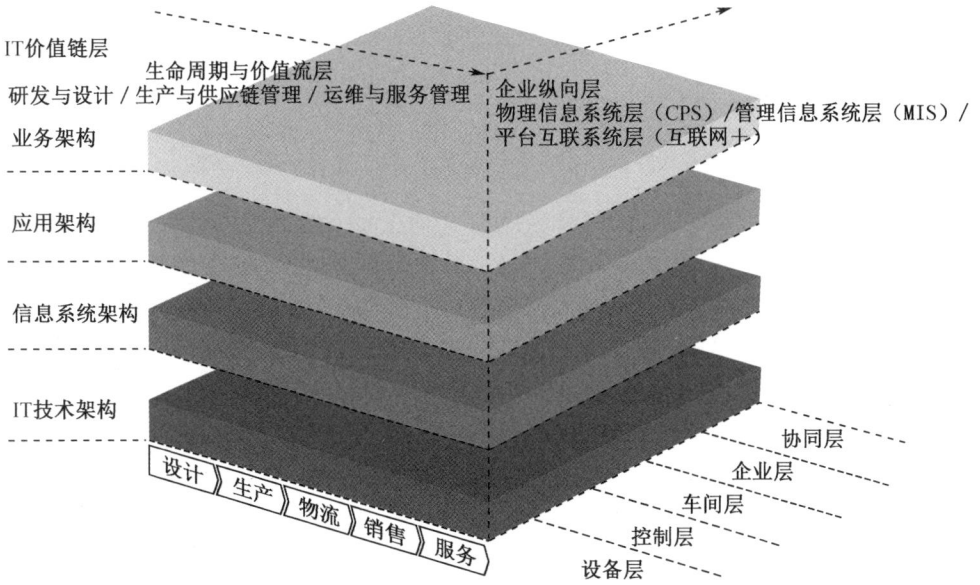

图 1-16 船厂工业大数据应用顶层架构

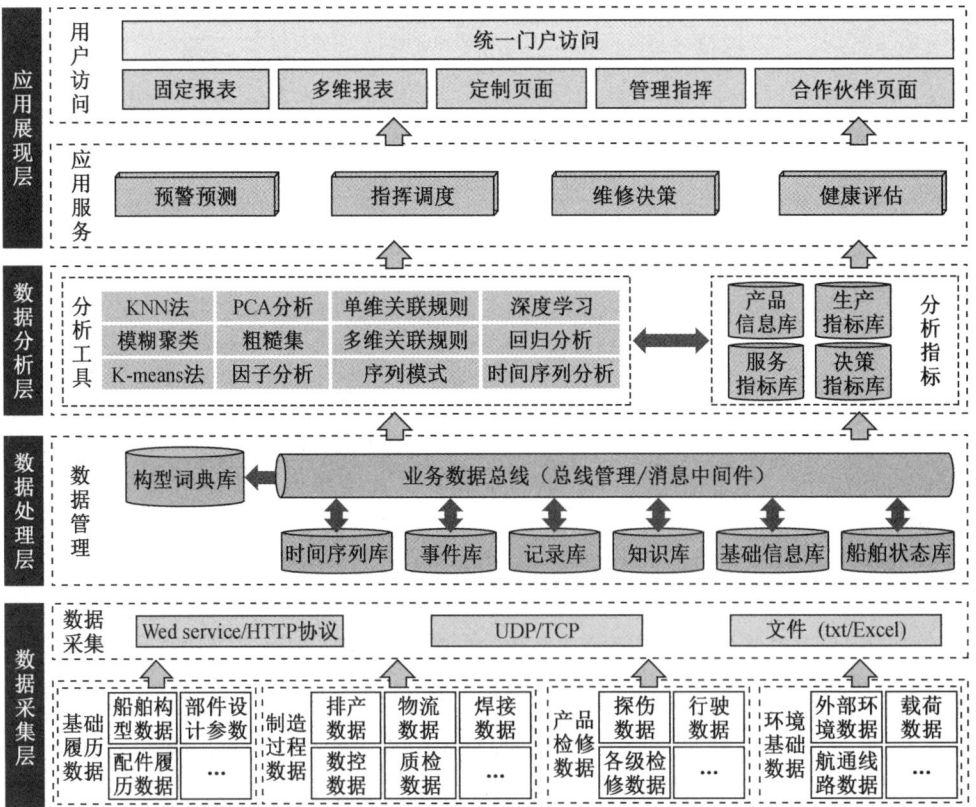

图 1-17 船厂大数据平台应用技术体系框架图

022

本技术体系框架重点关注的技术要点包括:数据多样采集、数据融合管理、数据分级存储、系统硬件选型与部署、通用数据分析使能技术。该技术体系可以总结为数据采集与交换、数据集成与处理、数据建模与分析和数据驱动下的决策与控制应用等。从技术实现角度来看,船舶海工企业大数据系统建设中重点考虑的技术使能问题包括以下三个方面:如何采集来自多种数据源的异构数据;如何按照不同的数据留存需求进行高效存储;如何按照业务需求选择数据计算引擎和处理工具。

本章关注的船厂大数据技术应用使能技术也主要从上述三个方面进行论述。

1.5.1 数据采集与交换技术

将船舶企业工业互联网中各组件、各层级的数据汇聚在一起,是大数据应用的前提。要实现数据从底层向上层的汇集,以及在同层不同系统间传递,需要完善的数据采集交换技术支持。工业互联网系统是一个分布式系统,由众多不同的组件组成,为了避免在不同系统间建立连接导致的复杂性,一般采取消息中间件(message-oriented middleware)技术来实现。消息中间件的主要功能是实现消息传输管理、队列管理、协议转换等功能。主流消息中间件产品包括 IBM 的 MQ、Oracle 公司的 JMS、微软的 MSMQ 等。消息中间件通过 MQTT、DDS、AMQP、XMPP 等协议与不同系统对接。图 1-18 为工业大数据采集交换层技术示意图。

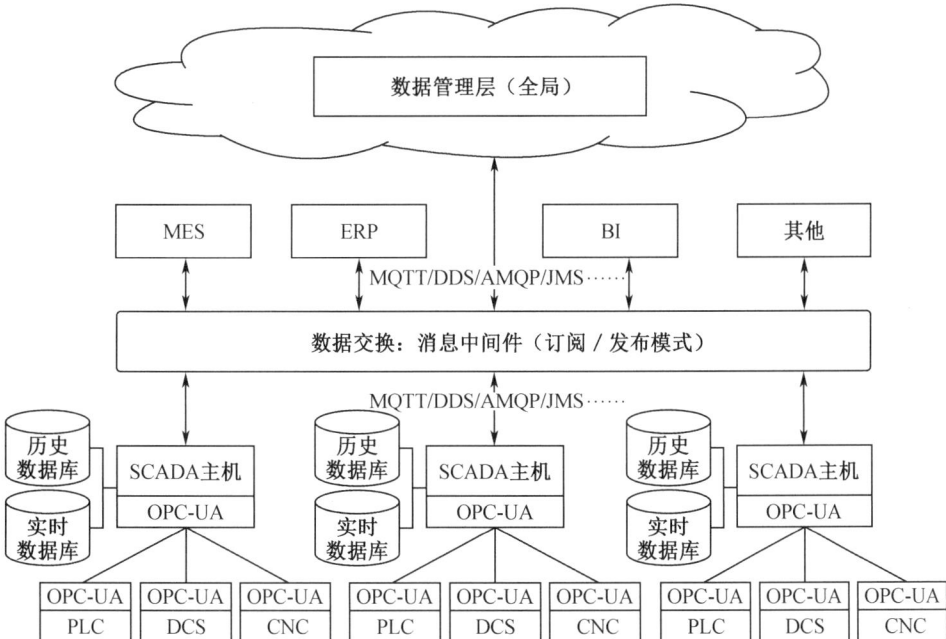

图 1-18 工业大数据采集交换层技术示意图

工业系统中,数据采集与交换是工业系统运作的基底,从微观层每一个零部件信息,到宏观层整个生产流水线信息,如何基于各种网络链接实现数据从微观层到宏观层的流动,形成各个层、全方位数据链条,并保证多源数据在语义层面能够互通,降低数据交换的时延,以实现有效数据交换,技术上是一个比较大的挑战。综合上述多类数据源的采集场景和要求,系统的集成导入应同时具备实时接入(如工业控制系统、生产监控数据、各类传感器)和批量导入(如管理系统、外部数据)的能力,同时能根据需要提供可定制化的 IoT 接入平台。具体的数据采集和交换使能技术总结如下。

(1)对于需要实时监控、实时反向控制类数据,可通过实时消息管道发送,支持实时接入,如工业控制系统数据、生产监控系统数据等。建议采用如 Kafka、Fluentd 或是 Flume 等技术,这类技术使用分布式架构,具备数据至少传输一次的机制,并为不同生成频率的数据提供缓冲层,避免重要数据的丢失。

(2)对于非实时处理的数据,可采取定时批量地从外部系统离线导入,必须支持海量多源异构数据的导入,如资源管理数据、价值链数据、设计资料等。建议采用 Sqoop 等数据交换技术,实现 Hadoop 与传统数据库(MySQL、Oracle、Postgres 等)间大批量数据的双向传递。

(3)当系统中有大量设备需要并发接入且要多协议接入时,如各类传感器件,可部署专业 IoT 接入网关,IoT 接入平台需同时支持 TCP、UDP、MQTT、CoAP、LWM2M 等多种通信协议。在面对各类传感器的数据采集时,可以结合 RFID、条码扫描器、生产和监测设备、PDA、人机交互、智能终端等手段采集制造领域多源、异构数据信息,并通过互联网或现场总线等技术实现源数据的实时准确传输。有线接入主要以 PLC、以太网为主。无线接入技术种类众多,包括条形码、PDA、RFID、Zigbee、Wi-Fi、蓝牙、Z-wave 等短距离通信技术和长距离无线通信技术。其中,长距离无线通信技术又分为两类,包括工作于未授权频谱的 LoRa、SigFox 等技术和工作于授权频谱下传统的 2G/3G/4G 蜂窝技术及其 3GPP 支持的 LTE 演进技术,如 LTE-eMTC、NB-IOT 等。

1.5.2　数据集成与存储技术

工业大数据集成就是将工业产品全生命周期形成的许多个分散的工业数据源中的数据、逻辑地或物理地集成到统一的工业数据集合中。工业大数据集成的核心是要将互相关联的分布式异构工业数据源集成到一起,使用户能够以透明的方式访问这些工业数据源,达到保持工业数据源整体上的数据一致性、提高信息共享与利用效率的目的。

工业大数据处理是利用数据库技术、数据清洗转换加载等多种工业大数据处理技术,将集成的工业数据集合中大量的、杂乱无章的、难以理解的数据进行分析和加工,形成有价值、有意义的数据。

工业大数据集成处理层主要涉及数据的抽取转换加载(ETL)技术、数据存储管理技术、数据查询与计算技术,以及相应的数据安全管理和数据质量管理等支撑技术。而基于开源的 Hadoop 等技术将成为未来的发展趋势。

ETL 包括三部分:数据抽取、清洗转换与加载。数据抽取主要将分散的、异构工业数据源中的数据,如关系数据、平面数据文件等抽取到临时中间层;数据清洗是对抽取到临时中间层的数据进行审查、过滤和校验,旨在去除噪声数据、删除重复信息、纠正错误,并维护数据的一致性;数据转换主要包括数据格式规范化与数据拆分等,数据格式规范化实现字段格式的约束定义,以利于数据的建模与分析;数据加载是将已经加工好的数据加载到数据仓库中。

由于加载到数据仓库中的数据量巨大,且包含结构化、半结构化和非结构化数据,传统的关系型 SQL 数据库难以满足大数据的存储与管理需要,因此需要借助实时数据库、关系型数据库、NoSQL 数据库,实现工业大数据的存储与管理。实时数据库建立基于实时数据模型,用于处理不断更新、快速变化以及具有时间限制的数据,随着技术的演进,时序数据库逐渐兴起,在部署方式、检索性能及使用成本上对比传统实时数据库均有优势;关系型数据库是采用关系模型来组织数据,用于处理永久、稳定的数据;NoSQL 数据库是指非关系型的数据库,具有灵活的可扩展性,在大数据量下具有非常高的读写性能。

数据查询与计算主要采用 SQL 查询引擎、批处理、流处理、机器学习等方法。其中,SQL 查询引擎将用户输入的 SQL 语句序列转换为一个可执行的操作序列,并返回查询结果集;批处理主要操作大容量静态数据集,并返回计算结果;流处理则对实时进入系统的数据进行计算,处理结果即时可用,并将随新数据的到达持续更新。

数据服务层的主要作用是提供数据服务的接口,以实现工业大数据的访问、更新等基本功能。

工业大数据系统接入的数据源数量大、类型多,需要能支持 TB 到 PB 级多种类型数据的存储,包括关系表、网页、文本、JSON、XML、图像等数据库,应具备尽可能多样化的存储方式来适应各类存储分析场景。

在不同的工业数据应用场景中,数据存储的介质选择十分重要,下面列举一些经典的使用场景来介绍如何选择存储技术。

(1)实时监控数据展示:通常情况下实时采集的监控数据在进行轻度的清洗和汇总后会结合 Web UI 技术实时展现生产线的最新动态。这类及时性、互动性高的数据一般使用内存数据进行存储,如 Redis、Ignite 等技术,可以快速响应实时的查询需求。

(2)产线异常的分析与预测:使用机器学习技术对产线数据进行深入挖掘,分析运行规律,可以有效地对产线的异常进行分析和预测,进而改善制程、减少损失、降低成本及人为误判的可能性。这类用于分析的历史数据一般选择使用 HDFS、Cassandra 等分布式储存,适用于海量数据的探索和挖掘分析。同时,对于这类与时间顺序强相关的分析场景,数据的存储可以选择 InfluxDB 这类时序数据库,可以极大地提高时间相关数据的处理能力,在一定程度上节省存储空间并极大地提高查询效率。

(3)商业智能:如果需要整合多种数据来制作商业策略性报表,适合使用结构化储存,比如传统的关系型数据库 MySQL、Oracle 等。如果需要考虑性能和及时性,可以考虑分类存储至 NoSQL 数据库。

1.5.3 数据分析与应用技术

数据建模是根据工业实际元素与业务流程,在设备物联数据、生产经营过程数据、外部互联网等相关数据的基础上,构建供应商、用户、设备、产品、产线、工厂、工艺等数字模型,并结合数据分析提供诸如数据报表、可视化、知识库、数据分析工具及数据开放功能,为各类决策提供支持。工业大数据分析建模技术,已经形成了一些成熟、稳定的模型算法,从大的方面可以分为基于知识驱动的方法和基于数据驱动的方法。有时候数据可视化技术本身也被称为一种数据分析方法。图1-19为工业大数据分析技术体系框架图。

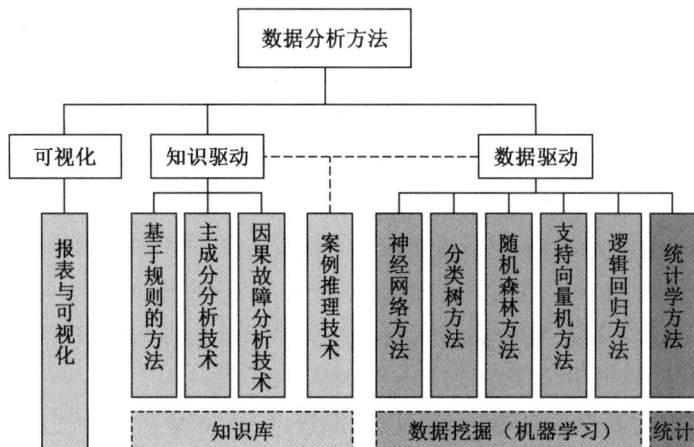

图 1-19　工业大数据分析技术体系框架图

知识驱动的分析方法,是基于大量理论模型以及对现实工业系统的物理、化学、生化等动态过程进行改造的经验,建立在工业系统的物理化学原理、工艺及管理经验等知识基础之上,包括基于规则的方法、主成分分析技术、因果故障分析技术和案例推理技术等。其中,知识库是支撑这类方法的基础。

数据驱动的分析方法,很少考虑机理模型和闭环控制逻辑的存在,而是利用算法在完全数据空间中寻找规律和知识,包括神经网络、分类树、随机森林、支持向量机、逻辑回归等机器学习方法,以及基于统计学的方法。

根据数据分析的结果产生决策,从而指导工业系统采取行动,是工业大数据应用的最终目的。工业大数据应用可以分为以下5大类。

(1)描述类(descriptive)应用:主要利用报表、可视化等技术,汇总展现工业互联网各个子系统的状态,使得操作管理人员可以在一个仪表盘(dashboard)上总览全局状态。此类应用一般不给出明确的决策建议,完全依靠人来做出决策。

(2)诊断类(diagnostic)应用:通过采集工业生产过程相关的设备物理参数、工作状态数据、性能数据及其环境数据等,评估工业系统生产设备等运行状态并预测未来健康状况,主要利用规则引擎、归因分析等,对工业系统中的故障给出警告并提示故障可能的原因,辅助人工决策。

(3)预测类(predictive)应用:通过对系统历史数据的分析挖掘,预测系统的未来行为,主要利用逻辑回归、决策树等,预测未来系统状态,并给出建议。

(4)决策类(deceive)应用:通过对影响决策的数据进行分析与挖掘,发现决策相关的结构与规律,主要是利用随机森林、决策树等方法,提出生产调度、经营管理与优化方面的决策建议。

（5）控制类（control）应用：根据高度确定的规则，直接通过数据分析产生行动指令，控制生产系统采取行动。

大数据系统通常需要能够支持多种任务，包括处理结构化表的 SQL 引擎、计算关系的图处理引擎和进行数据挖掘的机器学习引擎，其中面向 SQL 的分析主要有交互式查询、报表、复杂查询、多维分析等。

（1）实时计算引擎，包括 Storm、Spark Streaming、Flink 等业界通用架构，适用于基于窗口或消息的实时数据处理，结果响应的时延要求在毫秒级。

（2）离线计算引擎，包括 MapReduce、Spark、Hive，适用于批数据分析和定时分析等。

（3）图计算引擎，适用于事件及人之间的关联关系分析。

（4）数据综合分析 OLAP，如 MPP 数据库，适用于综合报表分析。

（5）业务交互查询 OLTP，如 MySQL、SQLServer、Oracle、PostgreSQL 等，适用于交互式查询分析。

（6）分布式数据库中间件，可解决数据库容量、性能瓶颈和分布式扩展问题，提供分库分表、读写分离、弹性扩容等能力，适用于海量数据的高并发访问场景，有效提升数据库读写性能。

（7）数据挖掘能力，为了能够匹配工业大数据决策与控制应用的 5 大场景，特别是诊断类、预测类、决策类应用闭环的要求，系统应该具备完善的机器学习、深度学习、图计算等平台级能力。机器学习能力如基于开源 Spark 框架的算法库 MLlib、GraphX 等；深度学习有 TensorFlow、Caffe、MXNet 等平台；图计算能力，业界相对比较流行的开源产品有 Titan，另外还有很多优秀的商业产品可供选择。

大数据平台的计算组件需要能支持批量和实时两大类任务，同时具备精细化的任务和资源调度的能力。

总体来说，工业大数据平台已经成为数据时代工业企业的基础架构，支撑着上层大数据业务的建设与发展，促进了顶层愿景和战略的顺利实施。而当前工业大数据平台架构仍处于发展初期，尚未形成稳定、成熟的建设方案和建设路径，故船厂在实施大数据战略时需要梳理工业大数据平台架构方式及内容，明确其选型方案及建设路径，规划采集交换、集成处理、建模分析、决策需求等多环节使能技术，从而促进船厂工业大数据应用的快速平稳落地，使工业领域的数据能够发挥更大的价值，加速整个船舶制造产业的变革。

1.6 本章小结

船厂大数据技术应用的顶层设计，立足于船厂现状，着眼于船舶制造的行业特点和要求。首先，通过梳理和整合，面向船舶制造进行统一大数据环境分析，从顶层建立了跨业务、跨专业、跨部门的船厂大数据视图，设计了船厂结构化、非结构化数据模型，统筹船厂大数据的规划；提出了船厂知识共享机制和流程，建立了知识协同评价指标体系，在此基础上提出了船厂大数据建立集成与共享的机制，为我国船厂大数据技术应用顶层设计的组织实施提供指导。其次，基于船厂大数据环境和数据模型的分析，从信息技术和船舶行业技术两个维度出发,围绕船舶分段制造过程,制定了船厂智能制造大数据相关标准规范。最后,围绕船厂在提高效率、降低成本等方面的需求,开展了面向船舶智能制造的共性大数据应用技术、使能工具和方法的调研分析,为船厂开展大数据应用提供支持。

第2章 船厂大数据质量
保证方法与技术

2.1 概　　述

　　船厂大数据质量是船舶生产过程质量监控与统计分析的基础和保障,也是船厂大数据技术应用的基础。数据质量的研究,对后续利用统计学方法、神经网络、决策树分类等方法进行分析、挖掘质量特性与生产加工参数之间的关系,以及对分段制造工艺的优化具有重要意义。数据质量直接决定了后续数据挖掘的效果。

2.2　数据质量的定义与历史

2.2.1　数据质量的定义

　　数据质量无标准统一的定义,一般地,人们首先想到的数据质量是控制错误数据的输入,主要指数据的准确性,数据质量常常被认为是数据本身的问题,独立于数据产生和使用的环节。其实,数据质量是一个多维度的概念,数据质量的现代定义有一个更宽的定义,而不仅仅只有准确性。有关文献从不同角度对数据质量进行了定义。

　　定义 2-1　数据质量是指模式和数据实例的异质性、正确性、完整性和最小性四个指标在信息系统中满足的程度。

　　定义 2-2　数据质量是数据适合使用的程度。

　　定义 2-3　数据质量是数据满足特定用户期望的程度。

　　定义 2-2 与定义 2-3 都是从质量的适用性,即产品使用过程中成功满足用户目标的程度来定义的,因此定义是一致的。国际标准化组织(ISO)曾经给出过三次质量的定义,与定义 2-2 和定义 2-3 类似,具体如下:

　　(1)质量是反映产品或服务满足明确或隐含需要能力的特征和特性的总和(ISO 8402—86《质量——术语》)。

　　(2)质量是反映实体满足明确和隐含需要的能力的特性总和(ISO 8402:1994《质量管理和质量保证的术语》)。

　　(3)质量是一组固有特性满足要求的程度(ISO 9000:2000《质量管理体系 基础

和术语》)。

参照国际标准化组织给出的第三个质量定义给出如下数据质量定义。

定义 2-4 数据质量是数据的一组固有特性满足要求的程度。

本章一般性地认为,数据质量是衡量数据适合使用程度的量,是指数据的准确性、完整性、一致性、及时性四个指标在信息系统中满足的程度。通俗地讲,可以通过数据的可使用性、可访问性和使用的方便程度来大致衡量数据质量的好坏。表 2-1 为数据质量定义框架。

表 2-1 数据质量定义框架

类别	描述	包含的属性
固有的质量	固有的质量	准确性、可信性、客观性、可靠性
关联方面的质量	与具体任务、环境相关的质量	可增值性、关联性、适时性、完整性、合适的数据量
表达方面的质量	系统存储与表达信息的质量	可解释性、易读性、一致性、简明性
可访问性方面的质量	强调可安全访问系统和数据库	可访问性和安全性

可采用国际货币基金组织(IMF)的 DQAF、美国麻省理工学院全面数据质量管理(total data quality management,TDQM)的 AIMQ,以及 DQA 等评估框架对数据质量进行定量地评估,也可通过用户反馈、专家评价等方法对数据质量进行定性评估。数据质量一般具有如下特点:

(1)要求会随着时间变化,数据质量也会随着时间发生变化;

(2)数据质量是数据的本质属性,要求不同表现不同,但不影响其他要求下质量的客观存在;

(3)数据质量可以借助信息系统来度量,但独立于信息系统的存在;

(4)数据质量之间可能存在矛盾,某一特性的提高可能导致另一特性的降低;

(5)数据质量存在于整个数据生命周期,随着数据的产生而产生,随着数据的消失而消失。

2.2.2 数据质量的历史

一般认为,关于数据质量的研究始于 20 世纪 70 年代,在经历了 50 余年的发展后,形成了一系列经典的理论、技术和方法。按照时间的顺序,一般把数据质量的研究历史大致分为三个阶段:数据质量研究的萌芽阶段、发展阶段和繁荣阶段。近年来,物联网、云计算、大数据等一些新技术飞速发展,给数据质量的研究带来了空前的机遇和巨大的挑战。

1. 数据质量研究的萌芽阶段

数据质量研究的萌芽阶段处于 20 世纪的 70~90 年代,研究人员发现劣质的数据会影响信息系统的正常运行,而在当时并未建立关于数据质量的知识体系。在数据质量萌芽阶段,数据质量问题的研究更多来源于行业应用,如统计领域、会计领域、管理学领域等,这些行业根据自身特点提出了保证数据质量的方法和框架,但是相关研究成果和行业经验都仅限于各行业内部,没有推广到其他领域。统计领域在 20 世纪 60 年代末期建立了国民核算体系中的统计调查制度、抽样调查过程中的质量控制、数据分析中的离群值检验和数据插补等一系列技术手段来保证数据质量。会计领域从 20 世纪 70 年代起建立了严格的会计信息质量框架体系。管理学领域对数据质量的研究始于 20 世纪 80 年代初期,其研究重点在于如何控制数据制造系统,以检测和消除数据质量问题。

2. 数据质量研究的发展阶段

20 世纪 90 年代是数据质量研究的发展阶段,相关研究机构创立了基于相关学科的数据和信息质量理论,并使之成为数据质量管理的统一知识体系。美国麻省理工学院数据质量研究小组提出了全面数据质量管理的概念,从学科层面首次就数据质量提出了较为完整的知识体系。同时,政府部门逐渐关注数据质量领域。1995 年美国国会为了规范联邦政府的数据收集管理工作,要求联邦政府的行政管理预算局制定新的政策,给出具体措施,以确保所发布数据的可靠性。在此阶段,学术界没有对数据质量形成一个统一的定义,研究的重点在于定义数据质量、确定数据质量维度等。数据质量的判断依赖于使用数据的个体和适用数据的场景。美国麻省理工学院 TDQM 采取二阶段调查方法把质量维度划分为固有质量、可访问性质量、语境质量和表达质量 4 种类型,每种类型包含若干个质量维度。国内外机构和一些行业也制定了相应的数据质量维度。

3. 数据质量研究的繁荣阶段

进入 21 世纪后的前十年,数据质量研究和应用全面发展,数据质量研究继续深入,相关数据质量产品已大量出现,国际组织开始研究和制订数据质量标准,政府部门颁布数据质量法案,是数据质量的繁荣阶段。采用数据库或者数据仓库技术来解决数据质量问题是当时的研究热点。数据库技术采用主键、外键、约束条件、规则和触发器等多种方法来保证数据的完整性;采用依赖关系避免数据库中出现的各种数据异常情况。数据仓库技术在 ETL 阶段通过手工方式或者软件自动化的方式完成对数据质量的确认。AIMQ、DQAF 等数据质量评估框架不断地得到丰富,定性、定量、综合等的数据质量评估方法得到了较广泛的应用,数据清洗、数据溯源等技术得到了较快的发展,美国"信息质量法"、欧盟《公共信息再利用指令》、ISO 8000 数据质量标准等得到了制订和推广。

2.2.3 大数据质量内涵

当前已经进入了大数据时代,有 80% 的新增数据属于半结构化和非结构化数据,这给以结构化数据为研究对象的传统数据质量理论带来了不小的挑战。如何在合理时间内完成对海量数据的质量评估和清洗成为一个亟待解决的问题。随着对大数据特性及本质认识的逐步深入,大数据质量内涵与本质阐释也随之深入,经历了从数据客观属性到应用情境、主体感知的发展变化历程和视角转换。

站在大数据特征和客观属性角度,将大数据质量界定为准确性,大数据准确性与数据价值间的内在联系是直接而明确的,并与大数据其他属性相互关联。在大数据特征与数据质量间映射关系基础上,还可以从满足数据特征角度系统阐释大数据质量内涵。

大数据质量与特定环境、特定目标和特定的初始条件密切相关,具有可变性。大数据的多源、多种类型、多种结构等特点决定其质量的动态性和情境化。在不同时间表和应用环境中,面对特定领域的不同需求,需要重新定义大数据质量的本质与内涵,需要建立一个新的概念框架,从数据类型、数据源和应用领域三个坐标映射质量范式的演变,大数据质量既不独立于任务情境,也不独立于具体过程情境。

大数据质量是与具体环境与给定语境相结合的关于数据特征的质量,与其具体应用目标与应用语境有机结合。大数据质量因项目质量目标不同而存在差异,并非所有质量特征均会明显地出现在每个项目之中。

数据质量与数据生命周期的阶段或过程高度耦合。大数据质量不是一个绝对概念,而是贯穿于包括数据收集、处理、存储直至进入数据系统的整个数据周期;不是一个静态概念,其价值会因存储过程中的衰减而动态变化,需要从数据采集、处理、分析过程不同阶段角度思考与阐释数据质量。可以根据执行任务的具体类型,结合数据过程,并考虑其间的技术因素界定数据品质与满足程度。

在此基础上,站在主体感受和价值感知角度,大数据质量取决于数据使用业务环境,只有符合相关用途和满足用户要求的数据才是质量良好的数据,即数据质量为“适合使用”,并取决于数据用户,是持续满足知识工作者和最终用户期望、满足业务需求的数据的适合性或适用性,且会呈现不同内涵特征。

当前对大数据质量的研究方向如下:

(1)从大数据的特征出发,研究针对数据模型和数据质量管理的新方法和新技术;

(2)研究基于云计算平台的数据质量相关技术的实现,如数据清洗和数据溯源;

(3)研究众包模式下数据的评估技术和质量保证机制;

(4)研究物联网数据验证方法、数据清洗算法和数据质量保证技术;

(5)研究数据质量与数据开放的关联性。

2.2.4 船厂信息化和数据现状

我国造船企业在信息化技术方面起步较晚,20世纪90年代初,国内大部分船厂还在致力于CAD/CAM的开发和推广应用,进行的是企业初级信息化。早期信息化应用是一些自我开发的小程序或MIS系统,部分骨干厂所先后引进了先进的软件系统,如Tribon、CADDS5、NAPA等。真正意义上的信息化技术推进,始于20世纪90年代中后期的CIMS工程,当时有广船国际有限公司、沪东造船集团有限公司、渤海造船厂集团有限公司等多个单位参与,对造船信息化进行了多个项目的开发和应用,显著提升了造船企业信息化水平。2000年以后,以上海外高桥造船有限公司为代表的部分大型船厂又引进了韩国汉拿软件系统,经过二次开发建立了CIMS体系。但CAX软件系统、设计与建造的信息集成、产品数据管理(PDM)的应用以及更为广泛的信息集成应用尚未形成,我国船舶工业信息化系统仍主要依托船舶设计和建造过程,亟待形成规范共享的信息化管理体制和运行平台。

随着现代造船模式和先进信息技术的应用,船厂信息化向船舶制造的各个环节覆盖,关于信息化、数字化的基础性工作受到越来越多的重视,船厂在工程数据库研究(如船舶性能数据库、船舶结构数据库、船舶产品数据库、工程分析计算系统库、船舶规范数据库、船舶建造工艺数据库、船舶标准数据库等)、编码体系建设(如编码原则、船舶工程信息分类编码体系、船舶工程编码管理体系等)、船舶信息化标准体系(包括基础标准、总体标准、设计数字化标准、制造自动化标准、管理信息化标准、质量管理标准、计算机通信网络标准、测试与评估标准等)开展了很多的工作,为船舶行业数据积累和数据质量保障奠定了基础。

船舶制造业一直朝着设计智能化、产品智能化、管理精细化和信息集成化等方向发展,造船企业面临着必须不断处理造船过程中产生的各类数据的巨大挑战。据统计到2016年年底,中国有630家活跃船厂,而全国前10名船厂船舶完工量仅占全国的57%。而反观韩国和日本,其国内船厂总数不超过100家,90%的造船订单集中在前5名船厂手中。当今,中国船舶制造行业没有一家企业能完整掌握这个行业的整体情况,因为没有一家船厂能掌握以下所有数据:设计、工艺、规范的制造技术大数据;生产精确控制、生产运行优化、设备故障预测等生产过程大数据;全球的生产规模、全球的生产率、市场需求、国际环境、物流运输环境、汇率等生产要素大数据。制造技术数据缺失导致众多船厂只能建造中低附加值船舶,生产过程数据的缺失造成众多船厂施工质量低,导致轻则重复返工、重则高额罚款。生产要素数据的缺失导致船厂盲目生产或错失良机。

船舶企业由于数据量巨大,且数据多为非结构化,现有的诸多存储介质和系统极大地限制了各类数据的有效利用与挖掘。这些海量数据需要专门的分析模块和专业人才在后台进行实时分析,进而从无序杂乱的信息中提取有价值的成分并加以应用。随着近几年船厂信息化水平不断提升,船舶制造业信息技术依赖性逐渐增加,产品的整个生命周期都会在信息化系统中产生诸多数据,面对海量的数据,船舶制造企业如上海外高桥造船有限公司等,也尝试采用合理挖掘、分析技术对相关数据进行分析,高效地提升船厂生产效率、产品质量,有效转变粗放型生产、劳动密集型生产方式,提高船舶制造的智能化水平。

有些船舶制造企业在数据质量方面也存在明显的问题,船厂在信息化建设上使用不同的软硬件系统、数据结构和技术规范标准,造成企业信息无法共享;企业基础数据未规范,建立的信息系统难以发挥作用。由于我国造船业基础数据建设还未实现规范化和标准化,许多船厂在建成信息系统后,时常会出现数据混乱,基础数据不健全、不准确的现象,不能及时为船舶生产和管理提供科学的信息数据,极大地影响了信息系统功能的有效发挥。

2.3 数据质量问题的分类、来源及对策

2.3.1 数据质量问题的分类与来源

1. 数据质量问题的分类

数据源包括单数据源和多数据源,数据质量问题出现在模式层或实例层,可以将数据质量问题分为单数据源模式层、单数据源实例层、多数据源模式层和多数据源实例层4类问题,如图2-1所示。图中还列出了每一类典型的数据质量问题。

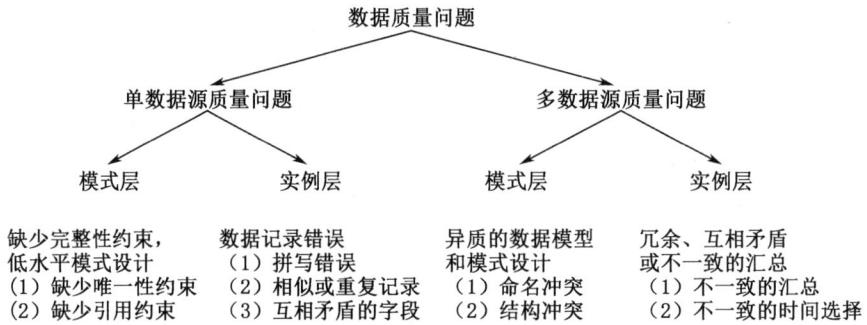

图 2-1 数据质量问题分类

```
                        数据质量问题
                    ┌──────────┴──────────┐
              单数据源质量问题            多数据源质量问题
            ┌──────┴──────┐          ┌──────┴──────┐
          模式层         实例层       模式层         实例层

      缺少完整性约束,    数据记录错误    异质的数据模型    冗余、互相矛盾
      低水平模式设计     (1)拼写错误    和模式设计      或不一致的汇总
      (1)缺少唯一性约束  (2)相似或重复记录 (1)命名冲突   (1)不一致的汇总
      (2)缺少引用约束    (3)互相矛盾的字段 (2)结构冲突   (2)不一致的时间选择
```

图 2-1 数据质量问题分类

单数据源数据质量问题可以从模式层和实例层两个方面来考虑。模式层问题主要由缺少完整性约束和低水平模式设计造成。有些单数据源,如文件和 Web 数据没有数据模式,缺少统一的模式规范,使得错误和不一致问题更易发生;尽管数据库系统具有特定的数据模型和完整性约束,但也会因缺少完备的数据模型或特定的完整性约束而引起数据质量问题。可以通过改进模式设计和模式转化避免模式层问题。实例层问题在模式层次上不可见,很难通过改进模式避免。经常会由于人为失误造成拼写错误和相似或重复记录等问题。如某字段是自由格式的字符串类型,地址信息和参考文献等其他类别的内容也可能存储到该字段中。

单数据源出现的问题在多数据源情况下会变得更加严重,图中的多数据源问题没有重复列出单数据源中已经出现的问题。多数据源中的模式层问题除了低水平的模式设计,还存在命名冲突和结构冲突等问题。多数据源中,不同的对象可能使用同一名称命名,同一对象也可能使用不同的名称命名;同一对象在多数据源中的表示方式可能会不同,如字段类型、组织结构或完整性约束不同,会导致结构冲突。多数据源中模型和模式的不同,在数据汇总中很容易带来质量问题。在实例层,单数据源中出现的问题在多数据源中都有可能发生,同时还会出现矛盾数据和不一致问题。尽管多数据源中同一字段表示同一内容,但表达方式不同也会带来问题。

2. 数据质量问题来源

数据质量问题在模式层和实例层都可能出现,本章主要讨论实例层数据质量问题。数据在其生命周期内,要经历人员交互、计算和传输等操作步骤,每一环节都可能引入错误,产生数据异常,导致数据的质量问题。数据质量问题的来源主要包括以下 4 种:

(1)数据录入/更新:当录入人员从声音中提取信息,或依据书写或打印资料键入数据时,由于印刷错误或对原始数据资料的曲解,可能造成数据录入错误;当录入人员不知道正确值时,经常编造一个容易输入的默认值,或他们认为的典型值录入,引入"脏数据"以达到所谓的伪完整性(spurious integrity),这样的数据通常可以通过数据完整性约束和数据输入系统的数据完整性初步测试,而在数据库中没有无意义或异常的迹象,具有相当的隐蔽性;软件缺陷也可能造成数据异常,如删除某条记录时,没有删除与其关联的记录,再进行添加操作而引起了错误。

（2）测量：不包括测量工具本身的问题，主要指以下两类人为引入的数据异常。

①无意的人为错误，如方案问题（如不合适的调研和采集策略等），或方案执行中的问题（如测量工具误用等）；

②有意的人为舞弊，即出于某种不良意图的造假，如虚报产品产量和夸大设备完好率等，该类数据可以直接导致统计分析系统决策错误，造成严重后果。

（3）简化：许多情况下，原始数据入库前需对其预处理和简化，这一过程中多种操作可以导致信息损失，如减少原始数据复杂性或噪声，执行数据库管理员对所不了解的域统计分析，经常使用一些编辑偏好，以减少数据占用存储空间为目的的简单处理（如数据稀化）。以上操作导致在入库的简化数据中，或与简化相关的最终分析中产生错误，造成数据质量下降。

（4）数据集成：在数据库建立过程中，常将多个数据源中的数据并入一个数据库，这种数据集成任务需解决数据库之间的不一致或冲突问题，在模式层主要是命名冲突和结构冲突，在实例层主要指因集成而产生的相似或重复问题。一些文献将各数据源之间的不一致和冲突视为数据质量问题，其实在没有事先约定的情况下，多数据源之间的冲突和不一致的存在是正常的，合并过程中解决这些不一致和冲突是数据集成过程中必要的步骤，模式层问题主要用数据提取转换和加载（ETL）工具解决。在解决多数据源之间的不一致和冲突时，基于多数据源的数据集成可能导致数据异常，如不一致和冲突的解决不彻底，甚至可能引入新的异常，或冲突记录的误识别。因此，数据集成是造成数据质量问题的一个来源，而数据集成本身是数据生产过程的正常操作。

2.3.2 大数据处理流程引起的质量问题

造成数据质量问题的原因是多方面的，既有技术原因，也有管理原因，但无论哪方面原因，其结果均表现为数据没有达到预期的质量标准。大数据处理流程主要包括数据收集、数据预处理、数据存储、数据处理与分析、数据展示/数据可视化、数据应用等环节，其中数据质量贯穿于整个大数据流程，每一个数据处理环节都会对数据质量产生影响。对于数据质量问题的影响因素基于以上不同阶段来分析。

1. 数据收集环节

数据收集是获取原始数据集合的过程。数据通常由不同数据源产生，可由机器自动生成，然后通过网络传输到指定的位置，这是一种数据生成即收集的方式；或者由企业或组织根据自身需求，有针对性地从各种来源收集所需数据，如用户的各种数据等。总之，数据收集需从不同数据源实时地或及时地收集各种类型数据，并发送给存储系统或数据中间件系统进行后续处理。数据收集环节对大数据质量的真实性、完整性、一致性、准确性、时效性、安全性等维度均产生影响。

（1）数据源

在数据收集过程中，数据源会影响大数据质量的真实性、完整性、一致性、准确性和安全性。

大数据的数据源主要指各种传感器设备、信息系统、网站等，这些数据源的安全运行、防止恶意攻击与篡改是保障大数据真实性、准确性和安全性的重要条件。同时,数据源运行的稳定性、无间断性是保障大数据完整性的重要条件。不同数据源之间的统一编码、相互协调是保障同构或异构大数据的一致性的重要前提,它要求数据源之间的同步与协作。故在数据收集环节,数据源是影响大数据真实性、完整性、一致性、准确性和安全性的重要因素之一。

（2）数据收集方式

数据的实时收集方式可有效保障大数据的时效性质量,确保数据分析与预测结果的时效性和价值性。

设备收集多为实时的数据收集,且以流式数据进行采集、处理与分析,从而确保大数据的时效性质量。对于传感器设备、Web 数据等,多采用信号系统、网络爬虫等方式进行自动收集,这需要对采集装置进行采样及时间设置以保障收集到的数据时效性质量。故数据收集方式是影响大数据时效性质量的重要因素之一。

若是人工收集或录入数据,则由于人为原因而产生的主观或客观错误对于数据的完整性会造成严重的影响。

（3）数据收集技术

数据收集技术在这一阶段是非常重要的技术因素,收集技术的好坏直接决定了数据收集的速度和质量。

通常数据收集分为两种——设备数据收集和互联网数据爬取,常用的收集软件有Splunk、Sqoop、Flume、Logstash、Kettle 以及各种网络爬虫,如 Heritrix、Nutch 等,这些软件是大数据发展与应用的重要一环,也是影响大数据原始质量的重要因素之一。

2. 数据预处理与存储环节

（1）数据预处理

大数据采集过程中通常有一个或多个数据源,这些数据源包括同构或异构的数据库、文件系统、服务接口等,易受到噪声数据、数据值缺失、数据冲突等影响,因此需首先对收集到的大数据集合进行预处理,以保证大数据分析和预测结果的准确性与价值性。

大数据的预处理环节主要包括数据清洗、数据集成、数据归约与数据转换等内容,可以大大提高大数据的总体质量。

①数据清洗技术包括对数据的不一致检测、噪声数据的识别、数据过滤与修正等方面,有利于提高大数据的一致性、准确性、真实性和可用性等方面的质量;

②数据集成则是将多个数据源的数据进行集成,从而形成集中、统一的数据库、数据立方体等,这一过程有利于提高大数据的完整性、一致性、安全性和可用性等方面质量;

③数据归约是在不损害分析结果准确性的前提下降低数据集规模,使之简化,包括维归约、数据归约、数据抽样等技术,这一过程有利于提高大数据的价值密度,即提高大数据存储的价值性;

④数据转换处理包括基于规则或元数据的转换、基于模型与学习的转换等技术,可通过转换实现数据统一,这一过程有利于提高大数据的一致性和可用性。

总之,数据预处理环节有利于提高大数据的一致性、准确性、真实性、可用性、完整性、安全性和价值性等方面质量,而大数据预处理中的相关技术是影响大数据过程质量的关键因素。

(2)数据存储

在大数据存储中,分布式存储与访问是其关键技术,它具有高效、经济、容错性好等特点。分布式存储技术与数据存储介质的类型和数据的组织管理形式直接相关。数据存储介质的类型主要有内存、磁盘、磁带等,数据组织管理形式主要以行、列、键值、关系等进行组织,不同的存储介质和组织管理形式对应于不同的大数据特征和应用。

分布式文件系统,是大数据领域最基础、最核心的功能组件之一,其关键在于实现分布式存储的高性能、高扩展和高可用性。文档存储,支持对结构化数据的访问,支持嵌套结构、二级索引,以实现数据的高效查询。

列式存储可减少数据存取量、提高数据处理效率。键值存储可有效减少读写磁盘的次数,但不提供事务处理机制。图形数据库可实现事物之间相关关系的存储,并使用图模型来映射这些网络关系,实现对真实世界中各种对象的建模存储。

内存存储是将数据库的工作版本放在内存中,其设计目标是提高数据库的效率和存储空间的利用率。

总之,不同的数据存储技术具有不同的特征与优势,它们对于提高大数据的时效性、安全性、可用性和准确性等质量维度具有重要影响。

3. 数据处理与分析环节

(1)数据处理

大数据的分布式处理技术与存储形式、业务数据类型等相关,针对大数据处理的主要计算模型有 MapReduce 分布式计算框架、分布式内存计算系统、分布式流计算系统等。

MapReduce 是一个批处理的分布式计算框架,可对海量数据进行并行分析与处理,它适合对各种结构化、非结构化数据的处理。分布式内存计算系统可有效减少数据读写和移动的开销,提高大数据处理性能。分布式流计算系统则是对数据流进行实时处理,以保障大数据的时效性和价值性。

无论哪种大数据分布式处理与计算系统,都有利于提高大数据的价值性、可用性、时效性和准确性。大数据的类型和存储形式决定了其所采用的数据处理系统,而数据处理系统的性能与优劣直接影响大数据质量的价值性、可用性、时效性和准确性。因此在进行大数据处理时,要根据大数据类型选择合适的存储形式和数据处理系统,以实现大数据质量的最优化。

(2)数据分析

大数据分析技术主要包括已有数据的分布式统计分析技术与未知数据的分布式挖掘和深度学习技术。分布式统计分析可由数据处理技术完成,分布式挖掘和深度学习技术则在大数据分析阶段完成,包括聚类与分类、关联分析、深度学习等,可挖掘大数据集合中的数据关联性,形成对事物的描述模式或属性规则,可通过构建机器学习模型和海量训练数据提升数据分析与预测的准确性。

数据分析是大数据处理与应用的关键环节,它决定了大数据集合的价值性和可用性,以及分析预测结果的准确性。在数据分析环节,应根据大数据应用情境与决策需求,选择合适的数据分析技术,提高大数据分析结果的可用性、价值性和准确性。

4. 数据可视化与应用环节

数据可视化是指将大数据分析与预测结果以计算机图形或图像的直观方式显示给用户的过程,并可与用户进行交互式处理。数据可视化技术有利于发现大量业务数据中隐含的规律性信息,以支持管理决策。数据可视化环节可大大提高大数据分析结果的直观性,便于用户理解与使用,故数据可视化是影响大数据可用性和易于理解性质量的关键因素。

大数据应用是指将经过分析处理后挖掘得到的大数据结果应用于管理决策、战略规划等的过程,它是对大数据分析结果的检验与验证,大数据应用过程直接体现了大数据分析处理结果的价值性和可用性。大数据应用对大数据的分析处理具有引导作用。在大数据收集、处理等一系列操作之前,通过对应用情境的充分调研、对管理决策需求信息的深入分析,可明确大数据处理与分析的目标,从而为大数据收集、存储、处理、分析等过程提供明确的方向,并保障大数据分析结果的可用性、价值性和满足用户需求。

2.3.3 船厂大数据质量问题来源与对策

我国造船企业信息化水平与国外先进水平还存在一定的差距,整个行业处于信息化单项应用向综合集成应用阶段快速发展的阶段。

部分船厂内部缺乏一体化、集成化的解决方案,主要表现在设计、物资、生产、计划各个业务环节的信息没有集成;生产设计图纸中物量及制造信息不能充分及时地传递到物资和生产环节;生产过程中发现的设计错误也不能自动反馈给设计人员;数据不能自动、无缝地集成供后续工序或软件应用,设计过程与生产进程联系不够紧密;信息化技术在经营管理中的应用不够深入,经营、物资供应和生产一体化程度较低。这些都导致了综合集成应用能力较弱。

船舶行业的零部件数量庞大,目前国内对船舶零部件标准化程度和日韩相比差距较大,同时也缺乏真正可执行的行业统一编码,使得各企业之间、企业内部本身无法做到信息共享和集成。

船厂信息采集手段落后,收集生产数据管理困难。由于信息共享度低,且多为手工输入,反馈速度慢,难以分类汇总及迅速检索。

信息集成化是现代造船模式的核心思想之一。信息集成化的具体内容一方面是实施造船数字化工程,逐步建立面向整个造船过程的信息集成系统;另一方面是提高信息集成度,加强船厂与船厂、船厂与设计院所、船厂与供应商之间的信息整合,通过异地协同网络等先进技术,达到信息流、物流和价值流的集成,实现区域性设计、制造、管理信息的数字化无缝连接。

当前部分船厂在实施现代造船模式时,船厂内部、船厂之间信息化系统之间的集成度不够,数据分散存于船厂内部,使得船厂的部门数据仅仅能够涵盖自己业务系统所生成的数据。但是作为船厂整体所能采集和分析的大数据已经远远超出这一范畴,由于缺乏可以直接应用到这些数据的统一的规则和方法,船厂要保证从多个部门获取结构复杂的大数据并有效地对其进行整合,异常艰难,并容易产生数据质量问题。

船厂不同来源的数据在结构上差别很大。一些数据是非结构化数据,如文本、视频、图像等,一些数据是半结构化数据,如电子邮件、电子表格等,还有一些数据是结构化数据,如数据仓库/商业智能数据、传感器/机器数据记录、关系型数据库管理系统的数据等。不同来源的数据结构差别巨大,使得船厂数据实例之间可能产生冲突,产生数据质量问题。

船厂在造船过程中产生的数据是海量的,要对如此体量巨大的数据进行采集、清洗、整合,最后得到符合要求的高质量数据,在短时间内是很难实现的,对于船厂的大数据处理也容易引起时效性等数据质量问题。

船厂在采集物联网数据时,物联网中常用的传感设备,如射频识别器和传感器网络,由于自身的局限和电磁环境的影响,采集到的数据中往往存在差错,如重读、漏读、数据冗余和数据错误。此外,物联网中的数据具有多源和多模态的特征,需要进行数据融合和数据集成,即在多源异构数据之间进行交互和转换。实现方法不同,也会影响到集成数据的质量。

船厂在采集外部数据时,有些数据是外部数据源提供的,船厂无法厘清这些数据之间的关系,更不了解这些信息是如何被交付的,因此无法得知这些数据的质量处于什么水平。此外船厂由于数据手工录入等原因也可能存在数据质量问题。

为了有效应对上述挑战,船厂大数据质量管理需要一个能提供多源异构数据整合、支持分布式和非结构化数据处理,以及完成数据质量相关操作的大数据质量管理解决方案。

(1)对于分散的信息,可以使用 LinkedIn 的 Kafka、Facebook 的 Scribe、Cloudera 的 Flume 和 Hadoop 的 Chukwa 等技术实现分式的数据采集;

(2)对于复杂的异构数据源,可采用基于本体的方法完成异构数据的集成与融合;

(3)对于海量数据,可以采用 Hadoop 和 Storm 等分布式系统架构进行质量评估和数据清洗等;

(4)对于信息可信度的问题,则通过建立统一的数据质量标准和数据溯源来加以解决;

(5)对于物联网中的数据质量可以通过传感器数据验证方法、数据流清洗技术等来解决。

2.4 数据质量的维度与评估

2.4.1 数值质量维度的选择

根据数据质量的"适用性"定义,数据质量的判断依赖于使用数据的个体,不同环境下不同人员的"使用的适合性"不同。有观点认为,如果数据在运营、决策和规划中能够满足客户的既定需求,数据便是高质量的。根据这一定义,客户是质量的最终裁决者。数据质量维度是指一个特征或部分信息被用于分类信息和确定数据需求。事实上,它提供了一种用于测度和管理数据质量及信息的方式。MIT 采取二阶段调查方法把质量维度划分为固有质量、可访问性质量、语境质量和表达质量 4 种类型,每种类型包含若干个质量维度。除了学术界定义的维度外,国内外机构和一些行业也制定了相应的维度,如表 2-2、表 2-3 所列。

由表可以看出,各个机构和行业对质量维度的要求不尽相同,其中出现频率较高的维度是准确性、完整性、一致性、可获得性和及时性。

表 2-2　国际机构和政府部门常用的数据质量维度

国际机构或者政府部门	数据质量维度
国际货币基金组织	诚信的保证、方法的健全性、准确性和可靠性、适用性以及可获取性
欧盟统计局	相关性、准确性、可比性、连贯性、及时性和准时性、可访问性和清晰
联合国粮食及农业组织	相关性、准确性、及时性、准时性、可访问性和明确性、可比性、一致性和完整性、源数据的完备性
美国联邦政府(公众传播)	实用性、客观性(准确、可靠、清晰、完整、无歧义)、安全性
美国商务部	可比性、准确性、适用性
美国国防部	准确性、完整性、一致性、适时性、唯一性及有效性
加拿大统计局	准确性、及时性、适用性、可访问性、衔接性、可解释性
澳大利亚国际收支统计局	准确性、及时性、适用性、可访问性、方法科学性

表 2-3　国内部分行业领域的数据质量维度

行业	数据质量维度
烟草	准确性、完整性、一致性、及时性、可解释性、可访问性
气象通信	科学性、标准化、共享性、时效性、稳定性、可维护性
军事	完全性、一致性、准确性、唯一性、时效性、可解释性
医疗	一致性、可靠性、可用性、适用性
交通	完整性、有效性、准确性、实时性
地理信息系统(GIS)	位置精度、现势性、一致性、完整性、可靠性

大数据质量的精确感知和定义取决于诸多因素,也是一个多维尺度概念。虽然有研究指出,大数据质量与传统数据质量没有本质差异,仅是对事物属性特征表示方式不同,传统数据质量概念内涵适用于解释大数据质量,且有部分学者试图为大数据质量界定一个通用定义。但大数据质量典型环境坐标的可变性和异质性,所具有的动态、情境性,与任务类型、数据类型密切相关性,更多研究与应用情境、数据类型、数据周期相结合,进行大数据质量概念界定与内涵剖析,从动态角度和基于数据域进行数据质量的内涵诠释。

大数据质量既不独立于任务情境,也不独立于具体过程情境。大数据质量是与具体环境与给定语境相结合的。关于数据特征的质量,应与其具体应用目标与应用语境有机结合。大数据质量因项目质量目标不同而存在差异,并非所有质量特征均会明显地出现在每个项目之中。与此同时,数据质量与数据生命周期的阶段或过程高度耦合。大数据质量不是一个绝对概念,而是贯穿于包括数据收集、处理、存储直至进入数据系统的整个数据周期;不是一个静态概念,其价值会因存储过程中的衰减而动态变化。

2.4.2 数据质量维度

数据质量维度是数据质量的评估标准,它衡量数据在某一方面的性质,例如准确性、完整性、一致性、及时性等。不同的机构、企业和用户对于数据质量维度的标准不尽相同,一般都是根据实际的业务流程和用户需求来选择合适的数据质量维度。有很多学者对数据质量维度进行了研究,见表2-4。

表2-4 典型大数据质量评价指标体系

研究者	质量评价维度	具体评价指标
M. Toivonen	数据质量维度 数据使用质量维度 可达性维度 可用性维度	完整性、可靠性、准确性、一致性 数据可解释性 系统可用性、交互可用性、安全性 时效性、响应性、流通性、有效性等
张绍华等	固有质量度量维度、 环境质量度量维度、 表达质量度量维度、 可访问质量度量维度	可信性、客观性、可靠性、价值密度、多样性、 可解释性、简明性、一致性、易懂性、适量性、 完整性、相关性、增值性、及时性、易操作性、 广泛性、可访问性、安全性
S. Juddoo	内在维度、 语境维度、 代表性维度、 可访问性维度	
C. Batini等、 E. Dumbill	准确性维度 完备性维度 冗余性维度 可读性维度 可达性与可用性维度 一致性维度 信任性维度	准确性、有效性、精确性 针对性、关联性 最小性、紧凑性、简洁性 可理解性、清晰性、简单性 衔接性、连贯性 可信性、可靠性、信誉度、数据来源权威性
A. Aggarwal	数量规模维度 变化速度维度 品种种类维度	准确性和可及性 清晰度和相关性 一致性和及时性
N. Abdullah等	数据的内容和结构维度 可用性和有用性维度	准确性、完整性、一致性、完备性 有效性、及时性、可访问性
A. Kulkarni	基于内容的度量 基于情境的度量 基于评级的度量	准确性、可信性、完备性、一致性 有效性、关联性、时效性、可验证性

表 2-4(续)

研究者	质量评价维度	具体评价指标
J. Merino 等	情境充分性 时间充足性 操作充分性	完整性、一致性、机密性、精确性 可信性、时间性、有效性、易理解性
I. Caballero 等	情境一致性 时间一致性 操作一致性	相关性、可信度、易理解性、准确性和保密性 时间并发性、可用性、流行性 可用性、可移植性、精确性、完整性和可追溯性
I. Taleb 等	基于内容的度量维度 基于语境的度量维度 基于评级的度量维度	基于内容度量维度,信息本身用作质量指标; 基于语境度量维度,元数据用作质量指标; 基于评级度量维度,可以使用信息,也可以使用信息 来源明确等级作为指标
A. F. Haryadi	依赖于语境的评价维度 独立于语境的评价维度	准确性、可信度、相关性、通用性、完整性、全面性、 一致性、唯一性、及时性 有效性、可追溯性
莫祖英	原始质量 过程质量 结果质量	数据源规范性、安全稳定性、数据到达率; 数据采集的完整性、无误性、实时性; 数据描述框架、数据时间的一致性,数据定义的一致性等 数据清洗的准确性、数据的一致性、数据的置信度、 数据的有效性、数据集成、数据存取效率、数据清洗粒度 结果数据的价值性、数据分析方法
L. Cai 等	数据质量固有特征 (包括可得性、可用性、 可靠性、相关性四个维度) 用户客户满意度特征 (包括质量呈现性维度)	可访问性、授权性、及时性 数据定义/文档、可靠性、元数据 准确性、一致性、完备性、充分性、 可审计性、适应性、可读性、结构要素

在对比有关文献、各个机构、企业和用户的数据质量维度后,发现出现频率较高的数据质量维度是准确性、完整性、一致性、可访问性和及时性等。

1. 准确性

准确性的定义并不唯一,以下为一些常用定义。

定义 2-5 数据是准确的,当数据存储在数据库中对应于真实世界中的值。

定义 2-6 准确性是指数据的正确、可靠和可鉴别的程度。

定义 2-7 数据库记录中的各种"字段"中所包含的值的正确性,此外,从形式化的角度定义准确性是指一个数值 v 与真实值 v' 之间的相似程度。

准确性需要一个权威的参考数据源,将数据与数据源进行比较。我们可以采用调查或者检验的比较方式。

在有参考数据源时,准确性容易测量。但在其他情况下,人们并不确定基准数值是多少,因此准确性很难测量。由于准确性在一定程度上显示了与上下文的相关性,因此数据的准确性应该由数据的应用场景决定,即权威参考数据源是用户。

当选择准确性作为质量维度时,应考虑以下问题:

(1)什么是权威参考源——参考源最好存在,可以量化与核实;

(2)参考源是否可用和可访问;

(3)为检查准确性可提供的记录数据量有多少。

2. 完整性

完整性同样有许多定义,具体如下。

定义 2-8　完整性是指数据有足够的广度、深度和范围的程度。

定义 2-9　在一次数据收集中所包含的值的程度。

定义 2-10　信息具有一个实体描述的所有必需部分。

对于关系型数据库领域中,完整性常与空值(Null)相联系。空值为缺失或者不知道的值。比如,对于一个表格而言,某一行列有空值,即为不完整。

3. 一致性

数据一致性通常指关联数据之间的逻辑关系是否正确和完整。在数据库领域,它通常是指在不同地方存储和使用的同一数据应当是等价的这一事实。等价用于描述存储在不同地方的数据在概念上相等的过程。以关系数据库理论为例,完整性约束就是用来保证数据间逻辑关系是否正确和完整的一种语义规则。

由于相同数据经常会存储在数据库或者数据仓库的不同位置,因此保持一致性十分重要。

4. 可访问性

可访问性的定义如下。

定义 2-11　可访问性是指用户可以获得数据的物理条件,包括数据在哪,如何订购,交易时间,明确的交易政策,便利的营销条件,可用的微观或宏观数据,各种格式等。

定义 2-12　用户需要的数据是公开的,可以方便地获取或允许用户下载和使用。可访问性与数据开放程度紧密联系在一起。数据开放程度越高,可获得的数据种类越多,可访问性程度也越高。

5. 及时性

及时性也称时效性,不同的定义如下。

定义 2-13　时效性是指在现实世界状态的一个改变和信息系统状态之间结果变化的时延。

定义 2-14　时效性定义为数据在完成任务或者由于数据从产生到获取再到利用,可能会有一个很明显的时间差。

特别地,数据被手工获取并被数据化存储再到被理解、获取和访问,这个过程的时间差会很明显。

定义 2-15 时效性是数据来源的平均期限。

定义 2-16 时效性是一个任务中数据充分更新的程度。

6. 可信度

可信度主要用于评估非数值型数据,数据的可信度由三个因素决定:数据来源的权威性、数据的规范性和数据的产生时间。

7. 相关性

相关性用来描述数据内容与用户需求或者期望之间的相关程度,适应性是它的质量特性。

8. 适应性

适应性包括两个层次要求,一是指用户所需要的数在多大程度上被生产出来,二是指数据在生产指标、构成要素以及分类等方面与用户需求的吻合程度。

2.4.3 数据质量评估框架

数据质量评估框架是组织用来评估数据质量的工具,是一个指导方针。目前,学术界提出了 10 多个评估框架。表 2-5 是一些主要的数据质量评估框架。

表 2-5 主要的数据质量评估框架

评估框架英文缩写	全称	主要创建者	创建时间
TDQF	Total Data Quality Management	Wang 等	1998 年
DWQ	The Datawarehouse Quality Methodology	Jeusfeld 等	1998 年
TIQM	Total Information quality management	English	1999 年
AIMQ	A methodology for information Quality assessment	Lee 等	2002 年
CIHI	Canadian Institute for Health Information methodology	Long 和 Seko	2005 年
DQA	Data Quality Assessment	Pipino 等	2002 年
IQM	Information Quality Measurement	Eppler 和 Munzenmarier	2001 年
ISTAT	ISTAT methodology	Falorsi 等	2003 年
DQAF	Data Quality Assessment Framework	IMF	2003 年
AMEQ	Activity-based Measuring and Evaluating of Product Information Quality Methodology	Sun 和 Jin	2004 年
COLDQ	Loshin Methodology(Cost-effect of Low Data Quality)	Loshin	2004 年
DaQuinCIS	Data Quality in Cooperative information Systems	Scannapieco 等	2004 年
QAFD	Methodology for the Quality Assessment of Financial Data	De Amicis 和 Bation	2004 年
CDQ	Comprehensive methodology for Data Quality management	Batini 和 Scannapieco	2006 年

下面来介绍几种数据质量评估框架。

DQAF(数据质量评估框架)是 IMF 在 2003 年 7 月公布的,该框架整体结构呈级联式展开,在第一层首先提出质量的先决条件以及衡量数据质量的五个维度,然后将第一层的每个维度分别在第二层的评估要素和第三层的评估指标中具体化,评估指标后面对统计数据质量评判的标准有更详尽的解释。DQAF 着重研究与数据质量相关的统计体系管理、核心统计程序和统计产品的特征。整个框架分为六个部分,从讨论保障数据质量的法律和制度环境(先决条件)开始,然后依次分析数据质量的五个维度,主要内容为质量的先决条件、诚信保证、方法健全性、准确性和可靠性、适用性、可获取性。

AIMQ(信息管理质量评价)框架是由美国麻省理工学院 TDQM 研究小组提出的,针对企业信息质量进行评价和差异分析的一种方法。AIMQ 由三部分组成:信息质量(information quality,IQ)模型、信息质量维度和信息质量分析技术。此外,AIMQ 还提供一种信息质量差异分析技术来帮助组织了解自身的不足的改进方式。

DQA(数据质量评估)框架是在 2002 年由美国麻省理工学院的三位研究人员提出的,该框架同时支持主观评价和客观评价,认为主观评价反映的是信息用户的需求,而客观评价是基于数据集本身的。不同的组织和用户对数据质量有不同的定义。DQA 同时也指出客观评价有依赖或独立任务之分,任务依赖评价值数据的状态与应用的知识相关,反之就是不相关。在此基础上提出了 16 种数据质量维度。通过调查形成对数据质量维度的打分,打分需要一些函数把主观和客观评价结合在一起,提出三种函数方法:简单比率法、最大或最小值法和加权平均法。

2.4.4　船厂大数据质量评估框架

随着船厂信息技术的广泛应用,诸如 MES、ERP、PDM 等信息管理系统得到了落地实施,在船舶设计、制造、管理等环节,形成了海量信息,并逐步积累成为船厂大数据。由于船舶行业当前的信息采集方法、数据分析方法、处理方法、技术以及系统等均无法满足实际需求,大数据质量的管理和价值利用仍亟待提高。

从数据质量"适用性"的定义角度,参考相关政府、行业数据质量维度的选择,对于船厂大数据质量评估框架的指标选择,建议采用准确性、完整性、一致性、可获得性和及时性等评价维度,本章建议的质量维度选择是大数据质量评价的基础。在船厂大数据应用场景下,可以根据需要进行调整,准确性、完整性、一致性等的度量模型如下。

定义 2-17　设 $E_1,E_2,\cdots,E_m$ 为需要度量的 m 条记录,它们组成一个数据集合 $D=\{E_1,E_2,\cdots,E_m\}$,E_i 为集合中的任意一条记录,$m\in\mathbf{N}^+$。

定义 2-18　设 $A_1,A_2,\cdots,A_n$ 为 E_i 的 n 个属性,A_{ij} 表示 E_i 在属性 j 上的取值,则 $E_i=\{A_{i1},A_{i2},\cdots,A_{in}\}$,$n\in\mathbf{N}^+$。$A_{ij}$ 可能存在缺失、拼写错误、不一致等质量问题。

定义 2-19　$R=\{R_{i1},R_{i2},\cdots,R_{in}\}$ 表示权威性的参考数据源。R_{ij} 表示记录 E_i 在属性 j 上的正确值或者期望值。

1. 准确性

这里将准确性定义为:准确性=真实值的数量/所有值的数量。设 $f(\cdot)$ 为评估对象 A_{ij}

的取值结果到$(0,1)$的映射,若结果正确,则取值为1,反之为0,有

$$f(A_{ij}) = \begin{cases} 1, A_{ij} = R_{ij} \\ 0, 其他 \end{cases}$$

那么,D 在属性 j 上的准确性 A_1' 为

$$A_1' = \sum_{i=1}^{m} f(A_{ij})/m$$

D 在全部属性上的准确性 A_2' 为

$$A_2' = \sum_{j=1}^{n} \sum_{i=1}^{m} f(A_{ij})/(m \cdot n)$$

2. 完整性

这里将完整性定义为:完整性=非空值的数量/所有值的数量。设 $g(\cdot)$ 为评估对象 A_{ij} 的赋值情况到$(0,1)$的映射,若 A_{ij} 非空,则取值为1,反之为0,有

$$g(A_{ij}) = \begin{cases} 1, A_{ij} 有值 \\ 0, A_{ij} 为空 \end{cases}$$

那么,D 在全部属性上的完整性 B' 为

$$B' = \sum_{j=1}^{n} \sum_{i=1}^{m} g(A_{ij})/(m \cdot n)$$

3. 一致性

这里将一致性定义为:一致性 = 一致性值的数量/所有值的数量。集合 $C_i = \{C_{i1}, C_{i2}, \cdots, C_{is}\}$ 表示 A_{ij} 可能的取值范围。设 $h(\cdot)$ 为评估对象 A_{ij} 的取值情况到$(0,1)$的映射,若 A_{ij} 的值为集合 C_i 中的任一值,则取值为1,反之为0,有

$$h(A_{ij}) = \begin{cases} 1, A_{ij} = C_{ij} \\ 0, A_{ij} \neq C_{ij} \end{cases}$$

那么,D 在属性 j 上的一致性 C' 为

$$C' = \sum_{i=1}^{m} h(A_{ij})/m$$

上面定义了三种质量维度的度量方法,关于数据可获取性、及时性的度量可以根据船厂在大数据实际应用中的数据是否能够获取、数据更新时间等来定义。这些指标都可以根据具体需求进一步细化模型或者对模型加以改进,以适应后续的数据质量评估。

2.4.5 数据质量评估方法

数据质量评估方法主要分为定性评估方法、定量评估方法和综合评估方法。定性评估方法主要依靠评判者的主观判断。定量评估方法则为人们提供了一个系统、客观的数量分析方法,结果较为直观。综合评估方法则是将两者结合起来,拥有两者的优势。

1. 定性评估方法

定性评估方法一般基于一定的评价准则与要求,根据评价的目的和用户对象的需求,从定性的角度来对数据资源进行描述与评价。确定相关的评价准则或评价指标,建立评价

准则及各赋值标准,通过对评价对象大致评定,给出各评价结果。

定性方法的实施主体需要对学科背景有较深的了解,评价标准和评价内容应由某领域的专家或专业人员完成。通常定性评估方法可分为用户反馈法、专家评议法和第三方评测法。

(1)用户反馈法

用户反馈法是指由评价方给用户提供相关的评价指标体系和方法,用户根据其特定的质量需求从中选择符合需要的评价指标和方法来评价数据或信息资源。

(2)专家评议法

专家评议法是由某领域专家组成评判委员会评价组织内的数据质量或信息资源是否符合标准或需求的一个过程。

(3)第三方评测法

由独立于数据提供者、数据管理者和数据消费者的机构或者组织根据特定的信息需求,建立符合特定信息需求的数据质量评价指标体系,按照一定的评价程序或者步骤,得出质量评价结论。

2.定量评估方法

定量评估方法是指按照数量分析方法,从客观量化角度对数据资源进行的优选与评价。

定量评估方法给人们提供了一个系统、客观的数量分析方法,结果更加直观具体。

3.综合评估方法

综合评估方法将定性与定量方法结合起来,从两个角度对数据质量进行评估。常用方法有层次分析法(AHP)、模糊综合评价法、缺陷扣分法等。

(1)层次分析法

层次分析法的核心是对评价对象进行优劣排序、评价和选择,从而为评价主体提供定量形式的评价依据。它首先将复杂的问题分成若干层次,建立阶梯层次结构,然后构成判断矩阵,进行层次单排序一致性检验,最后进行层次总排序和一致性检验,并得出结论。

(2)模糊综合评价法

模糊综合评价法是在考虑多种因素的影响下,运用模糊数学工具对某事物做出的综合评价。例如,产品质量评价、科技成果鉴定、港口环境评价等,都属于综合评判问题。这种方法的基本思想是:在确定评价因素、因子的评价等级标准和权值的基础上,运用模糊集合变换原理,以隶属度描述各因子的模糊界限,构造模糊评价矩阵,通过多层的复合运算,最终确定评价对象的所属等级。

采用模糊综合评价法的关键在于建立评价模型,评价模型由因素集、评价集、隶属度矩阵和权重集组成,之后进行符合运算即可得到结果。

(3)缺陷扣分法

缺陷扣分法指的是计算产品(数据或信息)的得分值,由单位产品的得分值来评价产品质量的方法。如将某评价对象的满分设为100,先对该对象的缺陷进行判定,并对各缺陷等级进行扣分,再将各扣分值累加,再用100减去该值,即可得该评价的得分值,从而可对该对象质量进行评定。

2.5 数据质量问题的修复方法

2.5.1 数据修复方法概述

能否从大数据中挖掘出有意义的知识,与训练数据的质量密切相关。现有的绝大多数数据挖掘方法假定训练数据是完整和准确的。在工程实践中,这一假定常常并不成立,数据缺失、异常数据(或称孤立点)和噪声数据并不罕见。如何处理低质量数据,对于将数据挖掘技术、大数据分析技术成功应用于工程实践是至关重要的。

美国麻省理工学院的 TDQM 项目在数据质量领域的研究具有开创性,很多学者研究了精度、及时性、可靠性、完整性、一致性等多种数据特征量测指标,并提出了从数据使用者角度对指标重要性进行评价,探讨了在实践中对不同数据质量指标进行量测的基本方法。在完成了数据质量评估之后,对于低质量数据需要设法改善其数据质量,常见方法包括对低质量数据进行数据清理和对数据采集方法进行改进。

对数据采集方法进行改进通常可以取得更好的效果,但受成本和技术等客观条件限制,在工程实践中未必总是可行的。与改进数据采集方法相比,对低质量数据进行数据清理是提高数据质量的简单易行的手段。

针对数据中具体存在的不同问题,数据清理方法也有很大差别。对于不完整数据(即某些样本中缺少某些特征值),常用的方法如下:

(1)直接抛弃不完整的样本;

(2)手工补充缺失的特征值;

(3)用一个全局常量(例如无穷大)代替缺失特征值;

(4)用训练数据集中该特征的某种统计量(如均值或中位数)代替缺失的特征值;

(5)应用机器学习方法(如人工神经元网络或决策树)补充缺失的特征值。

在上述各类方法中,方法(1)对于小数据集不可行,但对于数据量较大的情形则不失为一种简便易行的策略。方法(2)属于众包模式,需要极高的人力成本,对于大数据集有时不可行。方法(3)和方法(4)容易扭曲数据中的关键信息。方法(5)的效果与所采用的具体算法和数据的特征有关。

另一种常见的数据质量问题是噪声数据。噪声数据指观测到的数据在真实数据上叠加了一个随机噪声。一般情况下,可假定该噪声是一个均值为 0 的随机变量,但很难准确确定其具体服从的概率分布。噪声数据通常是由数据采集设备精度不足或通信信道中存在噪声所导致的。对噪声数据的常见处理方式如下:

(1)分箱,即将怀疑存在噪声的特征值划分为几个区间,对于落在某一区间内的数据样本,以区间内样本的均值替换该样本的特征值;

(2)应用机器学习方法(如人工神经元网络或决策树)推测真实的特征值;

(3)利用无参数统计方法首先从训练数据中导出怀疑有噪声特征的被调整后的概率密度估计。

之后,在应用某种具体的数据挖掘方法时,根据概率密度估计对不同结果估算其概率,并选择概率最高的结果作为最终输出。

还有一类数据质量问题是异常数据(outlier),即数据样本的某些特征值明显偏离正常值。异常数据通常是由人工错误、数据采集设备故障或通信信道故障造成的。在某些特殊情况下,也可能是由内部人员恶意篡改或外部人员通过网络攻击导致的。异常数据检测是数据科学中的一个专门研究领域。异常数据检测可分为监督式、非监督式和半监督式三类。其中,监督式方法需要首先由专家标记出训练数据中的异常数据,在此基础上建立分类模型,对其他数据是否异常进行判别。显然,在大部分情况下,由专家判断数据是否异常是非常低效甚至不可行的。与之相对,非监督式方法则不需要专家提供信息,而根据某些异常指标直接判定数据是否异常。这里,所谓的"异常指标"是用于判定一个样本与大部分正常数据差异程度的量化指标。常见的异常指标包括统计指标和距离指标两类。半监督式方法介于监督式与非监督式方法之间,其假定有一小部分样本已由专家进行了判定,并将这些专家标记信息与非监督式方法结合对数据进行判定。半监督式方法综合了监督与非监督式方法的优点,在工程实践中有更广的应用空间。

2.5.2 不完整数据的估计与填充方法

常见的不完整数据处理方法主要可以分为基于完整记录的方法、加权方法、基于填补的方法和基于模型的方法。其中基于完整记录的方法和加权方法会丢弃不完整记录,导致大量信息丢失;基于模型的方法计算复杂度较高,且当模型选择不恰当时会产生严重错误。而基于填补的方法首先选择某种方法将数据集填补完整再进行分析,充分利用不完备数据集中的信息,而且不用在后续的数据分析中考虑缺失数据的影响,便于实施,是处理不完备数据最为常用的方法。

在众多的填补方法中最为简单的是全局常量填补和均值填补,这两种方法分别使用全局常量和缺失属性的均值对缺失字段进行填补。回归分析也常被用在数据填补中,以不完整属性对完整属性建立回归模型,并依该模型估计缺失属性的值。热平台法填补使用类似样本中点的对应值代替缺失项的值,与热平台法类似的冷平台法不从当前数据集而是从其他来源的数据集寻找填补值。

以上都是单一填补,相对于单一填补更为复杂的是多重填补。多重填补使用多种单一填补方法对缺失数据进行填补,这样可以构造多个完整数据集,最后再由多个完整数据集进行综合分析得到一个估计值作为最终结果。

多重填补一般包括基于统计关系学习的填充方法和基于机器学习的填充方法。

1. 基于统计关系学习的缺失数据的估计与填充

(1) 基于马尔可夫模型的缺失数据估计模型

一个关系中可能存在多个枚举型属性,但不是任意两个属性的属性值之间都存在依赖,不存在依赖的属性值之间的内分布是随机的,因此在数据生成之前,首先应依以下原则对枚举型属性进行分组。

在分组中,一个重要信息是属性组中属性的优先级,关系数据中的属性优先级确定应

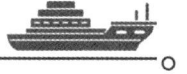

遵循的原则为:时间先后、空间从属、概念层次、业务主次。

对于一个枚举属性分组,按照以上四个原则进行优先级排序,排序一旦确定,该分组的属性值顺序依次生成。

对于一个有序枚举型属性集(元组) $G = \langle a_1, a_2, \cdots, a_n \rangle$,各属性对应的域为 $V = [V_1, V_2, \cdots, V_n]$,其中 $V_i = \{V_{i1}, V_{i2}, \cdots, V_{im_i}\}$,$i = 1, 2, \cdots, n$,为具体取值范围,各属性域可以不尽相同。则有以下关系马尔可夫模型:

$$P(a_i = V_{ik_i} | a_1 = V_{1k_1}, \cdots, a_{i-1} = V_{(i-1)k_i}) = P(a_i = V_{ik_i} | a_{i-1} = V_{(i-1)k_i}), i = 1, 2, \cdots, n$$

式中,属性 a_i 的取值只依赖于 a_{i-1} 的取值,而与其他的取值无关。

枚举型数据的缺失值估计公式为

$$P(X_1 = v_{1k_1}) = N_{1k_1} / N$$

$$P(X_{i+1} = v_{(i+1)k_{i+1}} | X_i = v_{ik_i}) = N_{(i+1)k_{i+1} | ik_i} / N_{ik_i}$$

(2)基于关系马尔可夫模型的缺失值估计

①关系马尔可夫模型状态转移概率

关系数据中,把一个属性组的具体值定义为状态,相同类别的属性组定义为抽象集。一对状态抽象集 (α, β),定义 α 中的状态到 β 中的状态的转移概率为

$$a_{\alpha, \beta} = -\sum_{q_i \in \alpha} P(q_i | \alpha) \sum_{q_j \in \beta} a_{ij}$$

式中,$P(q_i | \alpha)$ 表示抽象集 α 中状态为 q_i 的概率;a_{ij} 为马尔可夫模型中状态 q_i 到状态 q_j 的状态转移概率,$a_{ij} = P(X_n = q_j | X_m = q_i)$,即随机过程 $\{X(t), t \in T\}$ 在时刻 m 处于状态 q_i,在时刻 n 转移到状态 q_j 的概率。

假设目的状态为 q_d,源状态为 q_s,得到相应状态的转移概率为

$$a_{sd} = a_{\alpha, \beta} P(q_d | \beta)$$

式中,$P(q_d | \beta)$ 表示抽象集 β 中状态为 q_d 的概率。

②动态属性选择法

动态属性选择法通过计算属性类别交互信息的最大值,确定包含信息量最多的属性组合,并通过该组合估计缺失值。某属性包含的不同属性值为属性的类别,类别不确定性由信息熵表示,其定义为

$$H(C) = -\sum_{c=1}^{N_c} P(c) \log P(c)$$

式中,C 为属性中的所有类别,$c \in C$。

条件类别不确定性的信息熵定义为

$$H(C | (f, S)) = -\sum_{s' \in S} P(s') \left(\sum_{c=1}^{N_c} P(c | s') \log P(c | s') \right)$$

即在部分属性已知的条件下类别的不确定性。其中,S 为所有已选定的属性组合,f 为新加入 S 的属性。

不确定性的减少由交互信息表示,其定义为

$$GI(C; (f, S)) = H(C) - H(C | (f, S))$$

$GI(C; (f, S))$ 取最大值或不再增长时的 S 为最优的属性组合,即用属性组 S 来估计缺

失的属性值。

③基于关系马尔可夫模型的缺失值估计与填充方法

表 2-6 为基于关系马尔可夫模型的缺失值估计与填充方法。

表 2-6　基于关系马尔可夫模型的缺失值估计与填充方法

步骤 1	根据属性间关联关系,综合考虑,确定属性的估计顺序
步骤 2	根据动态属性选择方法,计算属性的类别不确定性 $H(C)$ 和条件不确定性 $H(C\mid(f,S))$,得到最大交互信息 $GI(C;(f,S))$,确定估计确实值的最优属性组合,并将缺失组分为源状态集和目的状态集
步骤 3	利用马尔可夫关系模型,确定源状态集和目的状态集的抽象集,根据两个状态转移概率公式计算源状态到目的状态的转移概率,得到状态转移概率矩阵 A
步骤 4	根据状态间的转移概率,分别采用 MaxPost 和 ProProp 两种方法对缺失值进行填充

2. 基于机器学习的缺失数据估计与填充

(1)基于 k-近邻的填补方法

k-近邻的填补方法的主要思想是:如果一个样本在特征空间中的 k 个最相似(即在特征空间中最接近)的样本中大多数样本属于同一个类型,那么该样本也很有可能属于这个类别。

设一个待填补项 $x_i = (x_i^c, x_i^m)$,其中 x_i^c 是其中的完整部分,x_i^m 是缺失的部分,D_{ij} 表示项 i 和项 j 之间的距离,则 x_i^m 填补值为

$$\hat{x}_{ik}^m = \sum_{j=1}^{k} \frac{D_{ij}^{-1}}{\sum_{v=1}^{k} D_{iv}^{-1}} x_{jk}$$

式中,取 k 个距离 x_i 最近的记录,并以其距离的倒数(即相似度)作为权重,通过计算这 k 条记录的加权平均值作为估计值来进行填充。当待填补的属性为枚举型时,可以将 k 条记录中出现最多的值作为均值。

k-近邻算法具有精度高、对异常值不敏感的特点,但是由于需要计算所有记录间的相似度,具有较高的计算复杂度,填补效率低,在数据量不断增长、数据实时性要求越来越高的背景下,已经难以满足实际应用要求。

(2)LSH_KNN 数据填补算法

k-近邻算法在数据量大时计算复杂度高,需要时间长,而在现实应用中的相似度搜索中,往往并不需要获取真的"最近邻",而是只要满足用户需求指标的近似相似记录即可。局部敏感哈希技术可以用来在大规模数据中寻找近似的相似记录,因此可以用局部敏感哈希技术来加速 k-近邻算法。

为了提高 k-近邻算法效率,在填补之前首先将所有完整数据建立哈希索引,也就是利用局部敏感哈希技术将其分配到各个哈希桶中。然后将每条待填补记录同样分配到哈希桶中,然后从桶中寻找 k 条最相似的数据,再利用 k-近邻填补算法进行填补。

由于不同距离度量下寻找近似相似候选项的局部敏感哈希函数族是不同的,以下为不同距离度量下的算法。

①Jaccard 距离与最小哈希

当数据集中的属性都为枚举型且每个属性的值域都不相交时,每条记录可表示为一个集合。用 Jaccard 距离来度量两条记录 x_i 和 x_j 间的距离为

$$d(x_i,x_j)=1-\frac{|x_i\cap x_j|}{|x_i\cup x_j|}$$

②欧式距离

设 x 是不完整记录,y 是完整记录,则 x 与 y 之间的局部欧式距离为

$$d(x,y)=\frac{n}{\sum\limits_{v=1}^{n}I_v}\sqrt{\sum_{v=1}^{n}(x_v-y_v)^2\cdot I_v}$$

$$I_v=\begin{cases}0,x_v \text{ 缺失}\\1,x_v \text{ 未缺失}\end{cases}$$

2.5.3 基于规则的不一致数据检测与修复方法

1. 基于 Fellegi-Holt 方法的不一致数据检测

Fellegi-Holt 方法是一个严格形式化的数学模型,对于具体的应用,该模型根据领域知识定义显示约束规则,然后根据数学方法求出规则闭集。对于每条记录,自动判断是否违反规则约束。

在实际运用中,该算法主要适用于属性之间有较强逻辑关系的结构化数据。其检测流程为设定规则→输入记录→输出判断结果。

2. 基于 Evidence-Rules 模型的不一致数据修复

定义 Evidence-Rules 模型:考虑一个模式 R,其所有属性集合为 $attr(R)$,$A\in R$ 表示 A 是 $attr(R)$ 中的一个属性,对每一个属性 $A\in R$,其值域定义为 $dom(A)$。那么定义在模式 R 上的 Evidence-Rules 模型可以表示为

$$\{(A:tp(A),B:tp(B));(c:tp(C));(D:tp(D)\to D:tp'(D))\}$$

其中,A,B,C,D 分别表示属性集合;$tp(X)$ 表示属性集 X 中的一组取值;$tp(A)$ 和 $tp(B)$ 称为"冲突模式",是值域内的一组相互矛盾的取值;$tp(C)$ 称为"证据模式",是值域内的某一组正确取值,作为问题数据修复的方案选择的依据;D 是一个问题数据属性集($D=A$ 或者 $D=B$),$tp(D)$ 是问题取值,$tp'(D)$ 则是正确取值;$D:tp(D)\to D:tp'(D)$ 是问题取值的修改方法,即"解决方案"。

2.5.4 船厂大数据质量问题修复

船厂大数据属于典型的多源异构数据,船厂大数据应用是典型的多场景多目标数据应用,对于船厂大数据质量问题的修复方法需要根据具体的应用采取合理的技术方案。

1.物联网或传感器数据修复

来自船舶制造车间物联网的数据是具有强时序特征的流式数据,而且更新快速、数据量巨大,对于该类流式数据中数据质量(如噪声等)问题需要采取在线或者近线的快速修复方法。物联网或传感器数据质量处理和保证流程如图2-2所示。

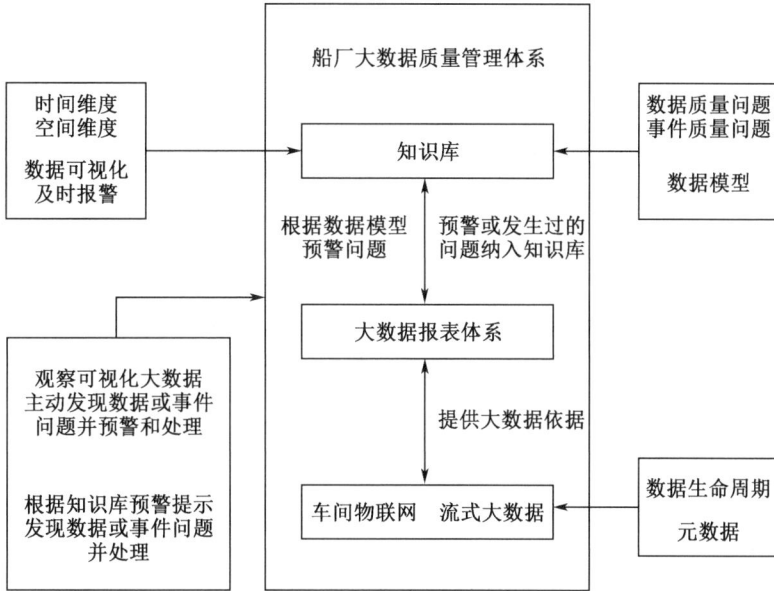

图2-2　物联网或传感器数据质量处理和保证流程

针对船厂物联网或传感器数据验证的方法主要包括:采用统计分析检测异常值、使用指数加权移动平均法检查漂移、空间一致性方法、解析冗余(检查相关物理模型中的数量)、粗差检测、多元统计方法和数据挖掘技术。

针对船厂物联网或传感器数据的错误和不确定性,常用的数据清洗技术有:基于静态窗口的时间平滑策略、基于自适应窗口的时间平滑策略、基于对象关联度的数据清洗模型、基于SQL查询模型的方法、基于时空冗余信息的清洗方法、基于行为模式的数据清洗模型和基于代价评估的最优清洗框架等。

为了提高船厂RFID数据的质量,可以使用ESP(extensible receptor steam processing)数据质量保证模型,该模型基于SQL语句在线清洗五层管理框架,主要由点机制、平滑机制、归并机制、仲裁机制、虚拟化机制5个连续的清洗阶段组成。

2.含语义数据的修复

来自船舶设计部门、管理部门、制造部门的很多数据带有语义的特征,涉及对于实体的命名、属性的描述、关系的描述等,这些数据一般具有较强的关联属性,但是由于集成度或者标准化不够,数据在实体命名、术语使用、关系约束等诸多方面存在数据质量问题,一般采取离线的修复方法。基于语义的数据质量处理流程如图2-3所示。

各种来源的非实时大数据存储在HDFS分布式文件系统中,基于Map/Reduce数据清洗工作流可以访问HDFS以获得原始的海量数据。对于实时应用,基于语义的数据质量处理框架使用 Spout 获取持续的原始流数据,发现和清洗异常数据的规则采用 Drools 引擎进行管理,相关规则有阈值规则、标准化规则等。该框架能够检测到的数据异常情况包括错误数据、不一致性数据和重复数据。该框架的并行清洗是由一系列的 Map/Reduce 或者 Bolt 功能来执行的。在整个数据清洗过程中,数据变化的日志为所有的行动和引起这些行动的原因提供了一个审计追踪。最后,清洗后的海量数据存储在 HDFS 或者 Strom 框架中作为输出结果。

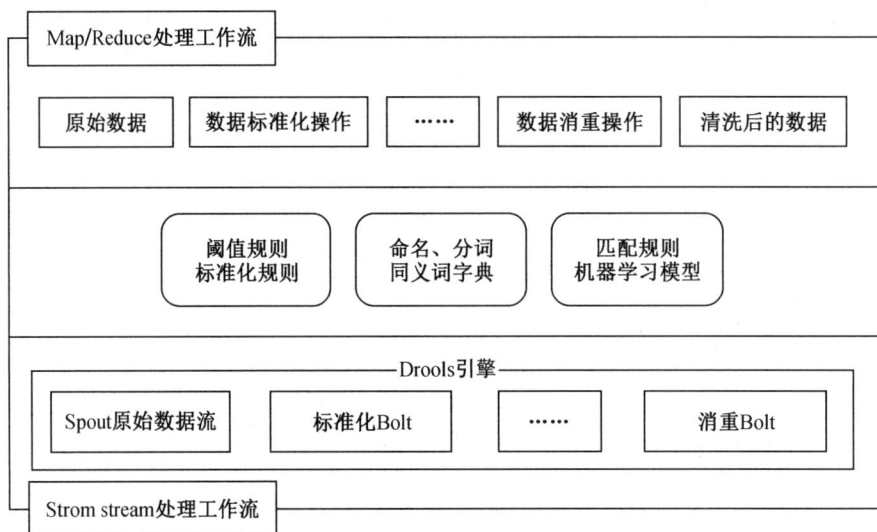

图 2-3 基于语义的数据质量保证和修复方法

在船厂大数据质量保证和问题修复过程中,数据溯源技术可以在部分环节采取。数据溯源追踪的主要方法有标注法和反向查询法。标注法通过记录处理相关的信息来追溯数据的历史状态,即用标注的方式来记录原始数据中的一些重要信息,并让标注和数据一起传播,通过查看目标数据的标注来获得数据的溯源。反向查询法主要用于数据库追溯,即在一定的限制条件下,可以通过分析数据库操作语句得出任意粒度的逆查询语句,追溯数据起源。

此外,众包模式作为一种新的生产组织形式,也可以用于船厂的数据采集、大数据质量修复的过程中。

2.6 本章小结

数据质量管控是一个系统性问题,与企业实际业务紧密相关,在船厂大数据技术实施过程不能一概而论、盲目套用。但总体上,在船厂进行数据质量管控的革新大致分为如下几个步骤。

(1)数据质量评估:总体上评价船舶企业数据使用情况与需求满足情况,采用定性与定量相结合的评估方法,对船舶企业数据质量加以深入了解,明确由数据管理所引发的问题与漏洞,明确数据质量管控的目标。

(2)实现数据产品化管理的流程再造:根据对船舶企业数据质量评估结果以及对问题的深入剖析,本着数据质量管控的原则,对数据实现产品化管理,明确责任分配与管理流程,开发数据产品地图。

(3)测试并调整数据产品化管理流程:将流程实际结合到船舶企业的业务管理中,并进行实际运行,发现问题并进行及时调整,实现数据管理流程和企业业务的高度融合与匹配。

数据质量管控革新的成功高度依赖于船舶企业管理工作者对数据质量的理解与重视,以及专业团队对数据质量框架与技术的应用。数据质量的提升是船舶企业在数据质量管控方面长期、可持续投入产出的结果,需要船舶企业对其有明确、清晰的认识,提升数据质量管控在船舶企业管理中的重视程度,才能在大数据的浪潮中开创新的发展机遇。

第3章 船厂大数据分析技术与应用使能工具

3.1 概　　述

针对目前我国船舶行业在大数据技术应用方面薄弱的现状,迫切需要引入以机器学习为代表的大数据处理技术来对船舶生产过程中产生的海量数据进行处理,以适应信息社会的需要,提升船舶制造行业的效率。

目前机器学习领域的主流工具,例如 Caffe、Pytorch、TensorFlow 都是编程性的库,依托于某个编程语言,例如 Python、Matlab 等,需要一定的编程门槛才能较好地使用。这样的现状就造成了没有相应计算机背景的人无法很好地利用机器学习这一强大的工具来进行数据挖掘的操作,这样的情况在作为传统重工业的船舶行业也十分常见,而船舶行业要想完成信息化升级,又需要很好地对产生的大量数据进行挖掘。因此,本章提出的大数据平台搭载了一个非常友好的交互式界面,在不牺牲分布式存储、机器学习算法有效性的同时,极大地降低了工程技术人员的学习成本,对于船舶行业管理和运营能力的提高,也能带来显著的影响。

总体来说,基于分布式的船舶大数据平台,一方面对于船舶行业海量的数据,能够利用分布式的存储和运算以及高效的机器学习算法,实现有效的信息挖掘;另一方面,对于船舶行业的一线从业人员来说,学习门槛极低,是一个有着出色交互界面的黑箱工具,能够显著地提高船舶的管理和运营能力。

3.2 平台总体框架

3.2.1 总体架构

如图 3-1 所示,服务端负责数据存储和按照接收到的语句指令进行数据挖掘的运算,主要由一个 NameNode 节点和多个 DataNode 节点组成,NameNode 节点负责数据存储目录的维护,DataNode 节点负责分布式数据的存储。为了实现分布式数据的维护,这些节点上都需要部署 HDFS 分布式存储框架,为了实现分布式的计算,在 NameNode 节点上还需要部署 Spark 分布式计算框架;客户端界面负责接收客户的输入信息并转换为参数指令,同时需要把接收到的运算结果进行可视化的显示,整个架构主要由一些 GUI 控件,例如图标控件、按钮控件、输入框控件、表格控件、标签控件等组成;通信通道模块负责将指令和结果在服务器端和客户端之间实时地传输,为了实现这样的功能,在通信通道模块的类中需要实现通道的建立与关闭函数、上传下载函数、命令执行函数等功能。

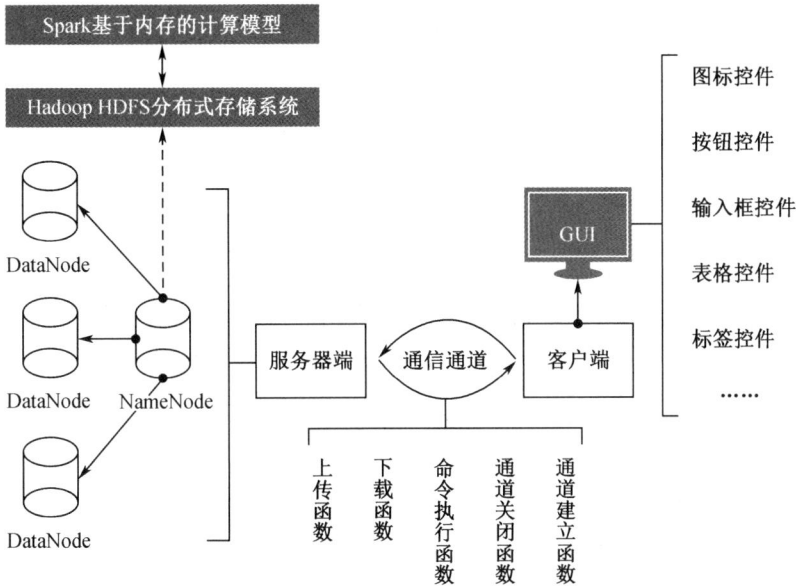

图 3-1　大数据平台架构图

3.2.2　服务器端的架构

在服务器端,为了更好地实现大数据的分布式存储,我们采用了至少满足所需的服务器数量,本章的大数据平台搭载在 3 台服务器上,一台服务器充当 NameNode 负责管理与维护数据目录并控制文件的读写,另外的两台服务器用作 DataNode 用作数据的存储,如图 3-1、图 3-2 所示。这样的架构虽然只有三台服务器,但是"麻雀虽小,五脏俱全",它们包含分布式存储的所有要素,随着后期服务器的增加,只需简单设置就可以

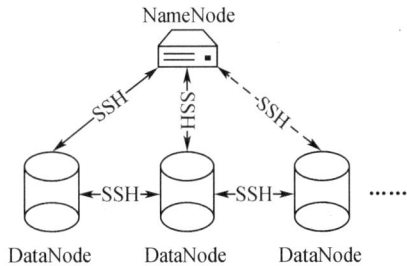

图 3-2　服务器架构

把它们作为 DataNode 加入计算集群当中,可以十分方便地由三台服务器扩展为成百上千台服务器。

Hadoop 计算集群包含大量的服务器,要使得这么多的服务器协同工作,就必须要保证这些服务器之间流畅的通信。在 Hadoop 中主要是由 NameNode 负责连接并且管理所有的 DataNode,我们只需要直接与 NameNode 通信,计算集群会自动在存储相关数据附近的服务

器进行运算。为了保证通信的安全可靠,我们使用目前最通用、最可靠的远程登录协议 SSH (Secure Shell),利用 SSH 进行传输的数据会进行加密,这样可以防止服务器之间的通信泄露造成安全问题。

Hadoop 计算集群包括两个十分重要的组成部分,一个是 HDFS 分布式存储框架和 MapReduce 计算模型,但是本章的大数据处理平台并不使用 MapReduce 作为计算模型,而是选择了 Apache 的 Spark 作为分布式计算模型,框架如图 3-3 所示。

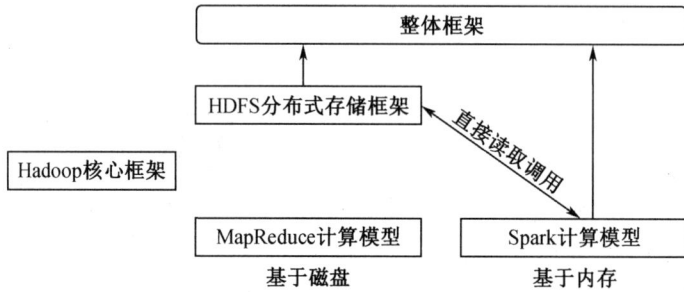

图 3-3　服务器的底层框架

MapReduce 是在磁盘上进行运算的模型,并且是基于进程进行计算,每一次的运算都涉及进程的创建和销毁;在迭代运算时需要对磁盘进行频繁地读写,这样的特性使得它明显不适合进行机器学习这种需要很高重复性的运算。而 Spark 是在内存上进行运算的计算模型,并且相比于 MapReduce,Spark 还包括了许多的优化措施,使得它的运算效率更高,速度更快,于是在本章提出大数据平台上采用 Spark 作为分布式计算集群的运算模型。

3.2.3　客户端的架构

在客户端进行了交互式界面的部署,使用者能够更好地使用服务器上的算法与功能进行船舶大数据的处理,因此,交互式界面的整体结构也与大数据处理的操作流程基本一致,使得使用者能够很轻易掌握界面的使用流程。

1. 界面设置

按照船舶大数据的操作流程,客户端界面的层级设置如图 3-4 所示,这些页面的用户选择的操作都会直接在服务器端产生相应的操作。可以看到,首先我们会进入登录和注册页面,新用户通过注册之后,利用账户和密码就可以在登录界面进入客户端的主页面,在主页面,可以根据用户的需求进入下一级的页面对数据表进行操作和运算。

2. 界面的类设置和递进关系的处理

项目设计的大数据平台利用 Tkinter 进行实现,Tkinter 能够兼容 windows、Linux 和 MacOs 系统,使得本章提出的船舶大数据分析工具客户端能够在市面上的主流机器上运行,充分考虑了兼容性和普适性。开发的 GUI 有一个主循环的概念,实例化一个 Tkinter 窗口 root 作为主窗口,通过 mainloop 函数开启主循环,之后生成的其他界面都在消除了原界面之后加载在主窗口之上。在主循环执行的过程中,会不断检查用户的鼠标和键盘输入,然后

执行相应的命令。

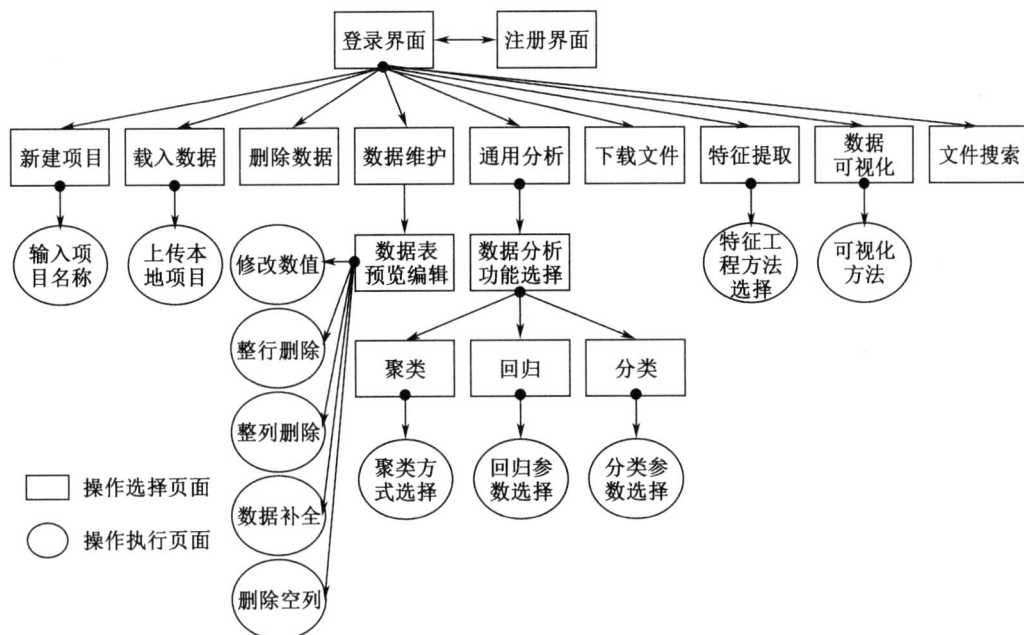

图 3-4 界面层级

3.2.4 通信通道的机构

为了实现模块化的设计,界面的开发过程中把每一个页面单独封装为一个类,类的实现框架例子如图 3-5 所示。每一个类都会对主窗口进行继承,然后在类的初始化函数中对各种页面所需的控件进行创建,在生成函数的参数中对控件的形状进行定义,绑定的函数进行声明,通过 grid 函数对控件的位置进行布局。在类的函数中,会对各个控件绑定的功能函数进行定义和实现。

通信通道的一个重要功能就是保证客户端和服务器端之间文件传输的通畅,整个大数据平台的存储架构如图 3-5 所示。可以看到,对于数据的存储是一个三级的架构,所以对于通信通道,当从分布式存储框架往客户端传输文件时,需要先通过 Hadoop 指令将文件从分布式存储框架上下载至 NameNode 上,再从 NameNode 通过 ssh 指令下载至客户端上;同理,文件从客户端往分布式框架上传输时,也需要以 NameNode 为跳板,分成两步进行传输。在通信通道中,这些指令也被封装成函数包以方便调用。

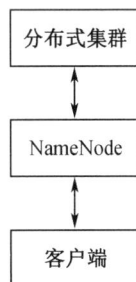

图 3-5 存储架构

3.3　船舶数据检索与转化技术

3.3.1　船舶数据检索技术与功能开发

船舶数据检索技术指在大数据环境下对分布式存储的海量船舶制造相关的文件数据进行检索的技术。

船舶大数据平台能够根据用户的文字化需求,在分布式数据平台上对存储的海量文件进行相关性匹配和筛选。用户可以根据文件名称或项目名称进行模糊匹配,也能够根据文件类型进行精确匹配。

平台将根据检索的内容给出一系列匹配结果,用户可根据匹配结果用点击的方式快速定位到具体的文件及文件夹,船舶数据检索功能的界面如图 3-6 所示。

船舶数据检索功能的使用方法如下:

(1)在左侧输入框中输入需要检索的内容。

(2)选择是否按文件类型进行精确搜索。若是,勾选"按文件类型搜索",并在右侧选择要搜索的文件类型,若不是则直接进行下一步。

(3)点击"搜索",平台将根据用户指定的搜索内容和文件类型(若有),对搜索内容进行模糊匹配,对文件类型进行精确匹配,并弹出窗口展示搜索结果,搜索结果展示的页面如图 3-7 所示。

图 3-6　船舶数据检索功能界面

(4)单击要查看的文件或文件夹,点击"确定",或双击要查看的文件和文件夹,即可快速定位至对应的文件或文件夹位置。

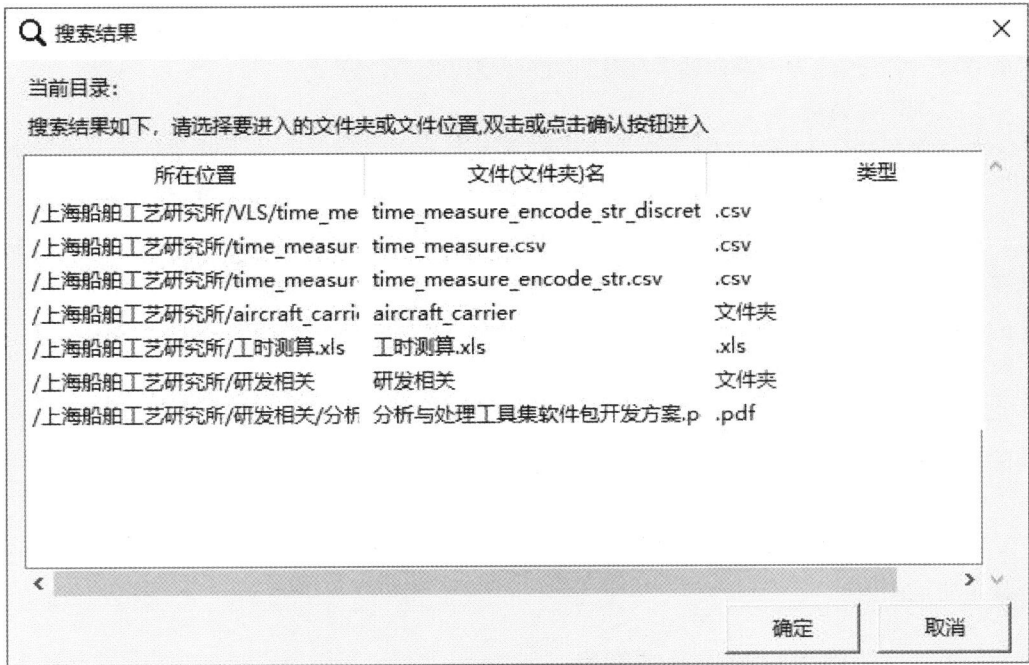

图3-7　搜索结果展示页面

3.3.2　船舶数据转化技术与算法设计

船舶数据转化指将原始船舶相关数据通过特征提取与处理的方法映射为更为规范的数据的方法。其能够将多种类型、多种分布的复杂数据转化为规范的标准化数据;其能够针对数字、类目、复杂文本等信息进行规范化,为后续的数据分析提供规范的、易于计算的数据。

船舶数据转化的算法多种多样,其针对数值信息和文本信息都有针对性处理方法。本模块提供了一系列特征提取与变换的方法,包括针对文本信息的提取变换[One Hot(离散特征向量化)、Label Encoding(离散特征编码)、正则匹配替换]和针对数值信息的提取变换[归一化、线性缩放]。

1. One Hot(离散特征向量化)

One Hot 是一种特殊的离散特征表示方式,其通过将离散特征由标量转化为向量的方式,将类别型数据转化为统一的数字格式。其特点如下:

(1)将离散特征由标量转为向量;

(2)离散特征转化生成的向量中仅有一维为 **1**,其他维均为 **0**;

(3)其能够在多分类问题中直接作为多层感知机输出的参考值,在机器学习算法中使用较多。

(4)其占用存储空间较大,通常以稀疏矩阵的数据结构存储,以节约计算资源。

2. Label Encoding(离散特征编码)

Label Encoding 是一种较为常规的离散特征方式,其通过将不规则的类别型文本进行编码的方式,将其转化为一系列数字标签,以进行规范化的计算。

3. 正则匹配替换

正则匹配替换指的是通过正则表达式对给定文本按照一定的模式进行检索、替换的方法。其中,检索、替换的模式由正则表达式给出。

正则表达式的运行方式建立在自动机理论的基础上,正则引擎将按照表达式构建响应的自动机,向自动机输入一串文本,如果自动机最终抵达了接受状态,那么这串文本就与对应的正则表达式成功匹配。以此完成检索功能,并可以根据同样的原理完成替换功能。

4. 归一化

数据归一化算法能够将不同分布的数值数据转化为方差为 1,均值为 0 的归一化数据。其能够消除数据本身特点带来的计算偏移。

5. 线性缩放

特征缩放算法能够将数据依据指定的最大最小值进行线性缩放,将数据整体线性映射至指定的范围内。

3.3.3 船舶数据转化系统开发

1. 船舶数据转化使用方法

用户通过指定文件路径确定待处理的文件,程序加载并显示数据内容。用户需选取待分析的数据,以列为单位进行数据特征提取,提取后的数据被直接刷新展示在页面上。用户可以分阶段对同一列进行多次不同特征提取操作。图 3-8 为数据特征提取页面。

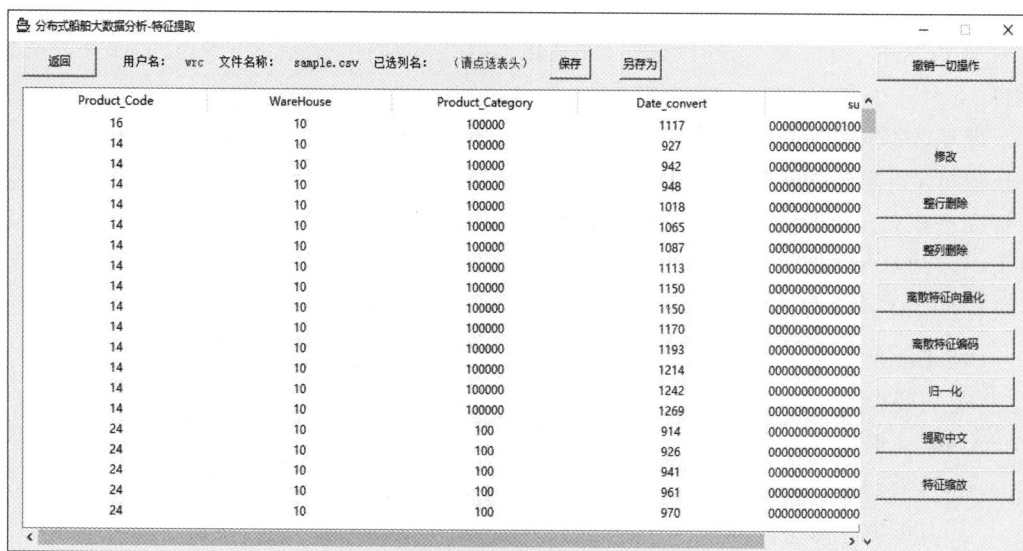

图 3-8　数据特征提取页面

2.输入数据格式

本模块输入数据为 csv 格式的数据表,同时支持数值类数据和文本类数据处理,进行数据处理时需要用户指定被操作的列和操作方法。

3.输出结果及展示形式

进行特征提取后的数据将直接覆盖原有数据展示在页面上,用户可以选择将修改后的数据保存至服务器或直接退出。若用户不慎误将错误的数据保存到了服务器,还可以执行"撤销一切操作",将数据恢复至原始状态。

3.4　预测回归分析技术

预测回归分析主要指确定两种或者两种以上变量间的互相依赖的定量关系,并通过这一定量关系对其中一个变量进行预测的方法。

使用预测回归分析,可以根据用户提供的多维数据,找到各数据维度间的相互关系,并对其中的一个维度进行预测。

3.4.1　预测回归分析算法设计

为实现多维数据的结果预测,共采用了包括决策回归树、广义线性回归、线性回归、随机森林在内的四种方法。

1.决策回归树(DTR)

(1)方法描述及特点

回归树是可以用于回归的决策树模型,采用启发式方法对输入空间进行划分,递归每一个特征,找到最优的切分点。方法步骤:选择最优的切分变量和最优的切分点,遍历所有特征,对固定的特征扫描所有取值,使损失函数达到最小值;根据选择划分区域,并确定该区域的预测值;继续对两个字区域调用上述步骤,直至满足停止条件;生成回归树。

决策树能够直接体现数据的特点,易于通过静态测试来对模型进行评测,可以测定模型可信度,根据所产生的决策树很容易推出相应的逻辑表达式。对连续性的字段比较难预测。对有时间顺序的数据,需要很多预处理的工作。

当类别太多时,错误可能就会增加得比较快。

(2)参数说明

用来调节此方法性能的主要参数包括:max_depth(树的最大深度:当树的深度达到 max_depth 时停止运算)、min_samples_split(分裂所需的最小数量的节点数:当叶节点的样本数量小于该参数后,则不再生成分支)、min_samples_leaf(分支所需要的最少样本数)、min_weight_fraction_leaf(最小的权重系数)、max_leaf_nodes(最大叶节点数)。

2.广义线性回归(GLR)

(1)方法描述及特点

广义线性回归是利用广义线性模型进行回归分析。其中广义线性模型是线性模型的扩展,通过联结函数建立响应变量的数学期望值与线性组合的预测变量之间的关系。其特点是不强行改变数据的自然度量,数据可以具有非线性和非恒定方差结构,是线性模型在研究响应值的非正态分布,以及非线性模型简洁直接地线性转化时的一种发展。

（2）参数说明

用来调节此方法性能的主要参数包括:family（数据分布簇,用于调整以适应输入数据的分布）、maxIter（最大迭代次数,用于方法收敛）。

3. 线性回归（LR）

（1）方法描述及特点

线性回归的自变量与因变量的关系可以表示成 $y = wx + b$ 的线性关系。建模速度快,不需要很复杂的计算,可以根据系数对每个变量进行解释和理解。但对异常值很敏感,且无法表示非线性关系。

（2）参数说明

用来调节此方法性能的主要参数包括:maxIter（最大迭代次数,用于方法收敛）。

4. 随机森林（RF）

（1）方法描述及特点

随机森林是一种组成式的有监督学习方法。在随机森林中,我们同时生成多个预测模型,并将模型的结果汇总以提升预测模型的准确率。方法步骤:从原始数据随机有放回地抽取 N 个样本单元,生成决策或者回归树;在每一个节点随机抽取 m 个特征;最终对每一棵决策或者回归树的结果进行整合,生成预测值。

随机森林算法能完成隐含特征的选择,并且提供一个很好的特征重要度的选择指标。

（2）参数说明

随机森林需要调整的参数有:决策树的个数、特征属性的个数、递归次数（即决策树的深度）。

3.4.2　预测回归分析系统开发

1. 预测回归分析使用方法

在软件交互界面选取训练集与测试集路径,并指定输出路径。选择相应的预测方法开始计算,得到相应的预测结果,用户可以选择将结果保存在对应的输出路径下,或者保存到本地。

预测回归分析的使用页面如图 3-9 所示。

2. 输入数据格式

模块的输入包括训练集路径、测试集路径、结果保存路径和预测方法。其中训练集路径和测试集路径均指向 csv 文件。训练集的 csv 文件要求含有自变量和因变量,其中第一到倒数第二列为自变量,最后一列为因变量。测试集的 csv 文件只含有自变量,因变量为待预测值。结果保存路径为输出结果保存的地址。预测方法包括 DTR、GLR、LR、RF 四种。

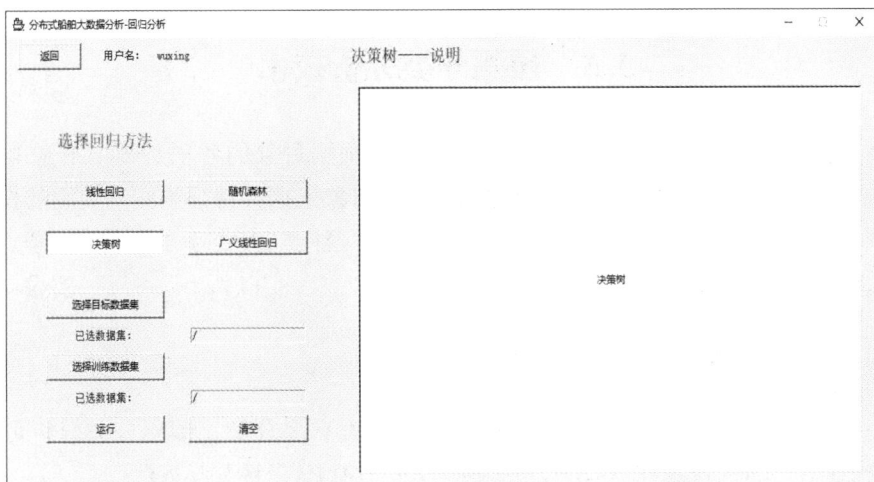

图3-9 预测回归分析页面

3. 输出结果及展示形式

模块的输出为含预测值的csv文件,其中第一到倒数第二列为已知的自变量,最后一列为回归分析得到的预测值。页面会对数据信息进行可视化展示。

可视化展示的方式包括以下几种:

(1)饼状图:对得到的分类预测结果进行分类统计,绘制饼状图,用户可根据饼状图的结果观察预测数据的分布情况。

(2)X-Y散点图:将训练使用的数据送入进行预测,得到一个预测结果。将真实值作为X轴上的横坐标,预测值作为Y轴上的纵坐标,绘制散点。用户可根据散点图观察模型训练的准确性。

平台允许用户将得到的结果储存在服务器上对应的结果保存路径下,或存储至本地。

预测回归分析的结果展示页面如图3-10所示。

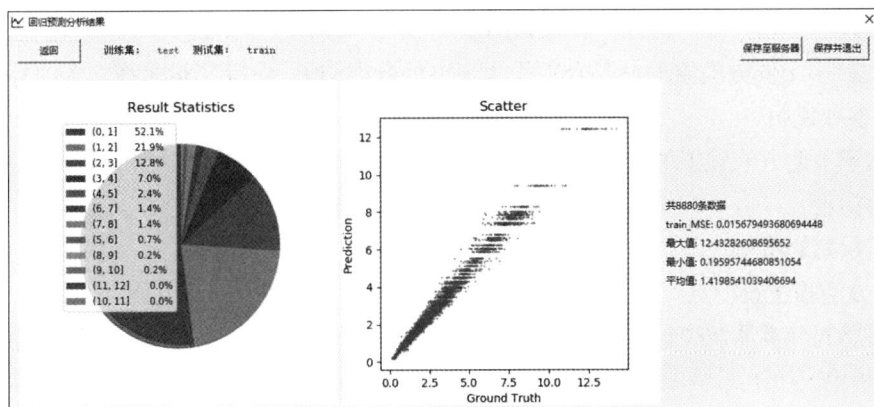

图3-10 预测回归分析结果页面

3.5 预测分类分析技术

预测分类分析主要指通过机器学习方法计算被预测对象的各项特征与对象本身的类别之间的关系,转化为分类模型,并用此模型对新的对象依据其特征预测其类别的技术。

预测分类分析可根据对象的一个或多个特征对两种类型(二分类)或多种类型(多分类)的对象进行分类。

3.5.1 预测分类分析算法设计

预测分类分析能够对用户提供的数据进行二分类和多分类。预测分类分析可采用决策分类树(DTC)、随机森林分类(RFC)、多层感知机(MLP)三种分类方法。

1. 决策分类树(DTC)

(1)方法描述及特点

该分类器通过构建一个决策树来预测一个观察对象的所属类别,支持二进制和多类标签。该方法用启发式方法对输入空间进行划分,递归每一个特征,找到最优的切分点,进而通过输入空间的参数对观察对象的类别进行预测。

决策分类树能够直接体现数据的特点,易于通过静态测试来对模型进行评测,可以测定模型可信度,根据所产生的决策树很容易推导出相应的逻辑表达式。

(2)参数说明

用来调节此方法性能的主要参数包括:max_depth(树的最大深度:当树的深度达到 max_depth 时停止运算)、min_samples_split(分裂所需的最小数量的节点数:当叶节点的样本数量小于该参数后,则不再生成分支)、min_samples_leaf(分支所需要的最少样本数)、min_weight_fraction_leaf(最小的权重系数)、max_leaf_nodes(最大叶节点数)

2. 随机森林分类(RFC)

(1)方法描述及特点

随机森林决策分类树是另一种集成分类方法,其基学习器是决策树。通过 Bagging 方法(投票法)多个弱分类器的分类众数作为最终的分类结果,支持二元标签和多项标签。

(2)参数说明

用来调节此方法性能的主要参数包括:决策树的个数、特征属性的个数和递归次数(即决策树的深度)。

3. 多层感知机(MLP)

(1)方法描述及特点

多层感知分类器至少包含三个完全相连的人造神经元层(创建模型时需要指定参数):输入层(神经元个数需要和输入数据集中的特征数量一样)、隐藏层(至少一个,包含非线性变换函数)和输出层(神经元个数需要与输出类别个数一样)。

(2)参数说明

用来调节此方法性能的主要参数包括:layer(人造神经元层结构,其中包括了神经元的层数和每一层的节点数量),maxIter(最大迭代次数,用于训练参数收敛)。

3.5.2 预测分类分析系统开发

1. 预测分类分析使用方法

在软件交互界面选取训练集与测试集路径,并指定输出路径。选择相应的预测方法开始计算,得到相应的预测结果,用户可以选择保存在对应的输出路径下,或者将结果保存到本地。预测分类分析的使用页面如图 3-11 所示。

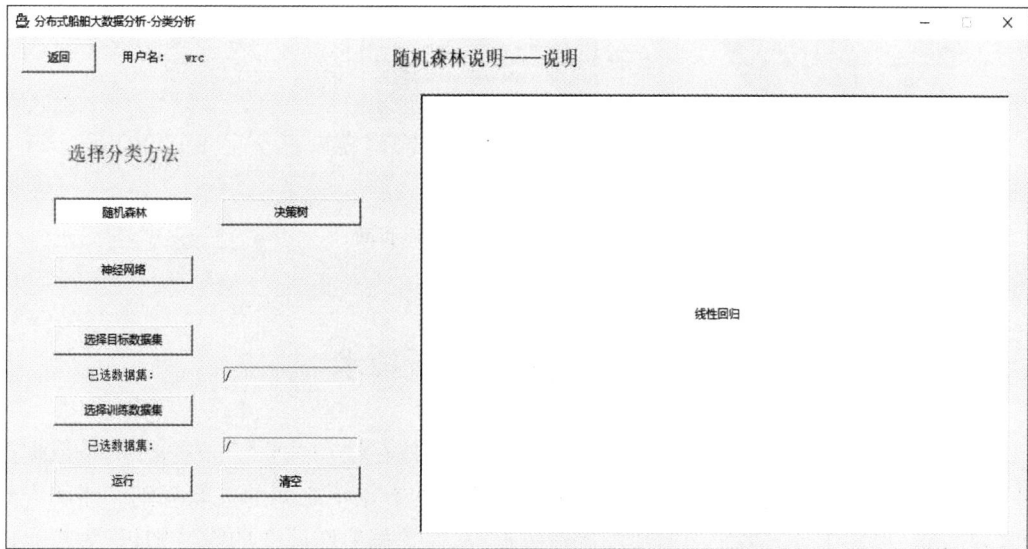

图 3-11　预测分类分析页面

2. 输入数据格式

模块的输入包括训练集路径、测试集路径、结果保存路径、预测方法。其中训练集路径和测试集路径均指向 csv 文件。训练集的 csv 文件要求含有自变量和因变量,其中第一到倒数第二列为自变量,最后一列为因变量。测试集的 csv 文件只含有自变量,因变量为待预测值。结果保存路径为输出结果保存的地址。

3. 输出结果及展示形式

模块的输出为含预测值的 csv 文件,其中第一到倒数第二列为已知的自变量,最后一列为回归分析得到的预测值。页面会对数据信息进行可视化展示。

(1)饼状图:对得到的分类预测结果进行分类统计,绘制饼状图,用户可根据饼状图的结果观察预测数据的分布情况。

(2)混淆矩阵:将训练使用的数据送入进行预测,得到一个预测结果。将预测结果和真实结果进行对比,以矩阵的形式将数据中记录的真实类别与分类模型做出的分类判断进行汇总。

软件允许用户将得到的结果储存在服务器上对应的结果保存路径下,或存储至本地。

预测分类分析的结果展示页面如图 3-12 所示。

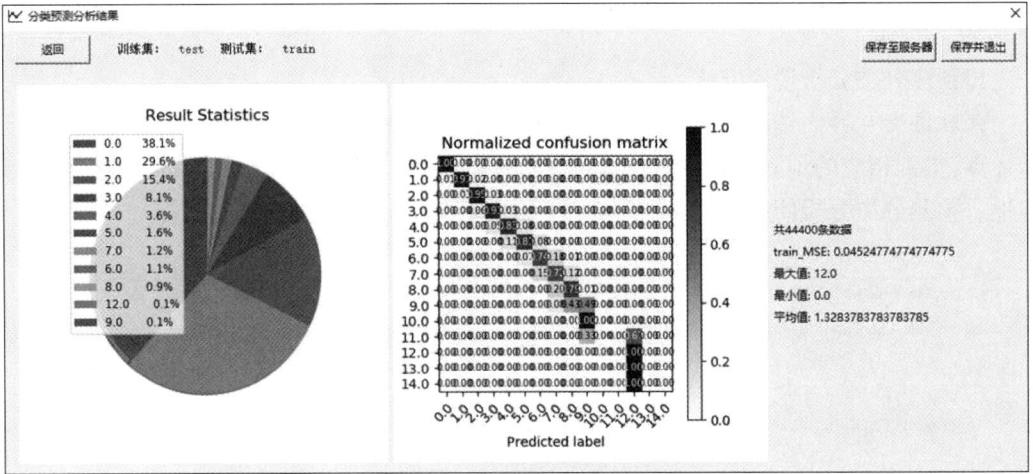

图 3-12　预测分类结果展示页面

3.6　数据关联分析技术

关联规则反映了一个事物与其他事物之间的相互依存性和关联性,关联分析是数据挖掘的一个重要技术,用于从大量数据中挖掘出有价值的数据项之间的关联规则。船舶大数据关联分析,可用于分析多来源的船舶制造数据,从而挖掘船舶行业的隐性知识,为提升船舶制造能力提供新的动力。

关联分析中有三个重要的概念,分别是:支持度、置信度和提升度。支持度代表几个关联的数据在数据集中出现的次数占总数据集的比重;置信度代表当一个数据出现后,另一个数据出现的概率,或者说另一数据出现的条件概率;提升度则表示当某数据出现的条件下,另一数据出现的概率,与该数据总体出现的概率之比。

关联分析的目的就在于在大数据中,挖掘出支持度和置信度都超过事先设定阈值的频繁项集,这些频繁项集包含了数据中隐含的知识与规律。然而,海量数据之间的组合情况是爆炸性的,通过枚举的方式无法高效地进行关联规则挖掘,于是本章提供了一种高效的关联分析算法。

3.6.1　数据关联分析算法设计

本章提供了一种高效的关联分析算法 FP-Growth,此算法是一种基于频繁模式树(frequent pattern tree,FP-tree)的关联分析算法,以下将介绍算法的概要及特点,并说明相关的参数。

1. 方法描述及特点

船舶关联分析的任务就是从船舶数据集中挖掘出频繁项集,然后从频繁项集中提取出事物之间的强关联规则来辅助决策。因此定义了如下作为船舶关联分析规则的说明:

(1)事务:每一行船舶数据称为一个事务。

(2)项:船舶的每一个数据称为一个项,例如紧固件、管子等。

(3)项集:包含零个或多个项的集合叫作项集,例如{紧固件、不带钢管、管子厚度}。

(4)k-项集:包含 k 个项的项集叫作 k-项集,例如{紧固件}叫作1-项集,{紧固件、不带钢管}叫作2-项集。

(5)支持度计数:一个项集出现在事务中的次数。

(6)支持度:支持度计数除以总的事务数,表示在全部事务中,项集中{X,Y}同时出现的概率。

(7)频繁项集:支持度大于或等于某个阈值的项集就叫作频繁项集。

(8)前件和后件:对于规则{普通安装方式}→{一个安装件个数},{普通安装方式}叫作前件,{一个安装件个数}叫作后件。

(9)置信度:表示在关联规则的先决条件 X 发生的条件下,关联结果 Y 发生的概率,即含有 X 的项集条件下,同时含有 Y 的可能性。

(10)提升度:表示在含有 X 的条件下同时含有 Y 的可能性与无条件下含有 Y 的可能性之比。即在 Y 的自身出现的可能性 $P(Y)$ 的基础上,X 的出现对于 Y 的"出镜率"$P(Y/X)$ 的提升程度。

(11)强关联规则:大于或等于最小支持度阈值和最小置信度阈值的规则叫作强关联规则。关联分析的最终目标就是要找出强关联规则。

FP-growth 在算法中使用了 FP-tree 的数据结构。FP-tree 是一种特殊的前缀树,由频繁项头表和项前缀树构成。在 FP-growth 算法中,只需通过两次扫描事务数据库,并采取如下分治策略:将提供频繁项集的数据库压缩到一棵 FP-tree 树中,但仍保留项集关联信息。FP 树构建完成后,可以通过查找元素项的条件基及构建条件 FP 树来发现频繁项集。该过程不断以更多元素作为条件重复进行,直到 FP 树只包含一个元素为止。FP-growth 算法基本过程如下:

(1)遍历数据集,统计各元素项出现次数,创建头指针表。

(2)移除头指针表中不满足最小值尺度的元素项。

(3)第二次遍历数据集,创建 FP 树。

对每个数据集中的项集:

　　step1 初始化空 FP 树

　　step2 对每个项集进行过滤和重排序

　　step3 使用这个项集更新 FP 树,从 FP 树的根节点开始:

　　　　step3.1 如果当前项集的第一个元素项存在于 FP 树当前节点的子节点中,则更新这个子节点的计数值

　　　　step3.2 否则,创建新的子节点,更新头指针表

step3.3 对当前项集的其余元素项和当前元素项的对应子节点递归 C.3 过程。

（4）从 FP 树中挖掘频繁项集。

FP-growth 的特点如下：

（1）优点：只需扫描两次事务数据库，运行速度快。

（2）缺点：实现比较困难，在某些数据集上性能会下降。

（3）适用数据类型：离散型数据。

2. 参数说明

该方法参数为最小支持度（minsupport），表示在全部事务中，项集中 $\{X,Y\}$ 同时出现的概率，该指标作为建立强关联规则的第一个门槛，通过最小阈值的设定，来剔除那些"出镜率"较低的无意义的规则。

3.6.2　数据关联分析系统开发

1. 数据关联分析使用方法

首先用户通过制定数据文件路径选择待分析数据，程序加载并显示待分析的数据；用户设定最小支持度及最小置信度运行算法，运行结束，用户指定分析结果输出路径，输出分析结果至指定路径。

2. 输入数据格式

待关联分析数据为一张 csv 格式的数据表。数据表的第一行为表头，标明每一列数据的含义，数据类型可以为数值或字符串。关联分析算法即由每行数据分析数据出现的频度及数据之间的关联强度。

用户需指定数据表位置与文件名，并设置最小支持度及最小置信度。

3. 输出结果及展示形式

关联分析的输出为一个 csv 文件 association_result.csv。文件 association_result.csv 包含两列：Items 及 freq，分别为频繁项集与对应出现的频率，表示这些项在待关联分析数据文档中一起出现的次数。

3.7　数据聚合分析技术

聚类分析（数据聚合分析），又称群分析，是将数据对象代表的集合按由类似的对象组成的多个类的分析过程，基于数据的相似性，把不同的数据分类到不同的簇中。与分类功能不同之处在于，聚类所要求划分的类是未知的。从机器学习的角度讲，聚类是无监督学习，不依赖预定的带标签的训练实例，而是由聚类算法自动标记。

聚类方法具有以下特征：

（1）分析方法简单直观；

（2）适用于探索性研究，分析结果可能提供多解，最终需要使用者对结果进行主观判断和后续分析；

（3）需要使用者事先拟定一个聚类数目，不能自动发现聚类数目，聚类数目的选定有时

较难估计;

(4)异常值与特殊变量会对聚类有较大影响。

3.7.1　数据聚合分析算法设计

数据聚合分析将以多维向量形式代表的数据在指定聚类数目的情况下进行聚类,输出聚类结果以及相应度量聚类效果的指标值 DBI,并基于聚类结果进行统计得到每个聚类簇的数据数量及占比。

数据聚合分析可以采用的方法有三种,分别为:K-均值(K-means)聚类、二分 K 均值(Bisecting K-means)聚类、高斯混合模型(Gussian Mixture Model,GMM)聚类,分别以 KM、BKM、GMM 代表。用户在使用时只需指定某一种聚类方法即可实现对数据的聚类分析。

进行预测聚类分析时,需要指定聚类类别的数量 K,这个数量通常由经验数据得到。

1. K-means 聚类

(1)方法描述及特点

K-means 聚类是一种迭代求解的聚类分析算法,其步骤是随机选取 K 个对象作为初始的聚类中心,然后计算每个对象与各个种子聚类中心之间的距离,把每个对象分配给距离它最近的聚类中心。聚类中心以及分配给它们的对象就代表一个聚类。每分配一个样本,聚类的聚类中心会根据聚类中现有的对象被重新计算。这个过程将不断重复直到满足某个终止条件。

终止条件可以是没有(或最小数目)对象被重新分配给不同的聚类,没有(或最小数目)聚类中心再发生变化,误差平方和局部最小。

算法过程如下:

①随机选取 K 个对象作为初始的聚类中心;

②计算每个对象与各个子聚类中心之间的距离,把各个对象分配到距离它最近的聚类中心形成 K 个聚类簇;

③计算每个簇的质心指定为新的聚类中心;

④重复步骤②和③直至满足任意一个终止条件:没有对象被重新分配到不同的聚类或没有聚类中心再发生变化或达到最大迭代次数。

K_means 聚类是使用最大期望算法求解高斯混合模型在正态分布协方差为单位矩阵,且隐变量的后验分布为一组狄拉克函数所得到的特例。

K-means 聚类的优点如下:

①是一种解决聚类问题的经典算法,简单快速;

②对处理大数据集保持可伸缩性和高效性;

③当族接近高斯分布时,效果较好。

K-means 聚类缺点如下:

①初始聚类点随机确定,而初始聚类中心的选择对聚类结果有较大影响;

②簇中含有异常点时,将导致均值偏离严重即对噪声和鼓励点数据敏感;

③不适用于发现非凸形状的簇或者大小差别很大的簇;

④可能会收敛于局部最优而不能保证收敛到全局最优。

（2）参数说明

该方法参数为聚类数目,该聚类数目需要用户事先指定,数据格式为一个正整数,合理范围为 1 到数据点个数(若设定聚类数目大于数据点个数则默认每个点为一个聚类,即最大聚类数目为数据点个数)。在指定聚类数 K 后,系统对数据进行 K-means 聚类分析,输出相应结果。

2. Bisecting K-means 聚类

传统的 K-means 聚类的聚类结果易受到初始聚类中心点选择的影响,因此 Bisecting K-means 聚类在传统的 K-means 聚类的基础上进行算法改进,对初始中心点选取比较严格,各中心点的距离较远,这就避免了初始聚类中心会选到一个类上,一定程度上克服了算法陷入局部最优状态的缺陷。

（1）方法描述及特点

Bisecting K-means 聚类的主要思想如下:首先将所有点作为一个簇,然后将该簇一分为二。之后选择能最大限度降低聚类代价函数(也就是误差平方和)的簇划分为两个簇。以此方法进行下去,直到簇的数目等于用户给定的数目 K 为止。以上思路的隐含原则为:因为聚类的误差平方和能够衡量聚类性能,该值越小表示数据点越接近于它们的质心,聚类效果就越好。所以就需要对误差平方和最大的簇进行再一次划分,因为误差平方和越大,表示该簇聚类效果越不好,越有可能是多个簇被当成了一个簇,所以首先需要对这个簇进行划分。

算法过程如下:

①初始化,所有点视为一个簇,将其一分为二。

②计算每一簇的误差平方和,选择误差函数(误差平方和 SSE)最大的簇为再分簇;

③用制定分类数目为 2 的 K-means 聚类将②中选定的再将簇分为两簇;

④重复步骤②和③直至簇数目为 K。

该方法是 K-means 聚类的改进算法,因而优缺点与之相似,相比 K-means 聚类其改进如下:

①由于减少了相似度计算,所以相比于 K-means 聚类加速了计算速度;

②由于不存在随机点的选取,所以不受初始化问题的影响且每一步都保证误差最小;

③一定程度上克服 K-means 聚类收敛域局部最小的缺点。

（2）参数说明

该方法参数为聚类数目,该聚类数目需要用户事先指定,数据格式为一个正整数,合理范围为 1 到数据点个数(若设定聚类数目大于数据点个数则默认每个点为一个聚类即最大聚类数目为数据点个数)。在指定聚类数 K 后,系统对数据进行 K-means 聚类分析,输出相应结果。

3. GMM 聚类

（1）方法描述及特点

GMM 聚类假设数据服从混合高斯分布(Mixture Gaussian Distribution),即数据是从数个高斯分布中生成的,每个高斯混合分布由 K 个高斯分布组成,每个高斯分布成为一个成分,这些成分线性加在一起就组成了高斯混合模型的概率分布函数,则从高斯混合模型中随机选取一个点实际分为两步:

①随机从 K 个成分中选一个,该成分被选中的概率即为其系数;

②从选中的成分分布中选取一个点(普通高斯分布)。

使用高斯混合模型做聚类即假定数据由高斯混合模型生成,根据数据推出高斯混合模型的概率分布,从而对于每个数据点,对应在 K 个成分上分布概率最大的成分即为其对应的簇。

高斯混合模型的优点为高斯混合模型获得的结果不仅仅是数据点的聚类类别,还包含了数据点标记为每一个类别的概率,在实际应用中是有用信息。

高斯混合模型的缺点如下:

①由于隐变量的存在,参数估计复杂,需要多次迭代循环进行,计算量大,速度慢;

②并不能保证总是取到全局最优,结果受初值选取影响可能效果较差。

(2)参数说明

该方法参数为聚类数目,该聚类数目需要用户事先指定,数据格式为一个正整数,合理范围为 1 到数据点个数(若设定聚类数目大于数据点个数则默认每个点为一个聚类即最大聚类数目为数据点个数)。在指定聚类数 K 后,系统对数据进行 K-means 聚类分析,输出相应结果。

3.7.2　数据聚合分析系统开发

1.数据聚合分析使用方法

首先,用户通过制定数据文件路径选择待分析数据,程序加载并显示待分析的数据;然后,用户选择聚类分析方法为 K-means 聚类算法,指定聚类分析采用 K-means 聚类算法进行;最后,用户指定聚类数目 K(为从 1 到数据点总个数的一个正整数)。

程序运行进行数据的聚类分析,如图 3-13 所示。

运行结束,用户指定分析结果输出路径,输出聚类分析结果至指定路径。在视窗中显示聚类评价结果指标 DBI 的结果。

2.输入数据格式

待聚类数据格式为一张 csv 格式的数据表。

数据表的第一行为表头,标明每一列数据的含义,均为数值数据。每一行数据代表一条数据向量,作为一个需要被聚类的数据点的特征向量。

用户只需指定数据表位置与文件名,该模块即可从对应地址读取数据表文件。

3.输出结果及展示形式

输出结果以文本和图像两种形式呈现。

文本结果为在原始数据表的基础上增加一列,该列数据为从序号 1 开始标明的聚类类别,结果可被导出生成新的 csv 格式数据表。用户只需指定新数据表存储位置与文件名,即可导出数据表至指定位置。页面会对数据信息进行可视化展示。

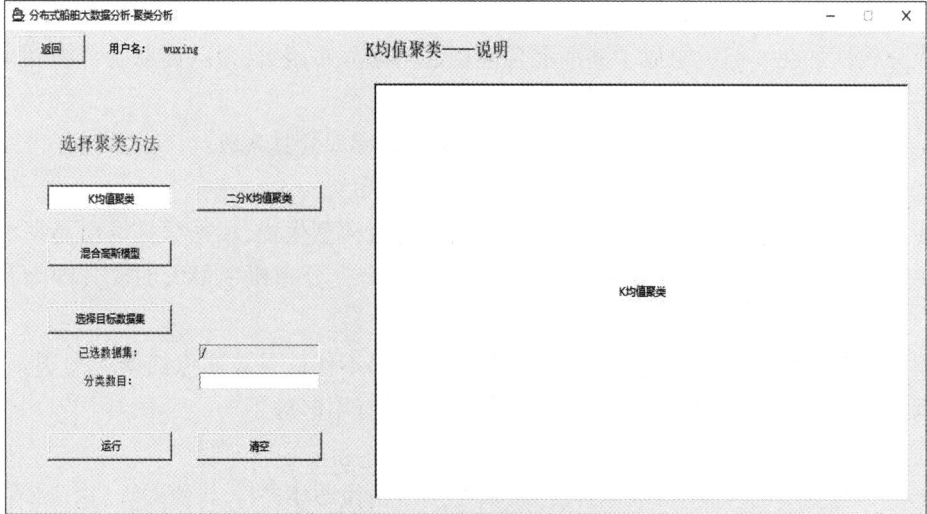

图 3-13　数据聚合分析页面

可视化展示的方法如下：

①饼状图：对得到的分类预测结果进行分类统计，绘制饼状图，用户可根据饼状图的结果观察预测数据的分布情况。

②特征空间示意图：其将数据的原始特征映射到二维平面，直观地向用户展示聚类的效果，用不同颜色的点来表示各类结果。

两张图以可视化形式呈现在程序视窗中。同时，计算出的聚类效果评价指标 DBI 以一个数值形式输出，如图 3-14 所示。

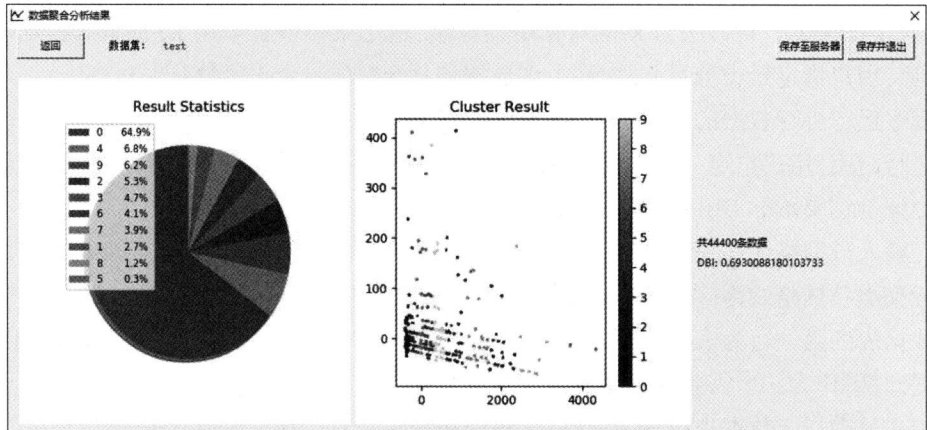

图 3-14　数据聚合分析结果展示页面

3.8　统计分析及可视化技术

统计分析是指运用统计方法和与分析对象有关的知识,通过记录、整理数据,计算获得统计量,进而对对象特征做进一步分析的方法。常见的统计方法包括描述统计、排序、分组计数等。对船舶制造数据进行统计分析,可以挖掘浅层隐藏于数据内的船舶行业知识与规律。数据可视化技术,又可以进一步将数据及隐藏其中的规律以直观的形式展现出来,具备更强的可解释性。

3.8.1　统计分析与可视化算法设计

对数据进行统计分析的一个前提条件是数据的准确性和可靠性。生产过程中产生并记录的数据可能会存在一定的问题,所以在进行统计操作前应当先对数据进行处理。

因此,统计分析模块算法主要分为两部分:数据处理算法及数据统计算法。数据处理算法将从读取的整体数据文件选择待处理的数据,可以保持原有数据不变,也可以对数据进行基础的处理,例如去重、筛选、抽样等功能。数据统计算法则是在数据处理算法的基础上,对已处理的数据进行统计分析操作,具体包括描述统计、排序、分组计数等功能。

可视化模块则在统计分析模块的基础上,将统计分析的结果或原始数据的一些统计结论,直观地以图像的形式展现给用户。

1. 数据处理

①去重:去除数据中的重复数据,若有多列待处理数据,每列的数据完全相同时视作重复数据。

②抽样:根据用户设定的抽样比例,对数据进行无放回抽样。本功能可由用户自行设定抽样比例。

2. 数据统计

①描述统计:对当前数据进行基础的描述性统计,具体包括计数、求和、计算均值、最小值、最大值、标准差、方差、偏度峰度等。其中仅计数功能支持数值和文本类型数据,其余功能仅支持数值类数据。

②排序:对当前数据进行排序,默认按升序排列,同时支持数值和文本类型数据。

③分组统计:对当前数据进行分组计数,输出各个数据样本出现的次数,同时支持数值和文本类型数据。

3. 数据可视化

①饼图:对所选择的数据进行分类统计,绘制饼状图,用户可根据饼状图的结果观察预测数据的分布情况。

②直方图:对所选择的数据进行分类统计,绘制直方图,用户可根据直方图的结果观察预测数据的分布情况。

③X-Y 散点图:将数据特征散点从高位映射至二维,在二维坐标系内以散点的形式展现,不同类型的散点用不同的颜色标示。

④混淆矩阵:用户选择真实分类和预测的分类,将预测分类和真实分类进行对比,以矩阵的形式将数据及其中记录的真实类别与分类模型做出的分类判断进行汇总。

3.8.2 统计分析与可视化系统开发

1.统计分析使用方法

用户通过指定文件路径确定待分析文件,程序加载并显示数据内容,用户需选取待分析的数据,以列为单位进行统计分析。用户必须选择一种数据处理功能和一种数据分析功能,得到最终的统计分析结果。

2.可视化使用方法

用户通过指定文件路径确定待可视化文件,程序加载并显示数据内容,用户需根据可视化的具体要求,选取适当的列,并选择可视化功能,最终得到可视化分析的展示结果。展示结果可进一步由用户保存至指定的远程或本地文件目录下。

3.输入数据格式

本模块输入数据为 csv 格式的数据表,同时支持数值类数据和文本类数据处理,但要求同一列数据的格式保持一致。

4.输出结果及展示形式

输出结果以表格和图像两种形式呈现。一般的统计需求结果以表格的形式展示在程序视窗内,支持导出 csv 格式文件;绘图类的统计需求和可视化任务结果,将以图像的形式展示在程序视窗内,支持导出 jpg 格式图片文件。用户可以指定存储位置和文件名,保存至本地或远程服务器。

3.9 大数据质量管控技术

大数据质量管控技术是指通过数据缺失处理、数据异常检测及修复等技术手段,保障、提高数据质量的一系列方法和过程,是提高大数据应用能力的重要环节。大数据质量管控技术主要关注数据缺失处理、数据异常检测与数据错误修复三个环节,结合企业实际需求对相关算法进行探究,提供方便、易用、有效的算法接口,以实现对大数据质量的有效管控。

3.9.1 数据缺失处理算法设计

数据缺失处理通常是数据质量管控的第一步,也是从数据完整性方面提升数据质量的重要手段,实现对缺失数据的自动发现和填充,能够从一定程度上改善由于数据缺失导致的数据质量低下问题。

对于常见的关系型数据而言,每一个数据缺失点位所在的列和行都提供了大量的背景信息,以供数据缺失处理算法使用。一般而言,同列数据具有一定程度的分布相似性,而不同行之间的数据关系也能一定程度上反映不同行对应数据点位之间的关系。我们在提供了人工填充的接口的同时,从以上两个角度,提供了仅使用了列信息的基于统计值的数据缺失处理算法,和使用了行、列信息的随机森林和最近邻的数据缺失处理算法。

1. 基于统计值的数据缺失处理

基于同列数据分布的相似性假设,利用数据缺失点位所在列数据的相关统计值对缺失点位进行数据填充,具体方法如下:

(1)补零填充:检测对象数据表格中的缺失数据点位,并将所有缺失数据点位填充为0。

(2)列均值填充:检测对象数据表格中的缺失数据点位,计算缺失数据点位所在列的平均值,将缺失数据点位填充为该平均值。

(3)中位数填充:检测对象数据表格中的缺失数据点位,计算缺失数据点位所在列的中位数,将缺失数据点位填充为该中位数。

(4)众数填充:检测对象数据表格中的缺失数据点位,计算缺失数据点位所在列的众数,将缺失数据点位填充为该众数。

2. 基于随机森林和最近邻算法的数据缺失处理

基于不同行数据之间的关系假设,我们可以将缺失点位所在列作为目标值,将其余列中被指定的部分作为训练数据,以此构建回归模型进而预测出缺失点位的填充值。随机森林和最近邻是两种具有代表性的、可用于回归问题的常见机器学习算法。

随机森林的原理和实现方法已于前文介绍。最近邻算法是基于样本距离度量相似性的一种机器学习方法,当预测一条数据的目标值时,将该数据与训练集数据进行距离度量(如L2距离、马氏距离等),将与该数据距离最近的训练数据的目标值作为预测值。该算法相比于其他回归算法的一个突出特点是没有训练过程,可直接基于训练集进行预测。

相比于基于统计值的数据缺失处理,这两种算法的优点如下:

(1)对于数据缺失点位所在列与指定列集合具有较强的相关关系或函数关系时,数据补充效果更好;

(2)不会因填充数据为大量相同的值而引入原数据中不存在的隐含模式。

这两种算法的缺点如下:

(1)时间复杂度较高,尤其是当数据量较大时,需要一定的训练和预测时间;

(2)要求数据表中缺失点位较为稀疏,如果存在大量缺失,会出现无法预测或预测效果下降等现象。

3.9.2　数据缺失处理系统开发

1. 数据缺失处理使用方法

用户传入待处理文件,程序加载并显示数据内容,用户需指定待补全的列并选择数据缺失处理的方法,部分方法需要指定算法依赖的列。执行后将得到数据缺失处理的结果。

2. 输入数据格式

待处理的数据格式为一张csv格式的数据表。数据表的第一行为表头,标明每一列数据的含义。

用户需以列名的方式指定待补全的列,以方法名的方式选择数据缺失处理的方法,对于随机森林和最近邻算法两种方法需要以列名列表的方式指定算法依赖的列。

3. 输出结果及展示形式

输出的结果即为将指定列补全后的数据表。因考虑到数据量较大,修改是在原数据表中进行的。

3.9.3 数据异常检测算法设计

数据异常是影响数据质量的又一重要因素,由于手工输入错误、系统异常等问题导致的数据错误是一种常见现象。

数据异常检测部分提供了一种广泛使用的异常检测算法:孤立森林(isolation forest,IForest)算法。该种算法主要针对全局离群点数据异常检测部分在利用两种算法找到对应的数据异常样本后,通过"3 标准差"原则,推测出导致数据异常的关键数据维度。

孤立森林算法算法是一种主要应对全局离群点的高效的、非监督的异常检测算法。算法通过采样一定比例的数据和特征,构建起孤立树,进而构建若干棵孤立树形成孤立森林。每棵孤立树,都是以一个样本作为叶子结点,通过衡量某个样本在孤立森林中的平均深度,衡量出一个样本点在数据集中的孤立程度。这种算法能够有效应对高维数据,但对于局部离群点不敏感,在实际工程中有广泛的应用。

3.9.4 数据异常检测系统开发

1. 数据异常检测使用方法

用户传入待检测的数据表格,程序加载并显示数据内容,用户需选择数据异常检测的方法、对应的依赖列、返回异常样本的数目。算法执行后将返回数据异常点位坐标并展示。

2. 输入数据格式

待处理的数据格式为一张 csv 格式的数据表。数据表的第一行为表头,标明每一列数据的含义。

用户需以方法名的方式选择数据异常检测的方法,以列名列表的方式指定算法依赖的列,并指定算法返回异常样本的数目。

3. 输出结果及展示形式

算法执行后将返回数据异常点位的坐标,输出结果以表格形式呈现,将以高亮的方式展现出异常样本及其数据异常点位。

3.9.5 数据错误修复系统开发

1. 数据错误修复系统实现原理

数据错误修复基于数据缺失处理和数据异常检测提供的方法,向用户提供交互式人工修复错误数据的接口,或由用户指定修复方法对错误数据进行自动修复。输入为对象数据表格,输出为修改后的对象数据表格。人工错误数据修复的方法适用于对数据修复质量要求较高,错误数据数量较少的情况;自动错误数据修复适用于数据修复质量要求不高,错误数据数量较大的情形。

2. 数据错误修复使用方法

（1）人工错误数据修复：使用指定数据异常检测算法（IForest 算法）对对象数据表格进行异常检测，在用户图形接口高亮标注异常数据及其异常点位。由用户对数据异常进行交互式的人工二次检测和修复，并保存至对象数据表格中。

（2）自动错误数据修复：使用指定数据异常检测算法（IForest 算法）对对象数据表格进行异常检测，并使用指定数据缺失处理方法（补零填充等 6 种方法），对数据异常进行自动修复，并保存至对象数据表格中。

3. 输入数据格式

待处理的数据格式为一张 csv 格式的数据表。数据表的第一行为表头，标明每一列数据的含义。

用户需以方法名的方式选择数据异常检测的方法，以列名列表的方式指定算法依赖的列，并指定算法返回异常样本的数目。

4. 输出结果及展示形式

算法执行后将返回数据异常点位的坐标，输出结果以表格形式呈现，将以高亮的方式展现出异常样本及其数据异常点位。如进行人工修复则可在交互式人工修复错误数据的接口进行修改，如进行自动错误数据修复，则将返回修复后的数据。

3.10　本章小结

基于分布式的船厂大数据平台，提供了船厂一种大数据平台的总体架构、船舶数据检索与转化技术、预测回归分析技术、预测分类分析技术、数据关联分析技术、数据聚合分析技术、统计分析及可视化技术、大数据质量管控技术等。其一方面对于船舶行业海量的数据，能够利用分布式的存储和运算以及高效的机器学习算法，实现有效的数据挖掘；另一方面，对于船舶行业的一线从业人员来说，有着极低的学习门槛，是一个有着出色交互界面的黑箱工具，能够显著地提高船舶的管理和运营。

第4章 基于大数据的派工
管控协同优化应用

4.1 概　述

本章主要内容将分为三个部分:基于派工记录的派工物量衡定方法的应用技术、面向派工计划的协同负荷平衡方法的应用技术、派工计划执行效率影响因素分析应用技术。

(1)基于派工记录的派工物量衡定方法的应用技术

基于派工记录,寻找影响作业完成时间的关键因素,从而精确衡定派工物量的名称和单位,建立派工工时与派工物量相关联的数学模型,提高派工工时预测的准确性,从而提高派工管控的公平性,进而带动员工的积极性,提高生产效率。

本节基于一批船体结构组立阶段的焊接派工记录数据,使用各种大数据挖掘算法对派工历史数据进行分析,找出影响焊接工时的关键因素,从而精确衡定焊接派工物量的名称和单位,找出最适合焊接工时预测的算法,形成派工工时与派工物量相关联的数学模型,为准确预测派工工时、合理制定派工计划打下基础。

(2)面向派工计划的协同负荷平衡方法的应用技术

基于历史派工数据,同时面向同一阶段的若干个计划,研究对多个任务进行协同负荷平衡的方法,从而实现派工管控优化、提升派工管控效率。

本节以管子生产派工作为切入点,在分析流程、建立管子制造模型的基础上,通过"基于瓶颈的 LPT 启发式算法"对管子车间生产派工计划进行调度优化,解决负荷平衡问题。

(3)派工计划执行效率影响因素分析应用技术

在保证任务派工在其他制造资源协助正常实施的前提下,基于船厂大数据分析技术,寻找派工单执行与生产要素之间的关联或因果关系,避免类似物料配送超前或延迟、设备占用过长或闲置等问题,从而保证船舶生产制造按计划有序进行,确保占用资源及所需时间的合理性。

本章基于某一型号船的派工工时数据,分析导致派工计划执行效率降低的误工工时和等工工时的数量和比例,从"人机料法环"等生产要素角度寻找影响派工计划执行效率的因素,并提出相应的提高派工计划执行效率的措施。

4.2　基于派工记录的派工物量预测工时

4.2.1　物量预测工时场景概述

派工工时是指在正常生产条件下,以正确、合理的操作方法,完成一项作业任务或加工完一件合格产品所必须消耗的劳动时间。工时的内涵包括:工时是在一定条件下制订的,不能脱离具体的生产、技术、组织条件,在产品正式开工前,预先制定的工时是工时定额,工时所要考察的是劳动者付出的劳动量,即工作的劳动消耗量;工时是在产品的生产过程中对有效的劳动、符合质量要求的工作消耗量的规定。如果从工作过程中去规定工作消耗量,可以用时间作为尺度,如果从工作的最后成果上去规定工作消耗量,可以按实物产品来计量。

目前国内船厂生产计划工作人员根据新任务的派工物量来预测新任务的派工工时,多凭自身经验,没有精确的数学模型,存在一定的随意性。于是,精益造船应运而生。精益造船包含了精良、精准、精细等多个方面的含义,要求做到质量的零缺陷、计划的准时化和生产管理的零浪费。精细化派工管理模式,以精益生产理论为指导,通过严格控制生产时间来减少浪费和提高效率,同时有效避免物料配送超前或延迟、设备占用过长或闲置等问题,最终为造船企业提高经济效益、提高企业综合竞争力提供了有力的支持。

本章基于某船厂提供的派工数据,利用大数据技术和算法,寻找影响作业完成时间的关键因素,根据派工物量精确预测派工工时,以提高派工管控的公平性,进而带动员工的生产积极性,提高生产效率。

根据船厂实地调研和专家的多次商讨,结合船厂的现实需求,发现焊接是实现材料间精确、可靠、低成本和高效连接的重要技术,且焊接工作在船舶制造和海洋工程装备与结构中得到了广泛的应用。故针对焊接工作,开展基于大数据技术的焊接物量预测焊接工时的技术应用。

4.2.2　物量预测工时问题分析

1. 焊接工时预测问题概述

现阶段,船舶制造生产过程中的生产派工领域仍然属于传统的派工模式。传统的焊接工时预测往往种类繁多且易出现较大的偏差,不能考虑全面和精准。将大型造船任务划分到作业区一级,由班组长进行工作安排,班组长的主观意识和随意性、倾向性可能会起到比较主要的作用,而这在一定程度上会导致不公平现象和工期延后、超前等问题的发生。

工时预测不准会影响派工计划的执行,比如工时预测比实际多,任务比计划提前完成,可能造成物料配送跟不上、等工等现象;工时预测比实际少,任务比计划滞后完成,影响后序派工计划的执行,为了赶工可能造成计划外的加班;另外如果预测工时与分配挂钩,则会影响分配的公平性。

为了更好地解决工时预测不准的问题,本章运用通用的大数据挖掘算法,通过已知的物量精准预测工时的消耗。由于组立焊接是船舶建造过程中很重要的组成部分,因此以组立焊接为切入点,以组立的派工工时数据为基础,从焊接形式上将整体数据分为两组,分别采用大数据挖掘算法进行预测,为造船企业提供精准的工时预测。

2. 数据维度初步分析

数据挖掘的整个过程通常包含数据集成、数据选择、数据预处理、数据建模、结果表达和解释等五大步骤,如图4-1所示。

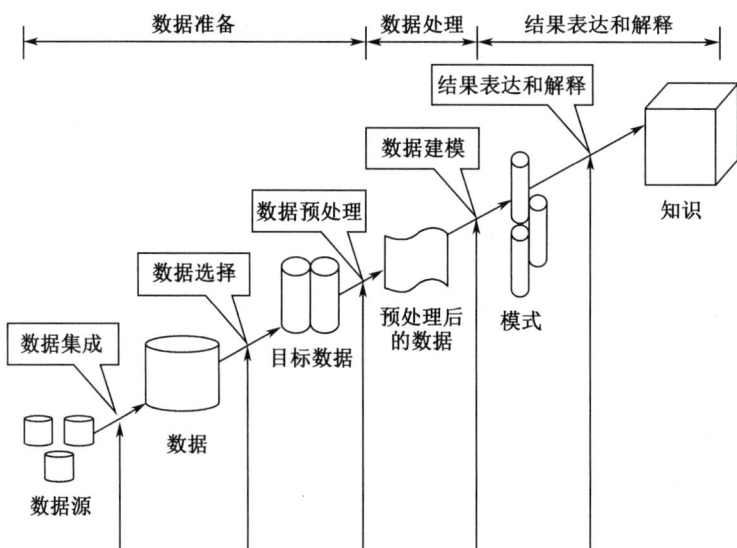

图4-1 数据挖掘的过程

由于各种原因,原始数据中难免会存在数据不完整、数据形式不一致、异常数据等问题,这些问题的存在会严重影响数据挖掘的时效性与准确性,甚至导致挖掘结果出现偏差甚至是错误,所以数据预处理工作极为重要,首先是数据清洗工作,接着数据集成、数据转换等一系列的工作,这个过程就是数据预处理。在数据挖掘中,数据预处理工作量可以占到总工作量的60%左右。

数据预处理的目的简要概述如下:

(1)提高数据的质量;

(2)让数据更好地适应特定的挖掘技术或工具。

某造船企业所提供的焊接工时原始数据以 Excel 表格存储,涵盖了某船型近两年时间内的焊接工时日志,每一条焊接工时日志包含了船号、分段、项目号、零件名称、焊接方法、焊接形式、零件类型、是否平直流水线片体、板厚、焊缝长度、组立流向、是否线型、面板是否加工、焊接位置、作业阶段、工时等信息。数据表格和初始数据部分内容如图4-2所示。

在这个数据列表中,有一些明显与预测工时无关的数据维度,比如"零件名称"、"项目号"、"分段名称"、"当前组立名"等维度信息,如图4-3所示。如何合理选择维度,是精准预测目标工时的重要前提,一个好的数据样本不仅意味着可以减少数据预处理的工作量,也可以大大提高数据分析与挖掘的质量。故根据所提供工时数据的特点,以及该船舶制造焊接的特点,拟定目标工时的维度筛选步骤。在经过这一系列筛选步骤后,得到理想的工时数据。

号船	分段	项目号	零件1名称	零件2名称	焊接方法	焊接形式	零件类型	是否平直流水	零件组立	板厚	焊缝长度	组立流向	是否线型	面板是否为	当前组立名	焊接位置	作业阶段	零件名是否	测算分类	工时
H1464	122	122	122-R2SS1	122-S4FBS1:C02	fillet	D-D	N	N		14	0.854678	R	Y	Y	R2SS1A	L	B	N	1字组立字体	0.34
H1464	122	122	122-R2SS1	122-S4FBS1:C02	fillet	D-D	N	N		14	0.705223	R	Y	Y	R2SS1A	L	B	N	1字组立字体	0.28
H1464	122	122	122-R2SS1	122-R2SS1:C02	fillet	D-S	N	Y		11	5.521732	R	Y	Y	R2SS1A	L	B	N	1字组立字体	1.99
H1464	122	122	122-R2SS1	122-R2SS1:C02	fillet	D-S	N	Y		11	5.88106	R	Y	Y	R2SS1A	L	B	N	1字组立字体	2.12
H1464	122	122	122-R2SS1	122-A4TB4:C02	fillet	D-D	N	N		21.5	3.247444	R	Y	Y	R2SS1A	L	B	N	1字组立字体	1.5
H1464	122	122	122-R2SS1	122-S2SL6:C02	fillet	D-D	N	N		11	1.187914	R	Y	Y	R2SS1A	L	B	N	1字组立字体	0.43
H1464	122	122	122-R2SS1	122-S2SL5:C02	fillet	D-D	N	N		11	3.498576	R	Y	Y	R2SS1A	L	B	N	1字组立字体	1.26
H1464	122	122	122-R2SS1	122-S2SL4:C02	fillet	D-D	N	N		11	3.05508	R	Y	Y	R2SS1A	L	B	N	1字组立字体	1.1
H1464	122	122	122-R2SS1	122-S2BK4:C02	fillet	D-D	N	N		12	3.667012	R	Y	Y	R2SS1A	L	B	N	1字组立字体	1.39
H1464	122	122	122-R2SS1	122-S2BK4:C02	fillet	D-D	N	N		15	1.935963	R	Y	Y	R2SS1A	L	B	N	1字组立字体	0.78
H1464	122	122	122-R2SS1	122-S2SL5:C02	fillet	D-D	N	N		11	3.134985	R	Y	Y	R2SS1A	L	B	N	1字组立字体	1.13
H1464	122	122	122-R2SS1	122-S2FB4:C02	fillet	D-D	N	N		12	3.369269	R	Y	Y	R2SS1A	L	B	N	1字组立字体	1.28
H1464	122	122	122-R2SS1	122-S2FB4:C02	fillet	D-D	N	N		14	0.706164	R	Y	Y	R2SS1A	L	B	N	1字组立字体	0.28
H1464	122	122	122-R2SS1	122-R2SS1:C02	fillet	D-D	N	Y		13	1.494576	R	Y	Y	R2SS1A	P	B	N	1字组立字体	0.57
H1464	122	122	122-R2SS1	122-A2FB4:C02	fillet	D-D	N	N		16	4.310023	R	Y	Y	R2SS1A	L	B	N	1字组立字体	1.81
H1464	122	122	122-R2SS1	122-S2FB4:C02	fillet	D-D	N	N		12	4.226187	R	Y	Y	R2SS1A	L	B	N	1字组立字体	1.61
H1464	122	122	122-R2SS1	122-S2FB4:C02	fillet	D-D	N	N		12	4.389417	R	Y	Y	R2SS1A	L	B	N	1字组立字体	1.67
H1464	122	122	122-R2SS1	122-R2SS1:C02	butt	D-D	N	Y		21.5	9.50012	R	Y	Y	R2SS1A	L	B	N	1字组立字体	4.37
H1464	122	122	122-A2DK3	122-M2DK2:C02	fillet	D-D	N	N		12	0.6	M	N	Y	M2DK2B	L	B	N	1字组立字体	0.23
H1464	122	122	122-A2DK3	122-M2DK2:C02	fillet	D-D	N	N		12	0.6	M	N	Y	M2DK2B	L	B	N	1字组立字体	0.23
H1464	122	122	122-A2DK3	122-M2DK2:C02	fillet	D-D	N	N		12	0.6	M	N	Y	M2DK2B	L	B	N	1字组立字体	0.23
H1464	122	122	122-A2DK3	122-M2DK2:C02	fillet	D-D	N	N		12	0.6	M	N	Y	M2DK2B	L	B	N	1字组立字体	0.23
H1464	122	122	122-A2DK3	122-M2DK2:C02	fillet	D-D	N	N		12	0.6	A	N	Y	A2DK2A	Y	C	N	1字组立字体	0.23
H1464	122	122	122-A2DK3	122-A2LB1:C02	fillet	D-D	N	N		10	1.34	A	N	Y	A2DK2A	Y	C	N	1字组立字体	0.48
H1464	122	122	122-A2DK3	122-A2LB1:C02	fillet	D-S	N	N		12	2.1	A	N	Y	A2DK2A	Y	C	N	1字组立字体	0.8
H1464	122	122	122-A2DK3	122-S2FB4:C02	fillet	D-D	N	N		12	0.6	A	N	Y	A2DK2A	Y	C	N	1字组立字体	0.23
H1464	122	122	122-A2DK3	122-S2FB4:C02	fillet	D-D	N	N		12	4.210732	A	N	Y	A2DK3A	H	C	N	1字组立字体	1.6
H1464	122	122	122-A2DK3	122-A2LB1:C02	fillet	D-S	N	N		10	1.34	A	N	Y	A2DK2A	Y	C	N	1字组立字体	0.48

图4-2　初始数据源样例

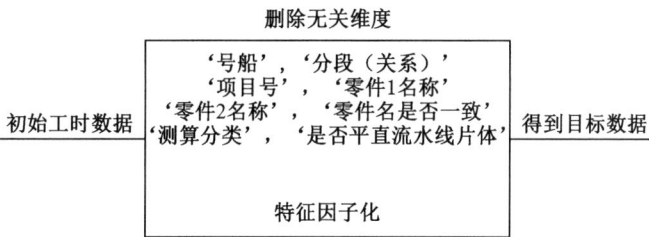

删除无关维度

初始工时数据 →
'号船',　'分段（关系）'
'项目号',　'零件1名称'
'零件2名称',　'零件名是否一致'
'测算分类',　'是否平直流水线片体'
→ 得到目标数据

特征因子化

图4-3　初始数据维度删减

根据原始数据中的维度初步分析,进行特征选择,其中的维度"号船""分段(关系)""项目号""零件 1 名称""零件 2 名称""零件名是否一致""测算分类"明显不是影响工时消耗的因素,故删除这些无关的维度。其中维度"是否平直流水线片体",因为此维度只有"N"一类数据,故删除此维度。其中,维度"焊接位置",是指焊接所在的工位。

如图 4-4 所示,根据数据预处理的目标要求,结合通用算法进行数据挖掘的目的以及数据样本的特点,运用合适的方式处理异常值、缺失值,进行实体识别和冗余属性识别。该造船企业所提供的焊接工时数据,是由人工统计和记录的方式所取得,所以即使是经过维度筛选后得到数据,在做数据挖掘之前,还是存在特征因子化的需求。

在特征因子化的过程中引入哑变量(dummy variable),也叫虚拟变量。引入哑变量的目的是:将不能定量处理的变量进行量化,如职业、性别对收入的影响,战争、自然灾害对 GDP 的影响,季节对某些产品(如冷饮)销售的影响,等等。根据这些因素的属性类型,构造只取"0"或"1"的人工变量。

将"焊接方法""焊接形式""零件类型"等非量化特征进行特征因子化处理,为后续数据挖掘计算提高数据质量。

	焊接方法	焊接形式	零件类型	零件组立名是否一致	板厚	焊缝长度	组立流向	是否线型	面板是否加工	当前组立名	焊接位置	作业阶段	工时
0	CO2	fillet	D-D	N	14.0	0.854678	R	Y	Y	R2SS1A	L	B	0.34
1	CO2	fillet	D-D	N	14.0	0.705223	R	Y	Y	R2SS1A	L	B	0.28
2	CO2	fillet	D-S	Y	11.0	5.521732	R	Y	Y	R2SS1A	L	B	1.99
3	CO2	fillet	D-S	Y	11.0	5.881060	R	Y	Y	R2SS1A	L	B	2.12
4	CO2	fillet	D-D	N	21.5	3.247444	R	Y	Y	R2SS1A	L	B	1.50

图 4-4　初始数据预处理过程

经过数据预处理后,保留"焊接形式""板厚""焊缝长度""工时"等 4 个维度作为数据预处理的结果,以待后续数据挖掘过程需要时调取相关维度进行分析。

3.模型评价的一些数学说明

人工神经网络模型和机器学习模型在训练和测试中的误差分析采用均方根误差(RMSE)、平均绝对误差(MAE)、平均相对误差(MAPE)、最大相对误差(MAX_RE)和拟合优度判定系数(R_2)进行综合评价。

均方根误差:

$$RMSE = \sqrt{\frac{1}{m}\sum_{i=1}^{m}(y_i'-y_i)^2}$$

平均绝对误差:

$$MAE = \frac{1}{m}\sum_{i=1}^{m}|y_i'-y_i|$$

平均相对误差:

$$MAPE = \frac{1}{m}\sum_{i=1}^{m}\frac{|y_i'-y_i|}{y_i}$$

最大相对误差:

$$MAX\_RE = \max\left(\frac{|y_i'-y_i|}{y_i}\times100\%\right)$$

拟合优度判定系数:

$$R_2 = 1 - \frac{\sum_{i=1}^{m}(y_i'-y_i)^2}{\sum_{i=1}^{m}(\bar{y}_i-y_i)^2}$$

其中,y_i' 为预测数据;y_i 为实测数据;$\bar{y}_i$ 为实测数据的平均值;m 为组数。

4.2.3　基于不同焊接形式预测单位工时

为了达到严格控制焊接生产时间来提升焊接效率,同时有效避免物料配送超前或延迟、设备占用过长或闲置等目标，系统以精准预测焊接每一笔工单的精确工时为切入点，通过较为精准地预测每一笔焊接工单的工时，从细微之处尽可能地精确量化，以此来达到宏观精准预测整体所需工时，最终达到精准预测大工期、交付期的目标。

在考虑了一系列算法比较后，通过分析得到结论：线性回归和神经网络对一般工时预测效果较好。以组立焊接为应用切入点，仔细分解数据中的焊接形式维度，发现数据中的焊接形式包含角接焊接 fillet 和对接焊接 butt 两种，如图 4-5 所示。

A 号旧	B 分段 (关系	C 项目	D 零件1名称	E 零件2名称	F 焊接方	G 焊接形	H 零件类	I 是否平直流水线片	J 零件组立名是否一
H1464	133	133	133-M8DK1A-D60	133-M8DK1A-S35	CO2	fillet	D-S	N	Y
H1464	133	133	133-R2SS1A-D903	133-M8DK1A-D50	CO2	fillet	D-D	N	N
H1464	133	133	133-M8DK1A-S9	133-M8DK1A-D60	CO2	fillet	S-D	N	Y
H1464	134	134	134-A9LB13A-D90	134-S9SR47A-D87	CO2	fillet	D-D	N	N
H1464	134	134	134-S9SR47A-D87	134-S1SR47B-D103	CO2	butt	D-D	N	N
H1464	122	122	122-R2SS1A-D901	122-R2SS1A-D908	CO2	butt	D-D	N	Y
H1464	123	123	123-R2SS1A-D903	123-S2SR2B-D116	CO2	fillet	D-D	N	N
H1464	123	123	123-R2SS1A-D902	123-R2SS1A-D904	CO2	butt	D-D	N	N
H1464	123	123	123-R2SS1A-D904	123-S2SR4B-D171	CO2	fillet	D-D	N	N
H1464	123	123	123-R2SS1A-D901	123-R2SS1A-D902	CO2	butt	D-D	N	Y
H1464	123	123	123-R2SS1A-D903	123-S2SR3B-D122	CO2	fillet	D-D	N	N
H1464	123	123	123-R2SS1A-D903	123-S2SR1B-D98	CO2	fillet	D-D	N	N
H1464	132	132	132-R2SS1A-D901	132-R2SS1A-D908	CO2	butt	D-D	N	Y
H1464	133	133	133-R2SS1A-D903	133-S2SR3B-D122	CO2	fillet	D-S	N	N
H1464	133	133	133-R2SS1A-D904	133-S2SR4B-D171	CO2	fillet	D-D	N	N
H1464	133	133	133-R2SS1A-D901	133-R2SS1A-D902	CO2	butt	D-D	N	Y
H1464	133	133	133-R2SS1A-D902	133-R2SS1A-D904	CO2	butt	D-D	N	Y

图 4-5　初始数据源数据表

由于数据包含了两种不同的焊接形式，影响焊接工时的因素可能不同，所以将两类焊接形式分开来单独进行数据探索，工时预测的模型得到简化，预测的准确性可能会更高。考虑到焊接工时一般与焊缝长度成正比，所以把每单位长度的焊接工时作为因变量进行预测。所以后续研究针对单位长度工时，将两种焊接形式分类，分别开展深入研究。

4.2.4　基于角接接头 fillet 形式预测单位工时

1. 焊接接头形式分析

角接接头焊接（角焊 fillet）是两被焊工件端面间构成大于 30°、小于 135°夹角的接头。角接接头多用于箱型构件上，常见的连接形式如图 4-6 所示。它的承载能力视其连接形式不同而各异。

2. fillet 的线性回归

针对角接接头焊接 fillet 可视化：通过数据筛选，选择角接接头焊接（fillet）的数据，观察焊接的单位工时与焊脚高度的比例关系，进行数据可视化。

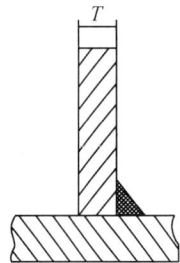

图 4-6　角焊 fillet 示意图

角焊 fillet 单位工时与焊脚高度的关系如图 4-7 所示,基本呈线性关系,所以对单位工时与焊脚高度的线性数学关系进行线性回归计算,得到线性回归公式为

$$单位工时预测值=0.014×焊脚高度+0.263$$

fillet 单位工时线性回归预测效果如图 4-8 所示。经误差分析,线性回归公式的平均相对误差为 1.68%。

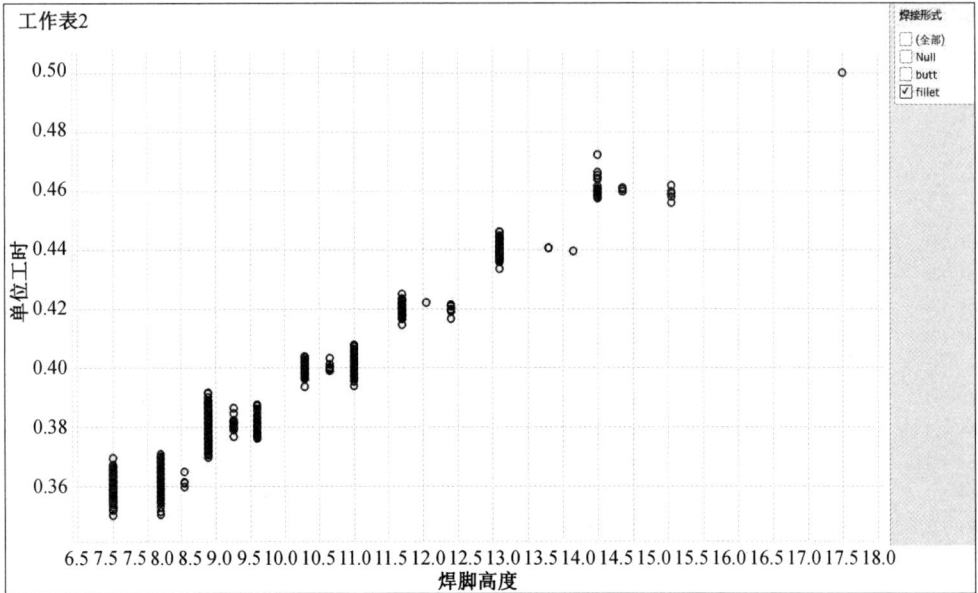

图 4-7 角焊 fillet 单位工时与焊脚高度的数据展示

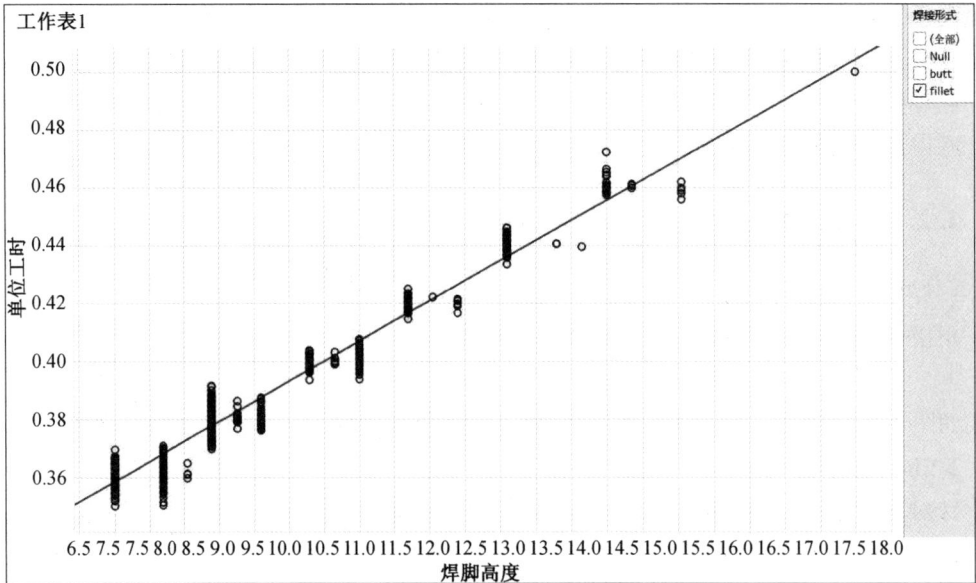

图 4-8 fillet 单位工时线性回归预测效果

4.2.5 基于对接接头焊接 butt 形式预测工时应用

1. 焊接接头形式分析

对接接头焊接 butt,是把同一平面上的两被焊工件相对焊接起来而形成的接头。从受力角度看,对接接头是比较理想的接头形式,与其他类型的接头相比,它的受力状况较好,应力集中程度较低。焊接不同厚度的对接接头时,往往需要把被焊工件的对接边缘加工成的坡口进行焊接,以保证焊接质量。对接接头常用的坡口形式有单边卷边、双边卷边、I 形、V 形、单边 V 形、带钝边 V 形、双 V 形、带钝边双 U 形以及带钝边 J 形等。

2. butt 的线性回归

将对接接头焊接 butt 的焊接单位工时与板厚的关系进行可视化的展示,如图 4-9 所示。

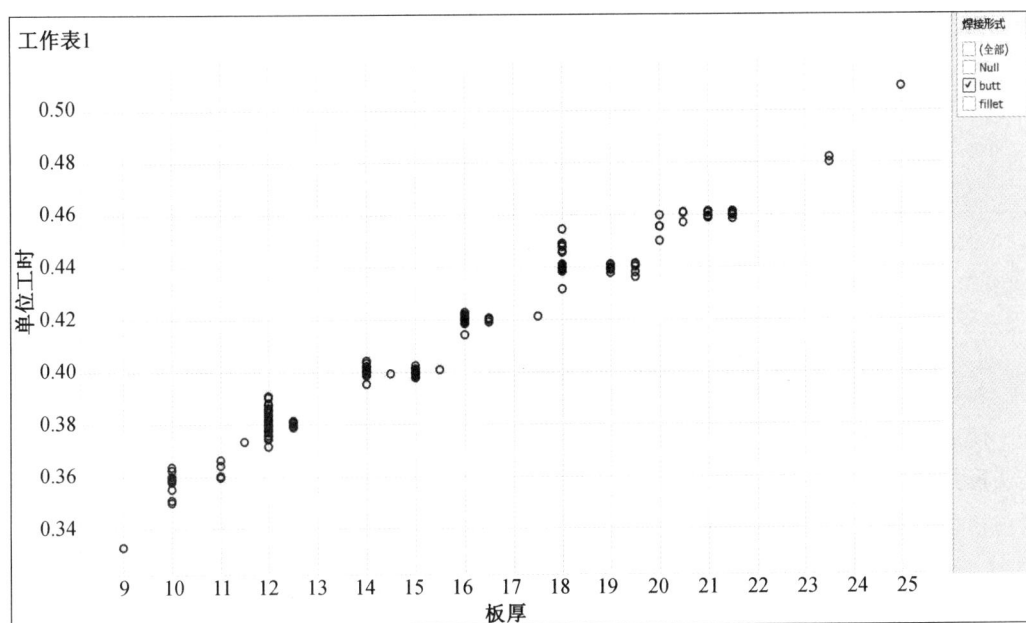

图 4-9 对接接头焊接 butt 单位工时与板厚的关系

在对接接头焊接 butt 形式下,单位工时与板厚之间,基本呈线性关系。

使用前述章节的线性回归算法预测单位工时,得到结果如下。

(1)butt 线性回归预测单位工时效果如图 4-10 所示。

(2)butt 单位工时预测的线性回归公式为

$$单位工时预测值 = 0.01 \times 板厚 + 0.262$$

(3)经误差分析,线性回归公式的平均相对误差为 1.10%。

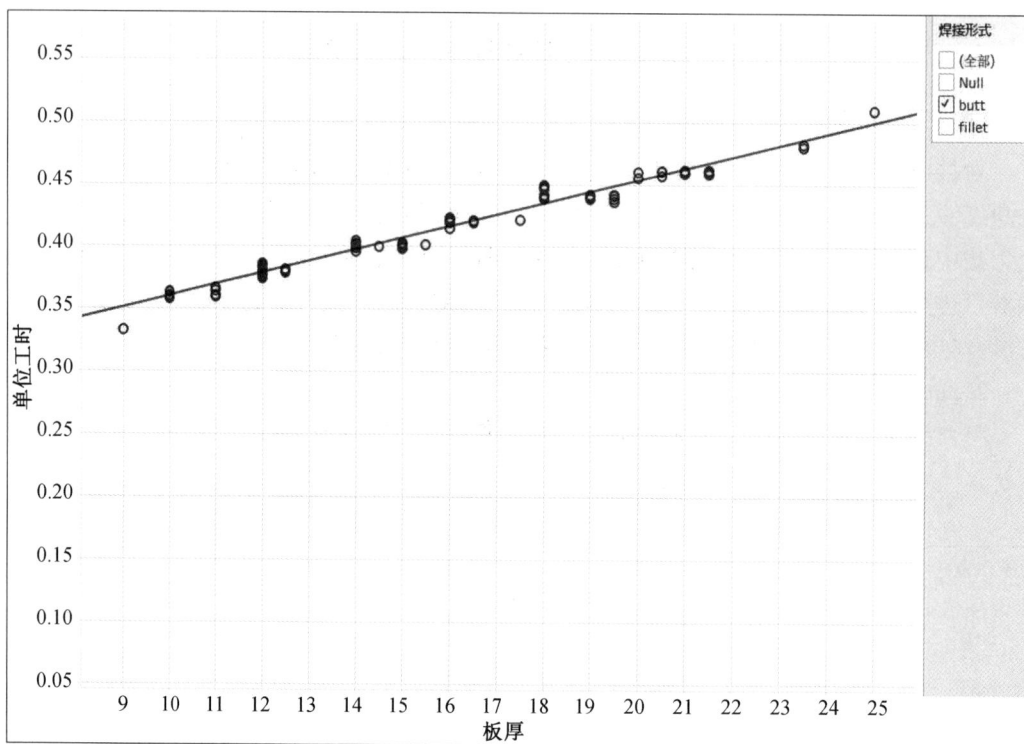

图 4-10　butt 单位工时线性回归预测效果

4.2.6　基于单位工时的神经网络预测工时应用

使用前述章节的神经网络算法,预测单位工时。与前述章节模型不同的是:采用焊接接头形式和板厚作为输入自变量,单位工时作为预测对象。对焊接单位工时与板厚关系进行可视化的展示,如图 4-11 所示。

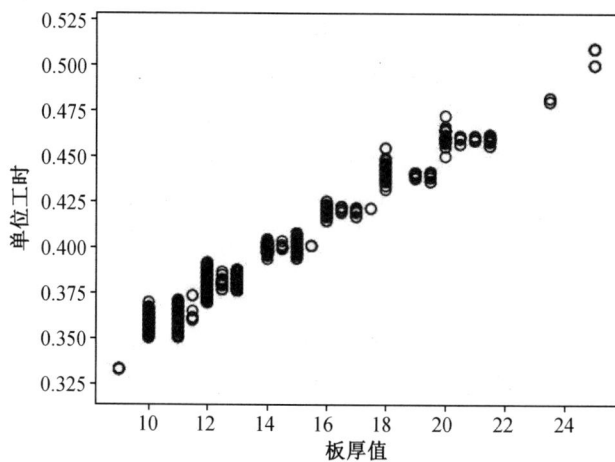

图 4-11　单位工时与板厚值关系的数据展示

角接接头焊接 fillet 与对接接头焊接 butt 统一放进测试集,采用神经网络预测的预测值进行误差分析,得到神经网络模型的测试集的均方根误差(RMSE)、平均相对误差和模型训练后样本的均方根误差(RMSE),如表 4-1 所示。

表 4-1　神经网络随机选取 10%测试集的预测误差

随机抽取 10%进行测试	测试集的 RMSE	平均相对误差	模型训练后样本的 RMSE
1	0.022 36	0.034 1	0.022 36
2	0.022 36	0.037 3	0.022 36
3	0.022 36	0.037 8	0.022 36
4	0.022 36	0.039 2	0.022 36
5	0.022 36	0.035 4	0.022 36
6	0.022 36	0.039 8	0.022 36
7	0.022 36	0.040 1	0.022 36
8	0.024 49	0.035 7	0.000 6
9	0.022 36	0.036 6	0.022 36
10	0.022 36	0.037 1	0.022 36
平均值	0.022 58	0.037 31	0.022 58

由此可见,模型的均方根误差(RMSE)为 0.023,平均相对误差为 3.73%。

4.2.7　结论

本章基于一批船体结构组立阶段的某一焊接类型的派工记录数据,通过使用大数据技术进行分析,找出了影响焊接工时的关键因素,建立了焊接派工工时的预测数学模型:

焊接派工工时=单位焊缝长度工时×焊缝长度

对于角接对接接头焊接形式 butt,单位焊缝长度工时的关键影响因素是板厚,建立的线性回归公式是

单位焊缝长度工时=0.01×板厚+0.262

对于角接接头焊接形式 fillet,单位焊缝长度工时的关键影响因素是焊脚高度,建立的线性回归公式是

单位焊缝长度工时=0.014×焊脚高度+0.263

本章针对以上两种接头形式的数据,还建立了基于神经网络算法的数学模型,单位焊缝长度工时的关键影响因素是接头形式和板厚。

采用以上三种算法对焊接作业中的角接接头焊接 fillet 和对接接头焊接 butt 的焊接工时进行预测,平均相对误差分别为 1.68%、1.10%和 3.73%,均取得了良好的效果,为准确预测派工工时、合理制定派工计划打下了扎实基础。三种算法的平均相对误差如表 4-2 所示。

表 4-2　角焊、对焊采用线性回归、神经网络的平均相对误差

项目	对接接头焊接 butt	角接接头焊接 fillet	神经网络
平均相对误差	1.68%	1.10%	3.73%

4.3　面向派工计划的协同负荷平衡方法

4.3.1　派工计划的协同负荷概述

1. 协同负荷平衡概述

船舶建造是一项庞大的系统工程,涉及的数据量十分庞大,在缺少相应的信息化管理的条件下,很多情况下仍然采取人工统计的方式。各种原始数据的准确性和完整性很难得到保证,对于采集数据的目的性和反馈对象不明确,造成船舶建造企业对生产数据的采集和有效利用还不够好。

船舶生产管理的核心是集成物资、设计、物流、质量、人力资源等各个系统于一体,实现多个生产管理任务的协同负荷平衡安排,合理调配人力、设备、物资等资源来共同完成船舶生产任务,提高船舶建造企业生产管理的控制和协调能力。任务派工是船舶生产管理最为基础的管理工作,也是与其他生产管理系统进行集成的枢纽。任务派工管理的主要工作是任务工程分解、任务管理、派工管理和反馈管理等。这其中,任务包和派工单是任务派工中最重要的环节,两者是派工任务的载体,集成了所有派工任务的数据信息,是实现数字化、信息化任务派工管理的关键。

船舶建造的工程分解采用以进度、组织和产品构成的三维结构的工程分解方式。在进度结构方面,按照船舶建造时间顺序进行任务分解;在组织结构方面,按照任务归属部门、作业区等进行任务分解;在产品结构方面,按照造船专业类型、分段/区域、工序等进行分解。船舶生产任务精细化是通过工作分解结构按照造船专业、分段/区域、工序逐层往下细分,船舶建造企业根据对任务包和派工单的管理层次确定生产任务的分解层次。

2. 任务包管理模式概述

任务包设计以"中间产品"为导向,要综合考虑任务包的大小、负荷和生产节点的衔接。它将设计、生产、物资有机结合为一个综合的管理单位。任务包在船舶建造的生产管理中,从日程计划到任务包日程计划实现了车间级、作业区级的计划管理。任务包作为工时物量的统计对象可以作为建造成本和劳务成本的重要参考。任务包是计划、工时和建造进度的管理控制基础,也是进度监控的主要对象,又是托盘管理、物资配送、物资出入库管理的基本单位。以任务包为基本单位的管理方式,是船舶企业在数字化、信息化造船模式中实现生产、设计、物资等各个方面信息的集成管理。

派工单是任务派工和反馈的载体,也是与其他信息系统集成枢纽,其集成了多个信息模块,包括派工任务、计划时间、派工对象,等等。派工单中派工任务和派工人员的班组级计划,派工的编制、投放和反馈中每一个环节都是生产管理控制的节点,施工人员按照派工单计划节拍均衡、连续、高效地生产。

任务单管理是生产管理的核心基础作业管理,其信息涉及设计、工时、计划、物资、质量等信息,虽然大部分的大中型船舶建造企业都开发了与任务派工相关的信息管理系统,但是部分系统还缺少与设计、工时等信息系统的有效集成。

任务包和派工单包含的信息十分多,涉及任务、计划、物量、工期等很多方面的因素,国内船舶建造企业较为注重任务包的任务,从而往往会忽视其他内容,而且在任务包和派工单的管理中,很少针对任务包和派工单对工时进行预测,也很少针对设备负荷、物料需求、人力负荷等关键问题进行分析和规划。因此,生产作业计划难以得到有效安排,同时也很难实现对项目预算、物料配送、计划编制和生产进度的有效控制,因此没有真正将船舶建造工程分解下的任务包和派工单应有的作用发挥出来。

任务包任务的业务流程如图 4-12 所示,整个流程包含 8 个部分,分别为设计、任务划分、任务包、任务包拆分、派工单、派工单投放、派工反馈和统计分析。

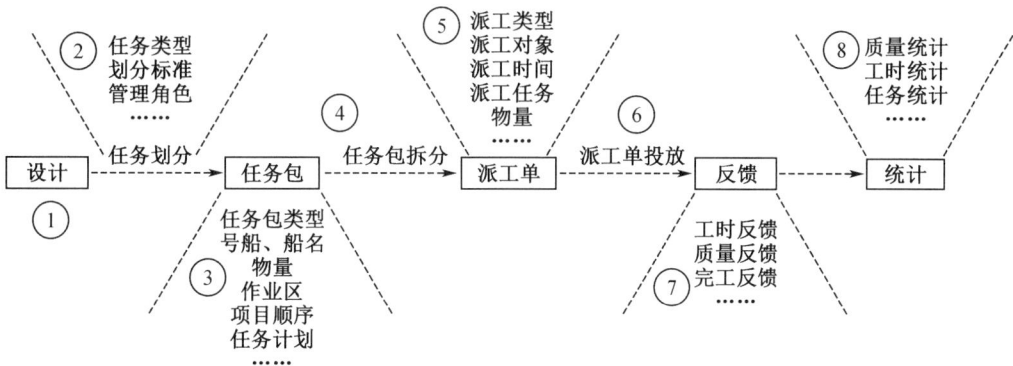

图 4-12　任务包的业务流程

(1)设计

设计环节的主要工作是由技术部门的技术人员根据船舶的设计资料进行修改和重新设计整理以及信息数据管理,并将技术图纸资料等下发到生产管理部门。

(2)任务划分

船舶建造生产主要分为壳、舾、涂三种任务类型,任务划分就是按照现代造船工程分解结构对生产任务进行分类整理。

(3)任务包

任务管理员在任务划分基础上编制任务包,并将任务包中包含的相关信息补充完整,形成完整的任务包。

(4)任务包拆分

任务包拆分是按照工作类型划分的,其目的是将任务包划分成为派工单。

(5)派工单

任务拆分后,派工管理员根据拆分的任务按照先后施工顺序编制派工单,完成派工计划、派工对象、任务、物量等信息,审核完毕后安排施工。

（6）派工单投放

派工单编辑完毕后，下发到生产班组进行施工。

（7）派工反馈

派工反馈主要包括质量反馈、工时反馈等，一般由施工人员或者具体反馈人员进行反馈。

（8）统计分析

管理人员和统计人员根据反馈的数据进行统计分析，辅助管理决策。

任务包外的业务流程如图4-13所示，通常包含有6个部分，分别是任务、任务分类拆分、派工单、派工单投放、派工反馈和统计分析。

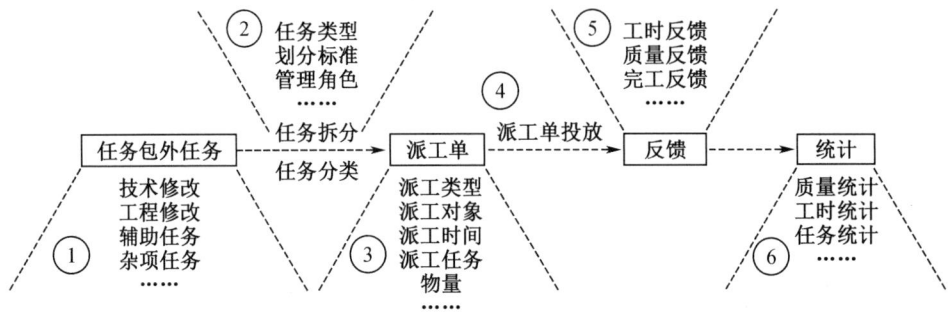

图4-13　任务包外的业务流程

（1）任务

任务包外任务主要是辅助和补充任务包任务，主要包括辅助任务、杂项任务以及技术修改任务和工程修改任务等，这些任务主要来自生产管理部门，技术修改任务来自技术部门，还有一些修改任务来自船东。

（2）任务分类拆分

任务包以外的任务种类繁多，对应的车间、作业区也不同，任务分类是将不同类型的任务进行分类，然后由生产管理部门进行各类任务的拆分形成派工单。

（3）派工单

任务包外任务派工单的主要形式与任务包任务基本相同，只是在派工任务模块有所不同。

（4）派工单投放

派工单编辑完毕后，下发到生产班组进行施工。

（5）派工反馈

派工反馈主要包括质量反馈、工时反馈等，一般由施工人员或者具体反馈人员进行反馈。

（6）统计分析

管理人员和统计人员根据反馈的数据进行统计分析，辅助管理决策。

船舶建造企业精益造船要追求精益求精，从而实现对派工管控的优化，提升派工管控的效率。对于派工而言,要做到精准,即计划准时化,通过精准的理念减少多余的库存,降低资源无益的消耗,缩短无效的作业时间,大力推行准时生产,彻底扭转设计过程、生产过程和管理过程的粗放状态。做到船舶建造过程中的协同负荷平衡,这将会形成一种全过程、全方位、全资源节约的生产方式,对于管理者与生产者的个人素质要求都是较高的。派工在协同负荷平衡中起着关键性的作用,精细化的计划与管理意味着高效合理的生产计划,也决定着船舶建造企业能够按照节拍进行生产。

通过精细化的派工,结合大数据挖掘的算法技术,尤其是以 BP 神经网络算法为代表的算法,建立一套以物量和工时为核心的生产管理体系。传统的派工工作安排大多依靠经验,经验派工依赖过往的经验,虽然也以实际为基础,但是不能进行及时必要的变通,这一派工方式不能精确结构设计变化,设备更新、人员素质变化所带来的影响。通过大数据挖掘技术,从海量历史数据中挖掘物量与工时的关系,此时的物量所对应的工时已经涵盖了设备、人员等状况变动所造成的影响,同时也具有很好的可拓展和可伸缩性,能够很好地应用于基于物量的工时预测之中,通过这一方式寻找物量与工时之间的关系,编制最为合理的工时计划,从而减少等工、设备等待或超时运转等现象的发生,做到多个派工任务的协同负荷平衡。

协同负荷平衡需要各个部门的配合,参与其中的部门包括设计部、生产管理部和各个生产部门。一套业务流程的顺利运行需要每个部门的密切配合,在信息的传递过程中要同时兼顾准确性、有效性和及时性,各个部门需要清晰认识自己的职责与角色。通过信息传递,将前道方案传递给下层,将下层的执行情况及问题反馈给上层,避免信息孤岛现象的发生。

此外,建立合理的考核机制也是派工中协同负荷平衡的重要一环,通过引入各类指标,量化标准,建立评估体系,从而建立完善的派工考核制度,并对派工的有效性进行及时的检查,通过现场抽查与系统反馈,从而更好地起到监督的效果与功用。

任务包的划分是对总的制造量的工作分解,分解的好坏直接决定了生产负荷的合理性与平衡性,因此精细化的任务包划分,同时结合大数据挖掘相关技术,更加有助于船舶建造过程中的生产管控。为了做到协同任务负荷平衡,任务包的划分应该遵循以下几个主要原则:

(1)任务包划分要合理适应船舶建造企业的生产能力,要充分考虑车间内装配设备、切割设备、焊接设备的能力,同时也要考虑各个劳务队的生产能力和综合素质能力;

(2)任务包划分要包含全面的信息,包括基于大数据挖掘技术形成的物量、工时,同时不能缺少信息或者包含有歧义的信息;

(3)任务包划分要精细,将任务下分到作业区、班组以及个人;

(4)任务包的划分要基于大数据挖掘技术,通过之前章节的分析,BP 神经网络算法最为合适,利用这类技术考虑随着时间推移所产生的动态因素变化,合理预估工时,这也是协同负荷平衡的必要前提。

构建工作包、工作指令和派工单的三层任务分派体系,作为最下一级的派工单,是生产任务派工和反馈的重要载体,派工单的详细内容包含派工单编号、任务类型、任务包、派工对象、计划时间、派工任务、工时、质量要求、物量、施工部门、作业区、施工地点、派工管理员、派工时间等信息。

做到派工协同负荷平衡,还需要从以下几个方面进行改进,对派工任务的流程进行改造与重塑。

(1)改变传统人工填写、编辑为主的派工方式,建立标准化、规范化的基础数据、任务包和派工单信息模板等,杜绝派工任务信息不规范、内容重复、交叉和遗漏现象的发生;

(2)任务派工是船舶生产管理的主要对象,其所对应的工期、计划、人员等都是生产管理的主要内容,任务派工中包含的这些信息主要集中在任务包和派工单中,针对其关键节点进行监控,从而保证信息来源的准确与可靠;

(3)任务派工与设计、工时、计划、物资、人员等都有关联,任务派工从设计、工时、计划、人力等系统获取相关的信息,在以整个船舶生产为总体目标的集成环境下,任务派工要为自身管理获取信息建立集成条件;

(4)反馈和统计在传统的纸质派工中会耗费大量的时间和资源,并且很难保证反馈的准确性。反馈与统计工作十分重要,是任务派工进行事后管理的主要依据,也是大数据挖掘算法挖掘隐含模式和信息的主要依据。

4.3.2 管子生产过程场景概况

船舶管件内场加工以分箱为单位根据分箱的制造计划进行派工,由于每个分箱包含的管子数量、类型都是不同的,如果加工顺序和节拍安排不当,会导致某些设备(弯管机、焊接设备、平台)负荷过高,出现生产瓶颈,导致总的加工时间加长,降低了生产效率。因此有必要对分箱的派工计划进行优化调整。本节以管子生产派工的计划作为切入点,在分析流程、建立管子制造模型的基础上,通过"基于瓶颈的 LPT 启发式算法"对管子车间生产派工计划进行调度优化,解决负荷平衡问题。

管子生产过程管理具有以下几个方面的特点:一方面管子分厂加工的管子具有复杂性和特殊性,以生产一艘万吨级的民用船舶为例,所需管子数量多达上万根。而且在上万根管子中,很难找到材质、形状完全一样的管子,因此这就对合理地安排管子在多道工序上的加工,保证车间生产物流的顺畅,提出了很高的要求。另一方面管子的制造过程是一个多工序的加工过程,将原材料管材按图纸要求制造成为满足船舶管路系统安装要求的管子零件。

管子分厂的生产物流呈现出以下几方面的特点:品种多样、加工复杂、数量多。管子制造业务流程图如图 4-14 所示。其主要业务流程描述如下:

备料——根据一艘船或一个制造阶段的任务,把所需的管材、法兰、弯头、管接头、三通件等分别存放在不同的制造工位上;

号料切割(下料)——把原材料管材按需求进行划线、套料切割,提供主管和支管以及马鞍切割、开孔等;

管件装配(校管)——将法兰、套管、弯头、三通等装到已经切割的管子、支管和总管定位和短管拼接等;

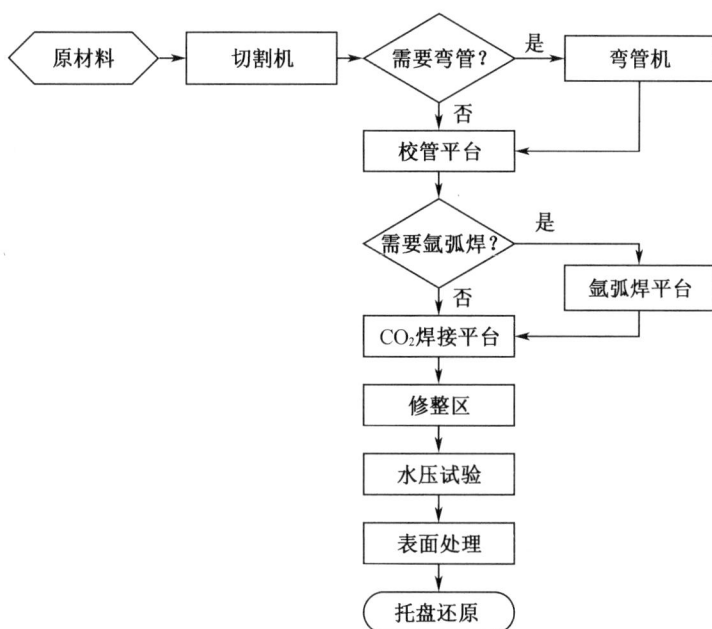

图 4-14　管子制造业务流程图

管子弯曲——弯管可分为冷弯和热弯,冷弯还可分为有芯和无芯弯曲;从工艺方法来区分还可分为先焊(法兰)后弯(管子)和先弯后焊;

连接——将已经装配完毕的管子组合件用焊接、铜焊或化学粘接方法进行连接,特殊部位需应用机械连接方法;

修整——将连接好的管子进行表面光洁处理和初步检验,即对连接时出现的焊缝表面不光洁情况进行打磨,并对肉眼可探测到的焊缝缺陷等进行修补;

试验和涂装(试验和表面处理)——上船安装前的管子需进行密性试验,涂装包括酸洗、镀塑、镀锌、涂漆等;

托盘集配——按安装材料清单对所有管件(包括电气管路)进行分类,把不同阶段或不同区域安装的管件集配在不同的托盘内。

4.3.3　建立管子制造模型

首先,按照管子制造的工艺流程,将管子加工的过程分成以下几个环节:下料、弯管、校管、连接、修整、水压试验、表面处理、托盘还原等。针对这些环节建立模型中的模块,并定义这些模块的输入、输出接口及相应的控制机制。然后,针对每一个具体模块中所涉及的参数进行处理,如其内所设工位的数量,不同工位所能处理任务的范围等,以及相关的管理、控制策略,从而搭建出每个模块内部的底层模型,进而完成整个数据模型的建立。我们将各条生产线分开建模,建立了大线、中线、小线、有色金属线,四条生产线独立调用各自生产线的生产工件信息生产加工,分别得到各自的最终结果。

管子制造模型的示意图如图 4-15 所示。

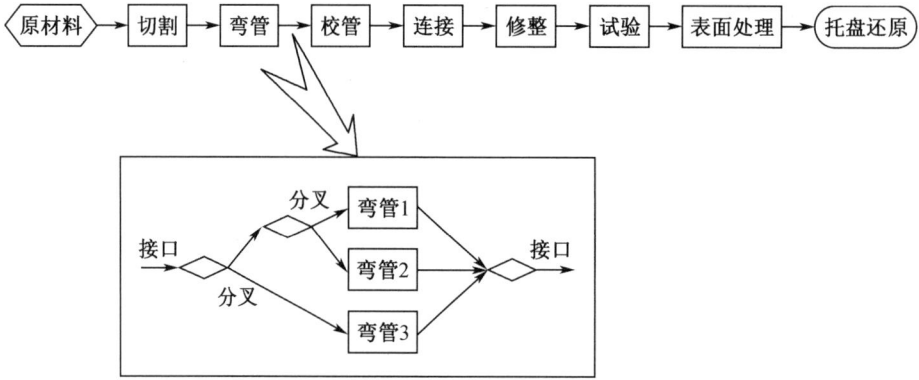

图 4-15 管子制造模型的示意图

通过管子制造的模型可以做出以下输出：

(1) 设备利用率；

(3) 每箱管子的完成时间；

(4) 每批管子的完成时间；

(5) 各箱管子所经过的设备情况记录、加工过程信息记录表；

(6) 其他一些需要的信息，如用优化算法进行排产后的总完工时间。

4.3.4 管子制造模型优化排序

根据已经建立的管子制造模型，希望能够通过优化算法，提高生产线的加工效率，使得该生产线对于一批生产任务的加工能够尽量缩短总完工时间，使总完工时间最短。很多研究工作者对此进行研究，也有很多算法诸如禁忌搜索、模拟退火、遗传算法等，但是这些算法较为复杂，计算量较大，分支定界算法只能解决小规模工件调度问题，不适宜大规模的生产调度。在本章中，我们采用了一种较为简便且实用的"基于瓶颈的 LPT 启发式算法"对原生产任务进行优化调度，计算结果证明通过特定优化排序后，一批工件总完工时间明显缩短。

基于瓶颈的 LPT 启发式算法的调度机理：本算法主要包括瓶颈处理机中心的调度，瓶颈上游处理机中心的调度以及下游处理机中心的调度三部分，从已确定出的制造系统的瓶颈出发，对瓶颈工序进行最优化调度，得到针对瓶颈处理机中心的加工序列，并以此为目标约束逆向反求上游各阶段的作业序列，以最短时间表长为目标函数优化下游各阶段的作业序列。

4.3.5 管子制造模型优化排序实验阶段

1. 数据来源

实验数据取自管子分厂。管子分厂将部分管子的工时、工艺经过系统运算后保留在生产数据库中,从中抽取一部分数据开展实验。

2. 分箱加工时间统计表

分箱加工时间统计表(图 4-16)中包括了每个分箱在各台设备上的加工时间信息,何时一道工序开始加工,何时一道工序完工,分箱在两工序之间的堵塞等待时间,分箱在加工过程中经历的加工设备的名称等信息都可以由这张统计表读出。

工程编号	分箱号	Cutter1	开始切割时间	完成切割时间	切割时间	弯管机	进入弯管队列	开始弯管时间	完成弯管时间	弯管工时	堵塞时间	校管平台	进入校管队列
H1308A	L2337	Cutter1	20:00.0	45:48.0	25:48.0	BendPipe34_2	45:48.1	10:00.0	22:36.0	12:36.0	24:11.9	Assemble_3	22:36.5
H1308A	L2338	Cutter2	20:00.0	01:24.0	41:24.0							Assemble_1	01:24.1
H1308A	L2339	Cutter1	45:48.0	00:12.0	14:24.0	BendPipe34_1	00:12.1	10:00.0	55:36.0	45:36.0	09:47.9	Assemble_6	55:36.5
H1308A	L2340	Cutter2	01:24.0	15:48.0	14:24.0	BendPipe48_2	15:48.1	22:36.0	23:24.0	23:24.0	06:47.9	Assemble_4	46:00.5
H1308A	L2341	Cutter1	00:12.0	12:12.0	12:00.0	BendPipe48_1	12:12.1	10:00.0	50:12.0	40:12.0	57:47.9	Assemble_2	50:12.5
H1308A	L2342	Cutter2	15:48.0	10:24.0	54:36.0	BendPipe34_2	10:24.1	46:00.0	19:00.0	33:00.0	35:35.9	Assemble_5	19:00.5
H1308A	L2343	Cutter1	10:24.0	02:00.0	51:36.0	BendPipe34_2	02:00.1	19:00.0	06:12.0	06:12.0	16:59.9	Assemble_11	25:12.5
H1308A	L2344	Cutter1	12:12.0	58:24.0	46:12.0	BendPipe34_1	58:24.1	20:48.0	32:48.0	12:00.0	22:23.9	Assemble_9	32:48.5
H1308A	L2345	Cutter2	02:00.0	25:24.0	23:24.0	BendPipe34_2	25:24.1	55:36.0	14:12.0	18:36.0	30:11.9	Assemble_7	14:12.5
H1308A	L2346	Cutter1	25:24.0	48:48.0	23:24.0	BendPipe34_1	48:48.1	14:12.0	20:48.0	06:36.0	25:23.9	Assemble_8	20:48.5
H1308A	L2347	Cutter2	48:48.0	34:24.0	45:36.0	BendPipe34_1	34:24.1	34:24.1	47:12.1	12:48.0	0	Assemble_3	47:12.6
H1308A	L2348	Cutter1	58:24.0	23:36.0	23:36.0							Assemble_10	22:00.1
H1308A	L2349	Cutter2	34:24.0	41:12.0	06:48.0	BendPipe34_2	41:12.1	25:12.0	40:48.0	15:36.0	43:59.9	Assemble_4	40:48.5
H1308A	L2350	Cutter1	22:00.0	34:00.0	12:00.0	BendPipe48_2	34:00.1	34:00.1	1:07:53:12.1	58:48.0	0	Assemble_2	1:07:53:12.6
H1308A	L2351	Cutter2	24:00.0	41:12.0	00:00.0	BendPipe48_2	41:12.1	41:12.1	1:10:40:00.1	58:48.0	0	Assemble_2	1:10:40:00.(
H1308A	L2352	Cutter1	34:00.0	1:02:44:00.	10:00.0	BendPipe60	1:02:44:00.	1:07:10:00.	1:07:24:24.0	14:24.0	25:59.9	Assemble_1	1:07:24:24.(
H1308A	L2353	Cutter2	41:12.0	1:02:51:12.	10:00.0	BendPipe60	1:02:51:12.	1:07:24:24.	1:10:19:00.0	54:36.0	33:11.9	Assemble_2	1:10:19:00.(
H1308A	L2354	Cutter1	1:02:44:00.1	1:04:20:00.	36:00.0							Assemble_8	1:04:20:00.(
H1308A	L2200	Cutter2	1:02:51:12.0	1:03:18:12.	27:00.0	BendPipe34_2	1:03:18:12.	1:07:10:00.	1:07:22:00.0	12:00.0	51:47.9	Assemble_10	1:07:22:00.(
H1308A	L2201	Cutter1	1:03:18:12.0	1:03:27:48.	09:36.0							Assemble_1	1:03:27:48.(
H1308A	L2202	Cutter1	1:03:27:48.0	1:03:51:48.	24:00.0							Assemble_5	1:03:51:48.(
H1308A	L2203	Cutter1	1:03:51:48.0	1:04:03:48.	12:00.0							Assemble_10	1:04:03:48.(
H1308A	L2000	Cutter2	1:04:03:48.0	1:08:03:48.	00:00.0	BendPipe48_1	1:08:03:48.	1:08:35:48.	1:12:39:36.1	03:48.0	32:00.0	Assemble_6	1:12:39:36.(
H1308A	L2001	Cutter1	1:04:20:00.0	1:06:44:00.	24:00.0	BendPipe34_1	1:06:44:00.	1:07:10:00.	1:08:46:36.0	36:36.0	25:59.9	Assemble_7	1:08:46:36.(
H1308A	L2002	Cutter2	1:06:44:00.0	1:07:20:00.	36:00.0	BendPipe48_1	1:07:20:00.	1:07:53:12.	1:08:11:12.0	33:12.0	30:48.0	Assemble_4	1:08:11:12.(
H1308A	L2198	Cutter1	1:07:20:00.0	1:07:53:36.	33:36.0	BendPipe48_1	1:07:53:36.	1:08:11:12.	1:08:35:48.1	24:36.0	17:36.0	Assemble_8	1:08:35:48.(
H1308A	L2199	Cutter2	1:07:53:36.0	1:08:09:12.	15:36.0	BendPipe34_2	1:08:09:12.	1:08:12:12.	1:08:21:48.1	18:36.0	0	Assemble_5	1:08:21:48.(
H1308A	L1991	Cutter2	1:08:03:48.0	1:10:00:48.	57:00.0	BendPipe34_2	1:10:00:48.	1:10:00:48.	1:12:34:36.1	33:48.0	0	Assemble_5	1:12:34:36.(
H1308A	L1992	Cutter1	1:08:09:12.0	1:08:40:24.	31:12.0	BendPipe34_2	1:08:40:24.	1:08:40:24.	1:08:59:00.1	18:36.0	0	Assemble_9	1:08:59:00.(
H1308A	L1993	Cutter1	1:08:40:24.0	1:09:03:48.	23:24.0	BendPipe34_1	1:09:03:48.	1:09:03:48.	1:09:16:24.1	12:36.0	0	Assemble_10	1:09:16:24.(
H1308A	L1994	Cutter1	1:09:03:48.0	1:10:59:00.	55:12.0	BendPipe34_1	1:10:59:00.	1:10:59:00.	1:14:13:36.1	14:36.0	0	Assemble_7	1:14:13:36.(

图 4-16 工件、设备明细表

3. 关键工艺的设备忙闲程度图

在本模型中可以通过点看 chart 图表显示各设备实时工作效率情况,如图 4-17、图 4-18、图 4-19、图 4-20、图 4-21 所示。

4. 利用优化算法规划后的效果结果对比

使用"基于瓶颈的 LPT 启发式算法"对车间生产进行调度优化,实现了设备的负荷均衡,调度优化后的结果与原先结果进行对比,第一批工件(0001)数据如表 4-3 所示,小线生产周期从 25 d 10 h 降低为 22 d 10 h,生产周期缩短 12%;中线生产周期从 27 d 7 h 降低为 26 d 9 h,生产周期缩短 2.8%;大线生产周期从 32 d 10 h 降低为 28 d 13 h,生产周期缩短 12%。

表 4-3 第一批工件(0001)调度优化后效果对比表

小线		中线		大线	
原生产时间	算法改进后	原生产时间	算法改进后	原生产时间	算法改进后
25 d10 h	22 d10 h	27 d7 h	26 d9 h	32 d10 h	28 d13 h

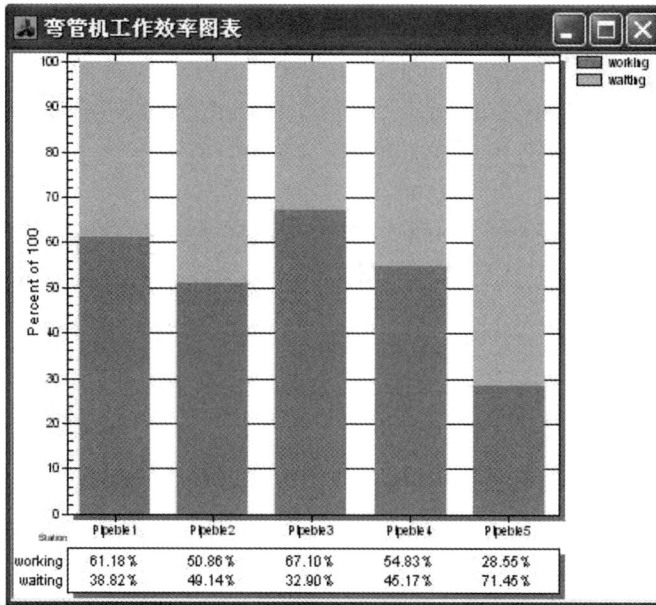

图4-17　小线五台弯管机的实时工作效率

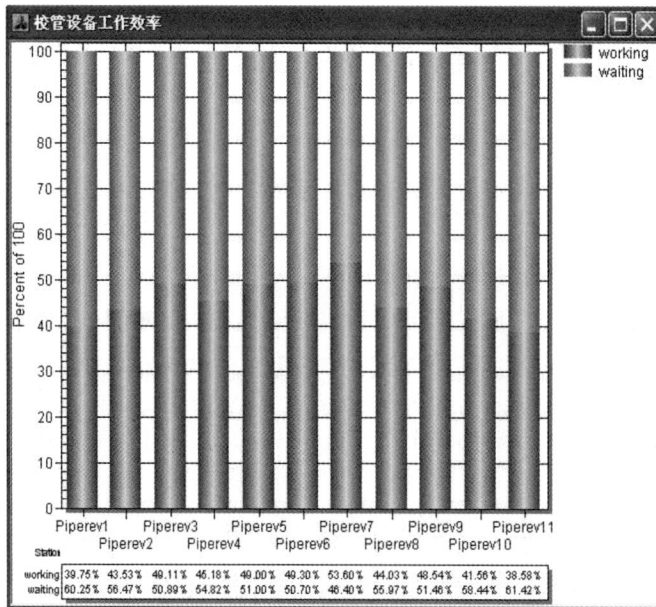

图4-18　小线七台二氧化碳焊机实时工作效率

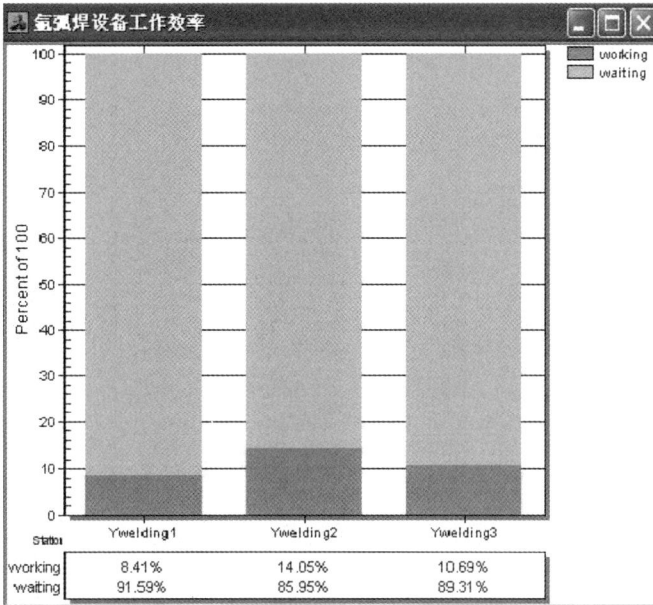

图 4-19 小线 3 台氩弧焊设备实时工作效率

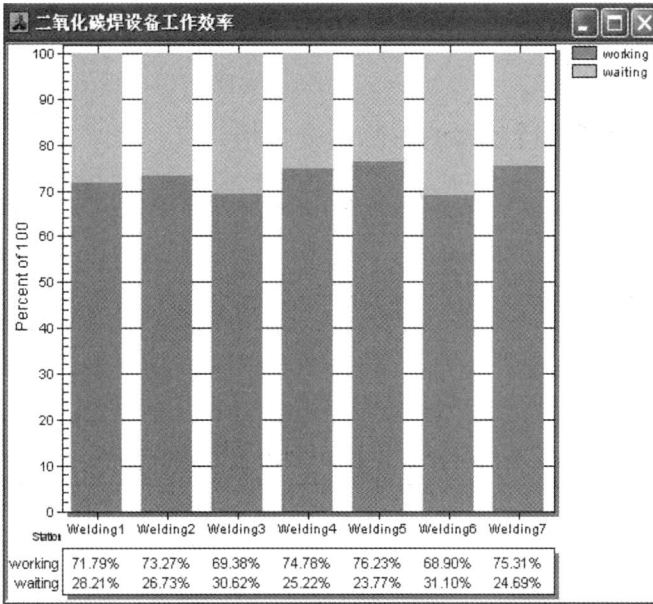

图 4-20 小线 7 台二氧化碳焊机实时工作效率

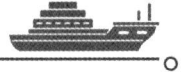

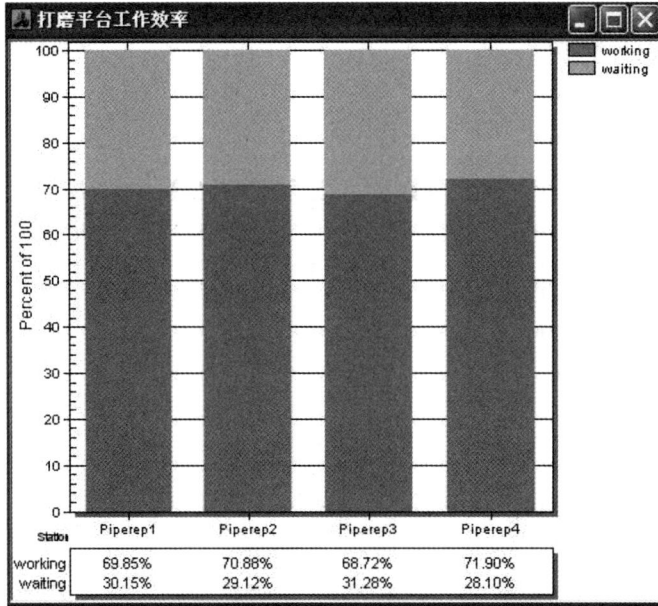

图 4-21　小线 4 个打磨平台实时工作效率

4.4　派工计划执行效率影响因素分析

4.4.1　派工计划执行效率的影响因素分析

影响国内造船企业生产效率的因素较多,且不同企业情况不同,影响执行效率的因素也有所不同,采取的措施也各不相同。为了找到有效的途径去分析、提高造船生产效率,通过工时分析对国内某先进船厂的剖析,来寻找答案。

以国内某先进船厂某年号船作为分析对象。其总工时投入约为 1 127 万 h,各类工时详细比例见表 4-4。

表 4-4　国内某先进船厂某年号船工时分类比例

正常工时/万 h	误工工时/万 h						等工工时/万 h						增加工时/万 h	号船工时/万 h
固有作业	设计误作	物资误作	相关部门误作	内部误作	船东要求	小计	安全事故等工	物资等工	天气原因等工	前道工程等工	设备故障等工	小计	人员原因	合计
1044	42	1.2	17.4	0.5	1.6	62.7	0.3	3.6	0.4	15.8	0.25	20.35	56.6	1 127
92.63%	3.73%	0.11%	1.54%	0.04%	0.14%	5.56%	0.03%	0.32%	0.04%	1.40%	0.02%	1.81%	5.02%	100.00%

根据上表的工时数据,可以找到影响执行效率的因素及其权重(见图4-22)。

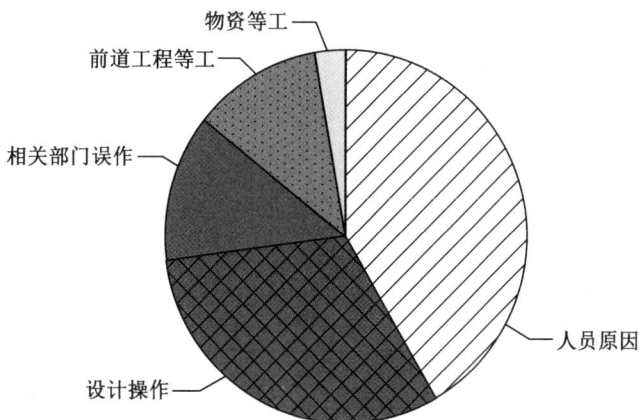

图4-22　影响执行效率的因素及其权重

图中,人员原因是指员工流失,新进员工技能等级不高等原因,增加投入工时量为56.6万 h,约占整船的5.02%。设计误作,是指因为各种原因形成的设计修改,增加了投入工时量42万 h,占3.73%。相关部门误作,是指中间产品完整性不够,增加了投入工时量17.4万 h,占1.54%。前道工程等工,是指由于前道作业不能按照计划完成相关作业,增加了投入工时量15.8万 h,占1.40%。物资等工,是指由于物资缺乏或者脱期,未及时准备到位,增加了投入工时量3.6万 h,占比0.32%。

为了进一步提升派工计划执行效率,结合船企的实际情况,从人、机、料、法、环等方面对影响派工计划执行效率的各种因素进行深入分析,提出一些改进意见。

1. 人方面的影响因素

员工的技能和素质是影响派工计划执行效率的因素。因此要搭建员工技能提升平台,不断地对员工进行培训,提高员工的技能和素质。提倡岗位合并,培训复合技能人才,提高用工效率。建立合理的考核激励制度,提高员工的工作积极性和人员的稳定性。

2. 机方面的影响因素

设备、工具的先进性和可靠性是影响派工计划执行效率的因素。生产中设备、工具性能的好坏会影响工作效率,因此要提高设备的自动化、智能化水平。生产中设备、工具是否正常运作,发生设备故障将导致等工,因此要做好机器设备的管理工作。

机器设备的管理工作包括三个方面,即使用、点检、保养。使用即根据机器设备的性能及操作要求来培养操作者,使其能够正确操作使用设备进行生产,这是设备管理最基础的内容。点检指使用前后根据一定标准对设备进行状态及性能的确认,及早发现设备异常,防止设备非预期的使用,这是设备管理的关键。保养指根据设备特性,按照一定时间间隔对设备进行检修、清洁、上油等,防止设备劣化,延长设备的使用寿命,是设备管理的重要部分。

3. 料方面的影响因素

物料的准备和及时配送是影响派工计划执行效率的因素。把正确的物料及时地配送

到位,既不提前,又不延迟,避免因物资问题导致的等工,提高派工计划的执行效率。因此要做好物料的管理工作。

物料的管理工作包括库存管理、物料的设计变更、物料的不良处理、物料的目视管理等。库存管理包括物料的包装、物料的搬运、物料的识别、物料的保管(仓库管理)、物料的领取使用等等;物料的设计变更是指设计变更指由于设计、生产、品质使用等因素对产品发生规格、型号、物料、颜色、功能等的变更;物料不良的处理包含不良相关信息的收集、保存,不合格品的区分,不合格品的处理,不良品的再次确认等等。物料的目视管理,是指在日常工作中,需要对消耗品、物料、在制品、完成品等各种各样的物料进行管理。"什么物料、在哪里、有多少"及"必要的时候、必要的物料、无论何时都能快速地取出放入"成为物料管理的目标。目视管理能有效防止许多"人的失误"的产生,从而减少品质问题发生。

4.法方面的影响因素

生产方法和生产管理水平是影响派工计划执行效率的因素。

合理的生产方法是指优化工艺流程、压缩辅助作业工时,尽量减少集配整理时间;大力推进新工艺、新工法,大量采用新型工装。

精益的生产管理可减少和消除作业中非增值环节,实现分时分道的节拍生产。通过对生产任务进行有效的排序和场地资源的合理配置,实现人员负荷、设备负荷、场地负荷的平衡。设备负荷不均衡,会导致个别设备负荷太高或者闲置。场地配置不合理,会导致个别场地阻塞或闲置。场地调度不合理,会导致分段平均移运次数增多,增加无效工时。

5.环方面的影响因素

生产环境也是影响派工计划执行效率的因素。不良的天气条件可能导致等工;环境温度、湿度不达标,可能导致增加工时;不安全的作业环境可能导致事故的发生,造成等工。因此要改善员工的作业环境和作业难度,提高员工安全和职业健康的保障力度。

6.其他方面的影响因素

设计要加强前期策划,增强设计与现场的贴合度,为生产提供高质量的图纸。如果图纸存在质量问题,会产生返工和误工,影响派工计划执行效率。

前道作业未及时完成以及前道作业完整性不够或质量不佳,会导致后道作业额外工时的增加。

4.5 本章小结

4.5.1 派工物量预测工时的结论

本节基于一批船体结构组立阶段的某一焊接类型的派工记录数据,通过使用大数据技术进行分析,找出了影响焊接工时的关键因素,建立了焊接派工工时的预测数学模型:

$$焊接派工工时 = 单位焊缝长度工时 \times 焊缝长度。$$

对于角接对接接头焊接形式 butt,单位焊缝长度工时的关键影响因素是板厚,建立的线性回归公式是:

$$单位焊缝长度工时=0.01×板厚+0.262$$

对于角接接头焊接形式 fillet,单位焊缝长度工时的关键影响因素是焊脚高度,建立的线性回归公式是:

$$单位焊缝长度工时=0.014×焊脚高度+0.263$$

本节针对以上两种接头形式的数据,还建立了基于神经网络算法的数学模型,单位焊缝长度工时的关键影响因素是接头形式和板厚。

采用以上三种算法对焊接作业中的角接接头焊接 fillet 和对接接头焊接 butt 的焊接工时进行预测,平均相对误差分别为 1.68%、1.10% 和 3.73%,均取得了良好的效果,为准确预测派工工时、合理制定派工计划打下了扎实基础。

4.5.2　多任务协同负荷平衡调度结论

船舶管件内场加工以分箱为单位根据分箱的制造计划进行派工,派工计划(加工顺序和节拍)安排不当,可能导致某些设备(弯管机、焊接设、平台)负荷过高,出现生产瓶颈等问题,需对派工计划进行优化调整。

在分析流程、建立管子制造模型的基础上,采用多种方法进行优化计算,其中基于瓶颈的 LPT 启发式算法效果显著。通过对某一阶段的一个批次的分箱计划进行优化调整,实现了设备的负荷均衡,小线生产周期从 25 d 10 h 降低为 22 d 10 h,生产周期缩短 12%;中线生产周期从 27 d 7 h 降低为 26 d 9 h,生产周期缩短 2.8%;大线生产周期从 32 d 10 h 降低为 28 d 13 h,生产周期缩短 12%。

4.5.3　派工计划执行效率影响因素结论

影响造船企业生产效率的因素较多,依据国内某先进船厂积累的某号船工时统计数据,总工时投入约为 1 127 万 h。其中,人员原因导致的工时增加约占整船的 5.02%,设计误作导致的工时增加占 3.73%,相关部门误作导致的工时增加占 1.54%。前道工程原因导致的等工占 1.40%。物资原因导致的等工占比 0.32%。本章从人、机、料、法、环等方面对影响派工计划执行效率的各种因素进行了深入的分析,提了一些改进意见。

第5章 基于大数据的中间产品物流分析与智能优化应用

5.1 概 述

本章基于国内某大型造船企业某型船建造流程中的分段物流运输日志,该造船企业造船完工量、新接订单量常年位于国内前列。目前,该企业已具备一套分段物流管控系统,但是因为各种原因,目前该系统并没有达到预期的效果,该系统还存在不少问题,因此在实际执行分段运输任务时,还是更多地依靠人工计划安排,因此实际分段运输中还是会存在不少问题。

本章将分为4个主要步骤,即数据预处理、层次聚类分析、关联规则分析和得到过程模型,主要流程如图5-1所示。

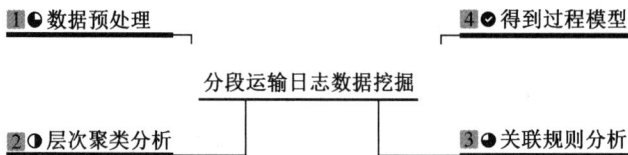

图 5-1 本章分析流程

1. 数据预处理

根据该造船企业所提供的分段运输日志,检查数据质量,基于数据质量分析结果,选择合适的目标船只,对该船只所有分段的运输日志进行数据预处理工作,包括数据清洗、数据集成、数据变换等。数据清洗包括缺失值处理和异常值处理;数据集成包括实体识别、冗余属性识别;数据变换包括数据规范化等工作。

2. 层次聚类分析

针对筛选出的目标船只,经过对其分段运输日志的数据预处理后,考虑到船舶分段的数量较多,每个分段的运输链路具有各自的特征,所经历的运输工序也不尽相同,如果将所有分段划分为一组得到一个过程模型(运输链路模型),显然是不合理的。故先采取数据挖掘方法之一的层次聚类分析算法,根据分段的运输日志数据相似度进行聚类,为后续关联规则分析提供基础。

3. 关联规则分析

在层次聚类分析的基础上,根据其所聚类出的分段运输链路组,针对每一组开展数据挖掘方法之一的关联规则分析,设置最小支持度阈值,找出存在于事务数据集中的频繁项集,利用得到的频繁项集与最小置信度阈值生成强关联规则;根据关联规则分析结果,基于定向图,绘制目标船只分段运输链路过程模型,直观体现实际的分段运输链路,找出船舶建造过程中分段制作运输的瓶颈工序,为改善分段运输计划和制造场地条件提供参考。

4. 得到过程模型

根据关联规则分析后所得到的强规则绘制过程模型,从而发现隐藏在实际分段运输链路中的知识,直观体现出实际分段运输链路中的瓶颈工序,以此为依据提出建设性的建议,从而为该企业针对分段运输环节进行改进提供参考。

5.2　数据预处理

5.2.1　目标船只筛选

该造船企业所提供的分段运输日志原始数据以 Excel 表格的形式按照月份存储,涵盖了 2016 年 1 月至 2017 年 11 月近两年时间内的分段运输日志,每一条分段运输日志包含时间、班次、车号、船号、分段号、运输起始地、运输目的地、调用部门等信息。数据日志表格和初始数据部分内容如图 5-2 所示。

2016.01	Microsoft Excel ...	3,625 KB
2016.02	Microsoft Excel ...	1,006 KB
2016.03	Microsoft Excel ...	1,330 KB
2016.04	Microsoft Excel ...	1,297 KB
2016.05	Microsoft Excel ...	1,230 KB
2016.06	Microsoft Excel ...	1,228 KB
2016.07	Microsoft Excel ...	1,176 KB
2016.08	Microsoft Excel ...	1,141 KB
2016.09	Microsoft Excel ...	1,100 KB
2016.10	Microsoft Excel ...	1,222 KB
2016.11	Microsoft Excel ...	1,146 KB
2016.12	Microsoft Excel ...	1,497 KB
2017.01	Microsoft Excel ...	758 KB
2017.02	Microsoft Excel ...	910 KB
2017.03	Microsoft Excel ...	796 KB
2017.04	Microsoft Excel ...	793 KB
2017.05	Microsoft Excel ...	862 KB
2017.06	Microsoft Excel ...	1,159 KB
2017.07	Microsoft Excel ...	870 KB
2017.08	Microsoft Excel ...	794 KB
2017.09	Microsoft Excel ...	883 KB
2017.10	Microsoft Excel ...	834 KB
2017.11	Microsoft Excel ...	3,543 KB

图 5-2　数据日志表格和初始数据部分内容

日期	班次	车号	船号	分段号	起始地	目的地	部门
12月26日	白班	P3(250T)		板P	平直中门	0号平台	组立部
12月26日	白班	P3(250T)		横梁P	0号平台	平直中门	组立部
12月26日	白班	P3(250T)		板P	平直中门	0号平台	组立部
12月26日	白班	P3(250T)		横梁P	0号平台	平直中门	组立部
12月26日	白班	P3(250T)	303	162/171	经三路	移位	组立部
12月26日	白班	P3(250T)	342	832	经三路	移位	组立部
12月26日	白班	P3(250T)	342	822	经三路	移位	组立部
12月26日	白班	P3(250T)	327	152	经三路	墩子移位	组立部
12月26日	白班	P3(250T)	357	142/152	涂装A2跨	涂装广场	搭载部
12月26日	白班	P3(250T)	342	474	1号平台	墩子移位	搭载部
12月26日	白班	P3(250T)	327	102	涂装广场	涂装D5跨	涂装部
12月26日	白班	P3(250T)	342	811	纬七路	涂装广场	搭载部
12月26日	白班	P3(250T)	326	舵叶	1号平台	转向	搭载部
12月26日	白班	P3(250T)	342	181	1号平台	转向	搭载部
12月26日	白班	P3(250T)	342	191	1号平台	转向	搭载部
12月26日	白班	P3(250T)		钢平台P	4号平台	5号平台	搭载部
12月26日	白班	P5(90T)		小车P	涂装广场	移位	组立部
12月26日	白班	P5(90T)		小车P	0号平台	平直中门	组立部
12月26日	白班	P5(90T)		小车P	经三路	移位	组立部
12月26日	白班	P5(90T)		小车P	经三路	8号平台	组立部
12月26日	白班	P5(90T)		小车P	纬三路	8号平台	组立部
12月26日	白班	P5(90T)		小车P	8号平台	移位	组立部
12月26日	白班	P5(90T)		小车P	8号平台	移位	组立部
12月26日	白班	P5(90T)		小车P	0号平台	10号平台	组立部
12月26日	白班	P5(90T)		小车P	0号平台	经四路	组立部
12月26日	白班	P10(425T)		板P	涂装广场	经五路	涂装部

图 5-2(续)

在 2016 年 1 月至 2017 年 11 月这一周期之内，该造船企业所涉及的建造船只数量多达几十艘，如何合理地选择目标船只极为重要，一个好的数据样本不仅意味着可以减少数据预处理的工作量，也可以大大提高数据分析与挖掘的质量。故根据所提供日志数据的特点和该船舶制造业特点，拟定如图 5-3 所示的目标船只筛选步骤。在经过这一系列筛选步骤后，得到理想的目标船只。

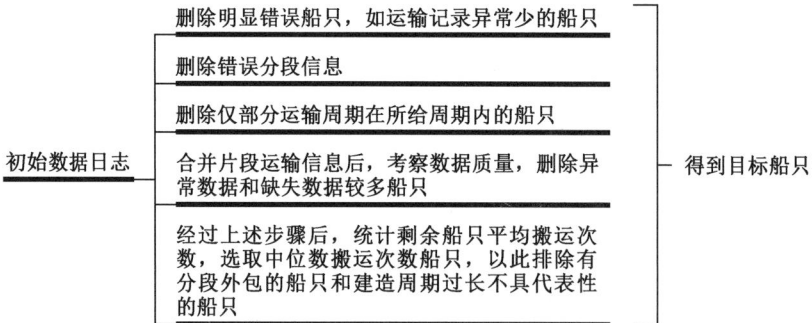

图 5-3 目标船只筛选步骤

5.2.2 目标船只分段运输日志数据预处理

根据数据预处理的目标要求，结合本次数据挖掘的目的以及数据样本的特点，运用合适的方式处理异常值、缺失值，进行实体识别和冗余属性识别。该造船企业所提供的分段运输日志数据，是由人工统计和记录的方式所取得，所以即使是经过如图 5-3 所示的几个步骤筛选后得到数据较好、较完整的目标船只，该船只的数据还是存在大量的问题。主要问题集中在以下几点：

（1）存在数据缺失问题，例如相邻两条记录的目的地与起始地不一致，这是较为明显的数据缺失，或是冲砂之后，缺少了喷漆工序的运输日志等；

（2）存在一定数量的数据异常问题，例如一个分段仅仅对应两条至三条搬运记录，或是日期出现较大跳跃或是缺少首尾工序等；

（3）所提供的分段运输日志数据主要作为相关工作人员的绩效考核参考，故每条运输记录仅仅关注起始地和目的地，但是本次数据挖掘所关心的是每一次运输的目的是什么，故需要通过每一条工序的起始地和目的地准确判断并补全每次运输的目的。

预处理之前数据日志表格的记录是以起始地（某号平台）到目的地（某号平台）的形式存在，经过前往该造船企业反复调研，最终确定了各个场地的主要功能，并记录说明如下：

（1）1 号平台至 4 号平台属于搭载部；组立部外场制作平台有 0、8、10 三个平台，0 号平台、10 号平台、8 号平台、6 号平台有脱胎；

（2）5、6、9、9B 号平台属于堆场，0 号平台有块区域也可用作堆场，8、10 号平台某些情况下也可用作堆场，所有道路属于堆场；

（3）B1、D1、E1、A2、B2、C2、D2 跨冲砂；剩下喷漆；涂装广场与 7 号平台属于涂装部；

（4）冲砂前周转、喷涂前周转、喷涂后周转是该企业信息部定义的工艺过程，但其与进入堆场堆放没有区别，可以被堆场堆放所替代；

（5）一般情况下是一次冲砂打磨和一次喷漆，这些工艺如果出现多次，说明没能一次性完成任务，比如喷漆不到位，需要补漆；

（6）0 号平台风雨棚、5 号平台风雨棚进行预舾装作业，但是涂装作业后进入风雨棚是为了躲雨，因为刚喷完漆，属于堆场堆放；

（7）预舾装作业一般情况下是一次，出现多次是因为进入风雨棚等待预舾装时，遇到任务更紧急的分段要预舾装，只能移位，或者是有些预舾装后的分段要出来，也只能移位；

（8）组装中移位、预舾装中移位、堆场内移位、涂装广场内移位是无效运输，是为了让其他分段所产生的搬运；

（9）堆场堆放−堆场堆放这样的工艺流向，可以算是一种分段的周转，但是也属于无意义的搬运；

（10）总组是最后一道工艺，但是有些分段进入总组后又出来了，这可能是有些前道工序需要重做，也有可能是调度出现了问题，还没到该分段进行总组。

通过合理利用相关数据预处理方法，经过异常值、缺失值处理、实体识别及冗余属性识别后，预处理后的分段运输日志数据如图 5-4 所示。

日期	分段号	起始地	目的地	部门	工艺流向	起始地工艺	目的地工艺
3月15日	102	曲面49米胎	0号平台	组立部	组装-堆场堆放	组装	堆场堆放
3月16日	102	0号平台	5号平台风雨棚	组立部	堆场堆放-预舾装	堆场堆放	预舾装
3月29日	102	5号平台风雨棚	0号平台	组立部	预舾装-堆场堆放	预舾装	堆场堆放
4月3日	102	0号平台	移位	组立部	堆场内移位	堆场堆放	堆场堆放
4月19日	102		移位	组立部	堆场内移位	堆场堆放	堆场堆放
4月20日	102	0号平台	涂装B1胎	涂装部	堆场堆放-冲砂打磨	堆场堆放	冲砂打磨
4月21日	102	涂装B1胎	涂装C5胎	涂装部	冲砂打磨-喷漆	冲砂打磨	喷漆
4月30日	102	涂装C5胎	涂装广场	涂装部	喷漆-喷涂后周转	喷漆	涂装广场
5月2日	102	涂装广场	4号平台	总组	喷涂后周转-总组	涂装广场	总组
5月3日	102	4号平台	移位	搭载部	总组-总组	总组	总组
5月17日	102	4号平台	移位	搭载部	总组-总组	总组	总组
5月18日	102	4号平台	移位	搭载部	总组-总组	总组	总组
3月21日	103	8号平台	移位	组立部	组装-堆场堆放	组装	堆场堆放
3月21日	103	8号平台		组立部	堆场堆放-堆场堆放	堆场堆放	堆场堆放
3月23日	103	8号平台	8号平台风雨棚	组立部	堆场堆放-预舾装	堆场堆放	预舾装
4月6日	103	8号平台风雨棚	0号平台	组立部	预舾装-堆场堆放	预舾装	堆场堆放
4月15日	103	0号平台	经三路	组立部	堆场堆放-堆场堆放	堆场堆放	堆场堆放
4月15日	103	经三路		组立部	堆场堆放-冲砂前周转	堆场堆放	堆场堆放
5月3日	103	0号平台	涂装E1胎	涂装部	冲砂前周转-冲砂打磨	堆场堆放	冲砂打磨
5月4日	103	涂装E1胎	涂装A5胎	涂装部	冲砂打磨-喷漆	冲砂打磨	喷漆
5月8日	103	涂装A5胎	涂装广场	涂装部	喷漆-喷涂后周转	喷漆	涂装广场
5月23日	103	涂装广场	4号平台	搭载部	喷底后周转-总组	涂装广场	总组
4月5日	105	曲面42米胎	8号平台	组立部	组装-堆场堆放	组装	堆场堆放
4月7日	105	8号平台	8号平台风雨棚	组立部	堆场堆放-预舾装	堆场堆放	预舾装
4月13日	105	8号平台风雨棚	移位	组立部	预舾装中移位	预舾装	预舾装
4月21日	105	8号平台风雨棚	8号平台风雨棚	组立部	预舾装中移位	预舾装	预舾装
4月22日	105	8号平台风雨棚	纬三路	组立部	预舾装-堆场堆放	预舾装	堆场堆放
4月22日	105	纬三路	8号平台风雨棚	组立部	堆场堆放-预舾装	堆场堆放	预舾装
5月6日	105	8号平台		组立部	预舾装-堆场堆放	预舾装	堆场堆放
5月6日	105	纬三路	8号平台	组立部	堆场堆放-堆场堆放	堆场堆放	堆场堆放
5月9日	105	8号平台	移位	组立部	堆场内移位	堆场堆放	堆场堆放
5月12日	105	涂装B2胎	涂装C5胎	涂装部	堆场堆放-冲砂打磨	冲砂打磨	喷漆
5月15日	105	涂装B2胎	涂装C5胎	涂装部	冲砂打磨-喷漆	冲砂打磨	喷漆
5月18日	105	涂装C5胎	涂装广场	涂装部	喷漆-喷涂后周转	喷漆	涂装广场
5月27日	105	涂装广场	7号平台	搭载部	喷涂后周转-堆场堆放	涂装广场	堆场堆放
5月27日	105	7号平台	移位	搭载部	堆场内移位	堆场堆放	堆场堆放
6月3日	105	7号平台	4号平台	搭载部	堆场堆放-总组	堆场堆放	总组

图 5-4   预处理后运输日志数据

5.3   分段运输链路层次聚类分析

5.3.1   算法

1. 聚类分析方法概述

聚类分析是在没有给定划分类别的情况下,根据数据之间相似度进行样本数据分组的一种方法。聚类模型建立在无类标记数据上,是一种无监督的学习算法。聚类算法中的输入是一组未被标记的样本,聚类根据数据自身的距离或相似度将它们划分为若干组。划分的原则是组内样本最小化而组间距离最大化。同时,聚类分析方法在某种程度上也可以起到排除异常数据的作用,即起到部分数据预处理的功效,这一点也在本章的计算分析中有所体现。

常用的聚类方法包括 K-Means 聚类算法、层次分析方法、基于密度的方法、基于网格的方法、基于模型的方法。其中,应用最为广泛的两种方法是 K-Means 聚类算法和层次分析方法。K-Means 聚类算法属于非层次聚类算法,是十分典型的基于距离的聚类算法,将距离作为相似性的评价准则,认为两个对象的距离越近,其相似度越大。K-Means 聚类算法的典型过程可分为以下五个步骤:

(1)从 N 个样本数据中随机选取 K 个对象作为初始的聚类中心;

(2)分别计算每个样本数据到 K 个聚类中心的距离,将对象分配到距离最近的聚类之中;

(3)待所有对象分配完成后,重新计算 K 个聚类的中心;

(4)与前一次计算得到的 K 个聚类中心比较,如果聚类中心发生变化,则需要转回第(2)步;

(5)当质心不发生变化时,认为结果可行,停止计算并输出聚类结果。

2.层次聚类分析方法

虽然 K-Means 聚类算法是一种较为常用的聚类算法,但是 K 值的选择和初始聚类中心点的选择是一个随机性非常大的步骤,而这一步骤中存在的问题在很多情况下也会影响聚类的效果,层次聚类分析则避免了这些问题。层次聚类就是一层一层地进行聚类,可以由上向下把大的类别分割,叫作分裂法;也可以由下向上对小的类别进行聚合,叫作凝聚法,区别如图 5-5 所示,为这两种方法的一个简要示意图。因为一般用得比较多的是由下向上的凝聚法,这也是本章所采用的法,故将重点介绍凝聚法,即层次聚类分析方法中的合并算法。

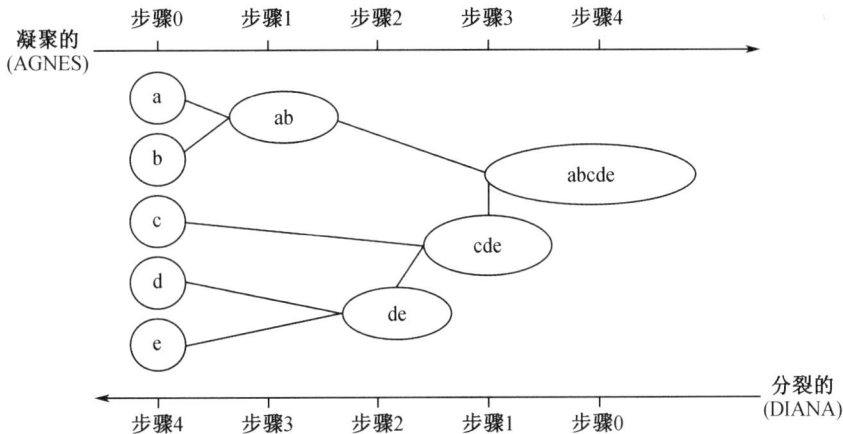

图 5-5 两种层次聚类分析方法比较

合并算法通过计算两类数据点间的相似性,将所有数据点中最为相似的两个数据点进行组合,并反复迭代这一过程。通过计算每一个类中数据点与所有数据点之间的距离来确定它们之间的相似性,距离越近代表相似度越高,距离最近的两个数据点或是类别进行聚类组合,生成聚类树,如图 5-6 所示,为一简单聚类树模型示意图。

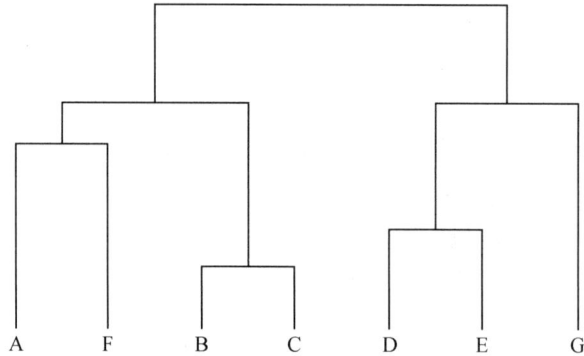

图 5-6　聚类树

在层次聚类分析过程中,最关键的就是合理与准确的距离计算涉及的距离计算主要有三种形式:

(1)数据点之间的距离

数据点之间距离计算的主要方式有杰卡德距离、余弦距离、相关系数距离和汉明距离。

杰卡德距离用两个集合中不同元素占所有元素的比例来衡量两个集合的区分度,杰卡德距离可用如下公式表示:

$$J(A,B)=\frac{|A\cup B|-|A\cap B|}{|A\cup B|}$$

在二维空间中数据向量 $A(x_1,y_1)$ 与向量 $B(x_2,y_2)$ 的夹角余弦公式为

$$\cos(A,B)=\frac{x_1x_2+y_1y_2}{\sqrt{x_1^2+y_1^2}\sqrt{x_2^2+y_2^2}}$$

类似地,对于两个 n 维样本点 $a(x_{11},x_{12},\cdots,x_{1n})$ 和 $b(x_{21},x_{22},\cdots,x_{2n})$,可以使用类似于夹角余弦的概念来衡量它们间的相似程度:

$$\cos(A,B)=\frac{\sum_{k=1}^{n}x_{1k}x_{2k}}{\sqrt{\sum_{k=1}^{n}x_{1k}^2}\sqrt{\sum_{k=1}^{n}x_{2k}^2}}$$

夹角余弦取值范围为 $[-1,1]$。夹角余弦越大表示两个向量的夹角越小,夹角余弦越小表示两向量的夹角越大。当两个向量的方向重合时夹角余弦取最大值 1,当两个向量的方向完全相反夹角余弦取最小值 -1。

相关系数是衡量随机变量 X 与 Y 相关程度的一种方法,相关系数的取值范围是 $[-1,1]$。相关系数的绝对值越大,则表明 X 与 Y 相关度越高。当 X 与 Y 线性相关时,相关系数取值为 1(正线性相关)或 -1(负线性相关)。相关系数距离的定义为

$$C(A,B)=\frac{E((A-EA)(B-EB))}{\sqrt{D(A)}\sqrt{D(B)}}$$

定义两个等长字符串 s_1 与 s_2 之间的汉明距离为将其中一个变为另外一个所需要做的最小替换次数。逐个字符(或逐位)对比,统计不一样位数的个数总和,所得值越小,参与对

比的两个元素越相似。

（2）数据点与组合数据点间的距离

将数据点 B 与数据点 C 进行组合后，重新计算各类别数据点间的距离矩阵。数据点间的距离计算方法与之前的方法一样。这里需要说明的是组合数据点 (B,C) 与其他数据点间的计算方法。当我们计算 (B,C) 到 A 的距离时，是需要先分别计算 B 到 A 和 C 到 A 的距离的。

（3）两个组合数据点间的距离

计算两个组合数据点间距离的方法有三种，分别为 Single Linkage，Complete Linkage 和 Average Linkage。

Single Linkage 的计算方法是将两个组合数据点中距离最近的两个数据点间的距离作为这两个组合数据点的距离。这种方法容易受到极端值的影响。两个不相似的组合数据点可能由于其中的某些极端的数据点距离较近而组合在一起。

Complete Linkage 的计算方法与 Single Linkage 相反，将两个组合数据点中距离最远的两个数据点间的距离作为这两个组合数据点的距离。Complete Linkage 的问题也与 Single Linkage 相反，两个相似的组合数据点可能由于其中的极端值距离较远而无法组合在一起。

Average Linkage 的计算方法是计算两个组合数据点中的每个数据点与其他所有数据点的距离，并将所有距离的均值作为两个组合数据点间的距离。这种方法计算量比较大，但结果比前两种方法更合理。

5.3.2　分析结果

1. 输入文件形式研究与编制

层次聚类分析的关键步骤之一是输入文件的制作与准备，基于如图 5-4 所示数据预处理后的结果，现设每一个分段运输链路为一个多维行向量，以二进制方式表示该分段是否经历某一道工序或者进入某一地点，1 表示经历/进入，0 表示没有经历/进入，输入文件如图 5-7 所示。

图 5-7　层次聚类分析输入文件

2. 结果分析

在进行层次聚类分析前,首先就该目标船只分段的运输次数区间进行统计,结果如图 5-8(a)所示。从该柱状图可以看出,该目标船只的分段运输次数落在 8 至 15 次之间的分段数量最多,往两边呈现出递减趋势。最少搬运次数为 6 次,有 9 个分段,最多搬运次数为 29 次,有 1 个分段。本章研究对象的平均搬运次数为 13 次,图像变化趋势相对较为平缓。

图 5-8(b)所示为文献 2 中研究对象船只分段的运输次数区间,从图中可以看出,其图形特点和趋势与图 5-8(a)有显著的区别。文献 2 中目标船只分段的平均搬运次数为 16 次,并且柱状图显示出多级分化的特性,呈现出多个波峰,并围绕其向两侧递减。搬运次数 9 至 11 次区间以及 14 至 16 次区间集中了较多的分段。

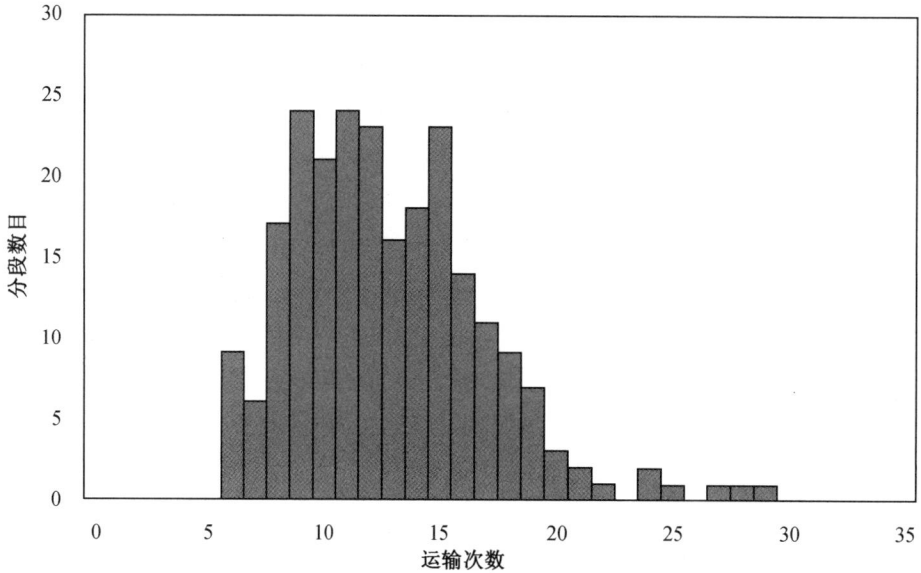

(a)

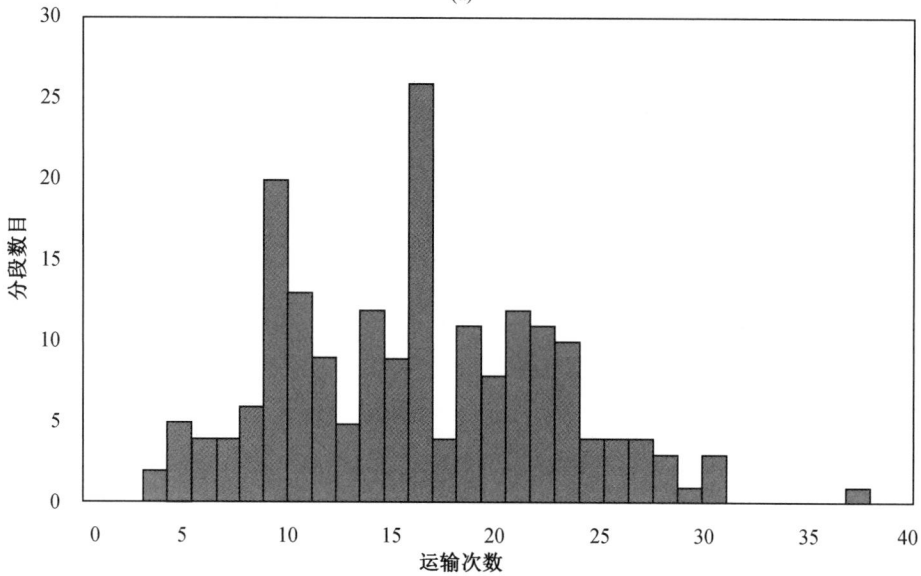

(b)

图 5-8　分段运输次数区间

在处理数据点之间距离以及两个组合数据点之间距离时,均有多种方式。针对不同的数据分析与聚类对象,选择不同的距离计算方式,会导致结果上较大的差异,并没有哪一种距离计算方式具有绝对的优势,故本章将利用 Cophenetic correlation 系数为判断评价指标,表 5-1 显示出不同距离组合时 Cophenetic correlation 系数的大小,可以看出数据点之间距离选择 Jaccard 距离,组合数据点之间距离选择 Average Linkage 方式时,所得到的 Cophenetic correlation 系数最高,说明聚类的效果最好,故本章选择 Jaccard 距离和 Average linkage 方式。

表 5-1　Cophenetic correlation 系数

项目	Average linkage	Single linkage	Complete linkage
Jaccard distance	0.742 5	0.617 4	0.680 0
Cosine distance	0.688 2	0.625 7	0.566 6
Correlation distance	0.712 7	0.644 9	0.522 7
Hamming distance	0.740 7	0.660 9	0.655 0

大多数数据挖掘分析中,Average Linkage 相对于 Single Linkage 和 Complete Linkage 更加合理,因为其计算两个组合数据点中的每个数据点与其他所有数据点的距离,虽然计算量更大,但是所带来的优势是具有更高的稳定性和合理性。无论是 Single Linkage 计算两个组合数据点中距离最近的两个数据点间的距离,还是 Complete Linkage 计算两个组合数据点中距离最远的两个数据点间的距离,都存在一定的片面性,均容易受到数据样本中极端值的影响。

在计算数据点之间距离时,Jaccard 距离所得到的结果要优于 Cosine 距离、Correlation 距离和 Hamming 距离。Jaccard 距离常用来处理包含非对称的二元(0-1)属性的对象,这也很好地贴合本章的研究对象与研究内容的形式。与 Hamming 距离不同,Jaccard 距离不关心 0-0 匹配,而 Hamming 距离关心 0-0 匹配,在此次分析中,该形式的匹配意义不大。Correlation 距离主要用来度量两个向量的线性相关程度,与 Jaccard 距离相比,Cosine 距离虽然也忽略 0-0 匹配,而且能够处理非二元向量,但主要考虑并区分变量值的大小。综上所述,Jaccard 距离是最贴合本章研究对象的数据点距离计算方式,运用该方法也确实得到了最好的聚类结果。

运用层次聚类分析,所得聚类树结果如图 5-9(a)所示,文献 2 聚类树结果如图 5-9(b)所示,图 5-8(a)和图 5-9(b)所示的结果也很好地反映了图 5-8(a)和图 5-8(b)所显示出的分段搬运次数区间的特性,在两次研究取相同距离阈值 0.5 时,图 5-9(b)相对于图 5-9(a)聚类出更多的数据组,这也体现了图 5-8(b)所示的分段搬运次数区间相对图 5-8(a)更多的离散性。

分段编码由 3 位数字组成,包括分段区域、位置和序号,这种纯数字定义的分段编码形式较为科学,信息处理也较为方便,船体结构通常划分为艏部、机舱、上层建筑、双层底、舷侧、横舱壁、纵舱壁、甲板和艏部。该造船企业的分段区域代码定义如表5-2所示。结合表5-2以及层次聚类分析结果，统计每个区域的分段在每个聚类组中的个数，进行统计如表5-3所示。

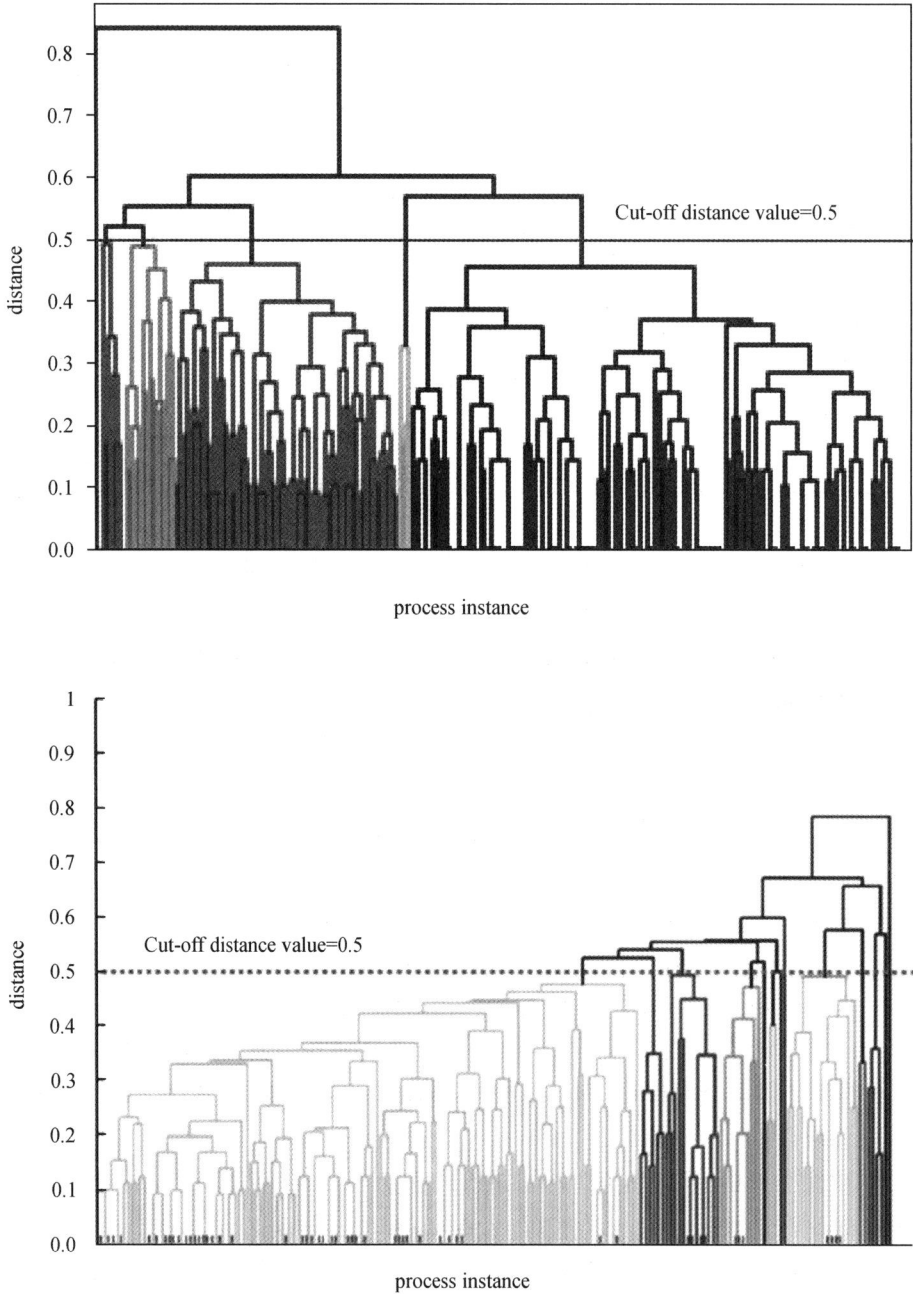

图 5-9　分段运输链路层次聚类树

表5-2 分段区域编码表

开头代码	分段区域	开头代码	分段区域	开头代码	分段区域
1	艉机舱、艉部	4	货舱横舱壁	7	货舱纵舱壁
2	货舱双层底	5	货舱甲板、舱口围、舱口盖	8	艏机舱、艏部
3	备用部分	6	货舱舷侧	9	上层建筑

表5-3 各区域分段在聚类分析各组中数量分布统计

各区域开头代码		1	2	3	4	5	6	7	8	9
各区域分段数目		41	50	2	41	38	22	29	11	0
层次聚类组号	各组分段数目	各区域分段在各组数量分布统计								
1	2	0	0	2	0	0	0	0	0	0
2	64	22	18	0	2	14	5	2	1	0
3	15	7	1	0	2	2	1	0	2	0
4	7	4	1	0	2	0	0	0	0	0
5	4	0	1	0	0	0	3	0	0	0
6	142	8	29	0	35	22	13	27	8	0

根据表5-3的统计结果可以看出,黑色数据点组合包含了142个分段运输链路,也是最具有代表性的分段运输链路组合,其中有8个分段以编码1开头,29个分段以编码2开头(占以编码2开头分段的58%),35个分段以编码4开头(占以编码4开头分段的85%),22个分段以编码5开头(占以编码5开头分段的58%),13个分段以编码6开头(占以编码6开头分段的59%),27个分段以编码7开头(占以编码7开头分段的93%),8个分段以编码8开头(占以编码8开头分段的73%);深灰色数据点组合包含了64个分段运输链路,主要以编码1开头和编码2开头的分段为主;浅灰色数据点组合包含了15个分段运输链路,其中以编码1开头的分段为主,最主要的特征在于预舾装作业与后续的冲砂打磨作业和喷漆作业衔接较为紧密。

在层次聚类分析中,除了选择不同的点与点距离计算公式和簇与簇距离计算公式会对聚类结果产生很大的影响外,输入文件的不同(不是质量差异)也会对结果产生一定的影响。输入文件不同产生的原因,主要由分析思路的差异导致,不同的分析思路之间没有绝对的对错,但在合理性上有相对的好与坏。

3. 更新输入文件后结果讨论分析与比较

在图5-7所示的输入文件中,重点考虑一道工序的有与无,并通过布尔型运算进行表示。在利用这一思路进行输入文件编制时,可能有两个不合理的地方:第一,大部分的分段所经历的工序都是一样的,虽然已经加入了工序与工序之间的堆场进行控制,但是聚类后对流程不同的体现上还是有所欠缺;第二,选取工序有与无作为制作聚类分析输入文件的前提是因为工序的顺序是一定的,这一前提也许对于韩国的船厂较为适用,但是对于国内的船厂而言,存在大量的返工和计划变更问题,如果仅仅考虑工序的有与无是无法为后续的数据挖掘提供很好的聚类组的,因此将是否有工序变更和其他工序的介入也作为聚类判断标准,加入新的输入文件中并进行修改。

在进行聚类分析时,通过改变距离计算方式,将 Cophenetic correlation 系数作为判断评价指标,得到结果如表 5-4 所示。与前次分析相似的是数据点之间距离选择 Jaccard 距离,组合数据点之间距离选择 Average Linkage 方式时,所得到的 Cophenetic correlation 系数最高,说明聚类的效果最好,故依旧选择 Jaccard 距离和 Average 方式,具体原因分析已经在之前的章节中进行讨论。

表 5-4　新的 Cophenetic correlation 系数

项目	Average linkage	Single linkage	Complete linkage
Jaccard distance	0.724 9	0.5796	0.656 1
Cosine distance	0.676 1	0.533 7	0.597 2
Correlation distance	0.686 2	0.523 4	0.597 0
Hamming distance	0.722 1	0.558 0	0.602 8

经过层次聚类分析所得的聚类树如图 5-10 所示。与图 5-9(a)进行比较,新的聚类树将所有分段的运输链路分为了 3 个较为均匀的大组和 6 个分段数量小于 10 个的小组。类似于表 5-3,通过对结果进行梳理统计如表 5-5 所示。

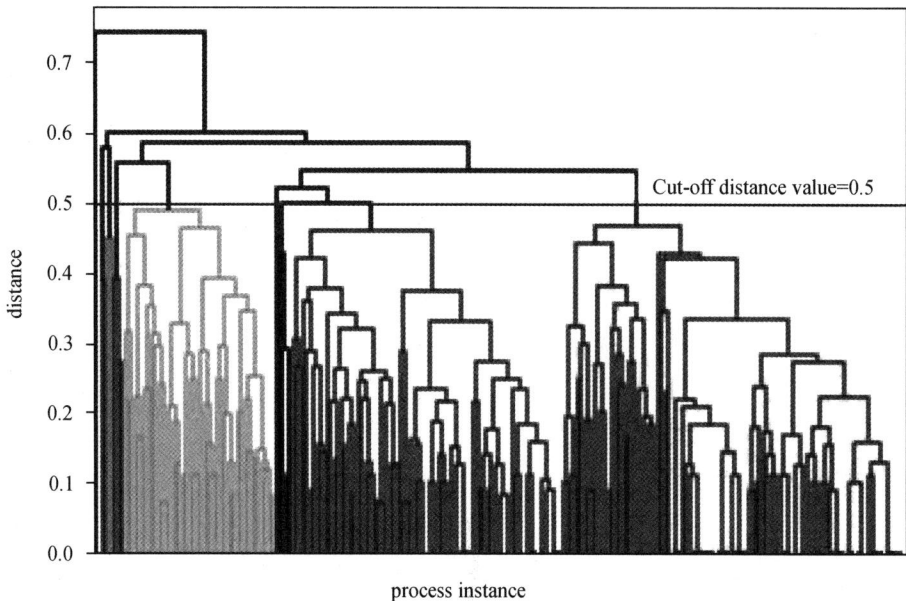

图 5-10　新的分段运输日志数据层次聚类树

表 5-5　各区域分段在各组数量分布统计

各区域开头代码		1	2	3	4	5	6	7	8	9
各区域分段数目		41	50	2	41	38	22	29	11	0
层次聚类组号	各组分段数目	各区域分段在各组数量分布统计								
1	2	0	0	2	0	0	0	0	0	0
2	2	1	0	0	0	0	0	1	0	0
3	2	0	0	2	0	0	0	0	0	0
4	98	13	3	0	36	9	5	25	7	0
5	4	0	0	0	0	0	4	0	0	0
6	78	0	43	0	0	27	7	1	0	0
7	1	0	1	0	0	0	0	0	0	0
8	3	3	0	0	0	0	0	0	0	0
9	44	24	1	0	5	2	6	2	4	0

从表 5-5 中可以看出,组 1 的 2 个分段是编号 3 开头的唯一两个分段,组装制作后进入堆场,然后直接进行总组,数量少且不具代表性;组 2 的两个分段在喷漆作业后有重新补漆的作业工序,同样不具备代表性;组 3 的 2 个分段组装制作过程中,反复在平直中心/曲面中心和堆场间进行周转,同时也有补漆的工序;组 5 的 4 个分段在平直线组装制作完毕后,直接进入冲砂打磨工序;组 7 的 1 个分段在平直中心和曲面中心之间进行过运输。在排除这些数量少且不具代表性的分段运输链路后,组 4 包含 98 个分段运输链路,涵盖了绝大多数以编码 4 开头的分段(36/41)、编码 7 开头的分段(25/29),编码 8 开头的分段(7/11)即横舱壁、纵舱壁和艏部区域的分段。组 6 包含 78 个分段运输链路,涵盖了绝大多数以编码 2 开头的分段(43/50)和编码 5 开头的分段(27/38),即双层底和甲板区域的分段。组 9 包含 44 个分段运输链路,涵盖了绝大多数以编码 1 开头的分段(24/41),即艉机舱和艉部区域的分段。以编码 6 开头的分段(舷侧区域),大部分被均匀分配在 3 个大组中。

在后续章节的关联规则分析中,将基于图 5-11(即表 5-5 统计的结果)所示的聚类结果,将所有分段运输链路分为三大类,分别进行关联规则分析。

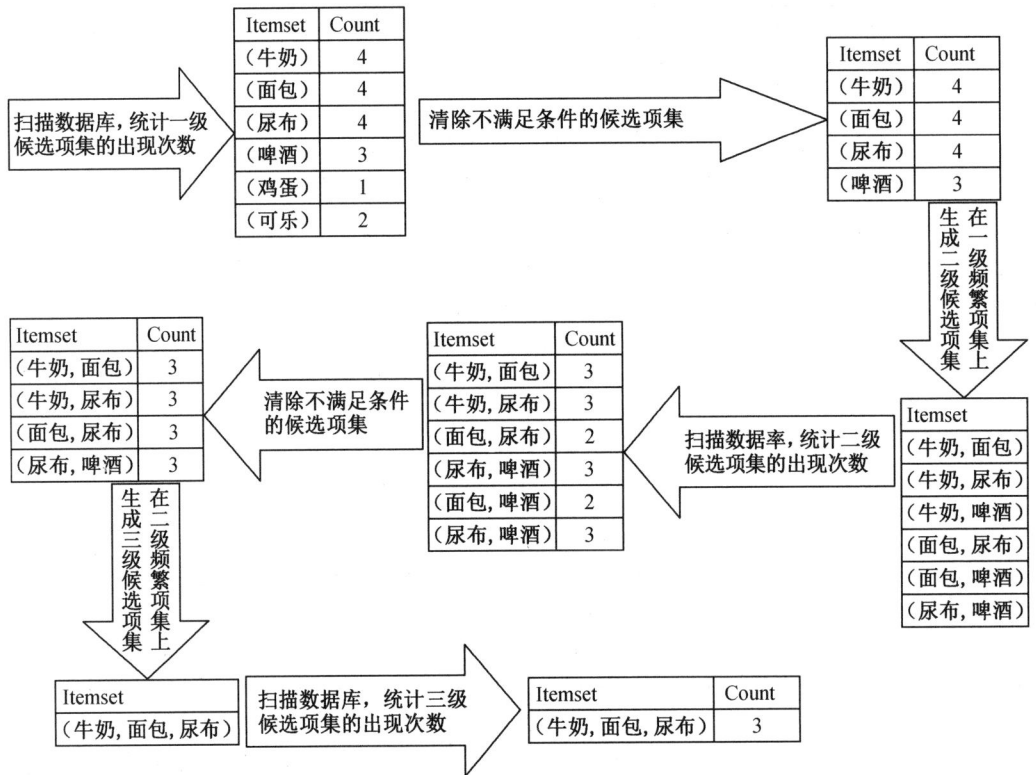

图 5-11　关联规则算法案例说明

5.4　分段运输链路关联规则分析

5.4.1　算法

1. 关联规则分析方法概述

关联规则是无监督的机器学习方法,主要用于发现知识,而并非预测。关联规则分析中无须事先对训练数据进行标注,因为无监督学习没有训练这个步骤。

关联规则算法最经典的应用是购物篮分析,最早是为了发现超市销售数据库中不同商品之间的关联关系。关联规则反映的是一个事物与其他事物之间的相互关联性。例如超市经理如果想要更多了解顾客的购物习惯,比如哪些商品会在一次购物中被顾客同时购买等。如果发现购买了面包的顾客同时有可能会购买牛奶,这就导出了一条关联规则"面包→牛奶",其中面包称为规则前项,牛奶称为规则后项。通过对面包降低售价进行促销,而适当提高牛奶的售价,就可能增加超市整体利润。如图 5-11 所示,即典型购物篮案例应用关联规则方法进行分析的流程。

常用的关联规则算法有 Apriori 算法、FP - Tree 算法、Eclat 算法和灰色关联算法。

Apriori 算法是最常用也最为经典的关联规则算法,其核心思想是通过连接产生候选项及其支持度,然后通过剪枝生成频繁项集;FP-Tree 算法与 Apriori 算法的核心思想类似,部分地方有所改进,提出不产生候选频繁项集的方法,FP-Tree 算法与 Apriori 算法都属于寻找频繁项集的算法。Eclat 算法则属于一种深度优化算法,采用垂直数据表示,将搜索空间划分为较小的子空间。Apriori 关联规则算法是最为经典和普遍使用的关联规则算法,也是本章中所使用的方法,故将在下一节中进行重点介绍。

2. Apriori 关联规则分析方法

项集是项的集合,包含 k 个项的项集称为 k 项集,如集合 $\{a,c,g\}$ 是一个 3 项集。Apriori 关联规则算法中关联规则的一般形式可以表示为两种,即项集 A 和项集 B 同时发生的概率称为关联规则的支持度:

$$\text{Support}(A \rightarrow B) = P(A \cup B)$$

项集 A 发生,则项集 B 发生的概率为关联规则的置信度:

$$\text{Confidence}(A \rightarrow B) = P(B \mid A)$$

最小支持度是用户定义的衡量支持度的阈值,表示项目集在统计意义上的最低重要性;最小置信度是用户定义的衡量置信度的阈值,表示关联规则的最低可靠性。一组关系,如果能够同时满足最小支持度阈值和最小置信度阈值,则该规则称为强规则。

Apriori 算法的主要思想是找出存在于数据集中最大的频繁项集,利用得到的最大频繁项集与预先设定的最小置信度阈值生成强关联规则,算法的实施主要分为两个部分:

(1)找出所有频繁项集(支持度必须大于或等于给定的最小支持度阈值),在这个过程中连接步和剪枝步互相融合,最终得到最大的频繁项集。其中,连接步旨在找到 k 项集,对于给定的最小支持度阈值,分别对 1 项候选集,剔除小于该阈值的项集得到 1 项频繁集;下一步由 1 项频繁集自身连接产生 2 项候选集,保留其中满足最小阈值条件的项集,得到 2 项频繁集;再下一步由 1 项频繁集和 2 项频繁集连接产生 3 项候选集,保留满足约束条件的项集得到 3 项频繁集;以此类推,得到最大频繁项集。剪枝步紧接着连接步,在产生候选项的过程中起到减小搜索空间的作用。

(2)通过过程(1),未超过预定的最小支持度阈值的项集已经被剔除,如果剩下的这些规则又满足了预定的最小置信度阈值,那么就得到了强关联规则。

3. 过程挖掘与过程图绘制

过程挖掘的目的是从信息系统的事件日志中提取知识,从而发现、检查和改进实际的过程,帮助更好地了解实际过程。过程挖掘结合了机器学习与数据挖掘的思想,其最主要的目的在于客观反映企业生产执行状况,辅助流程建模和分析。通过过程挖掘技术,实际的过程可被发现,现有的过程模型也能够被评估和改进。过程挖掘受到关注有两个方面的原因:

第一,越来越多的事件被记录下来,从而可提供关于过程历史的详细数据信息;

第二,在日益激烈的竞争环境中,改善业务流程的需求十分迫切。

过程挖掘建模技术主要包括三种,分别是 Petri 网、工作流网和有向图。Petri 网采用非常简洁、直观的图形表示,同时 Petri 网是可执行的,有很多分析技术可用来对其进行分析。图 5-12 是一典型 Petri 网图,用以模拟某车间完整工作流程。工作流网属于 Petri 网的一个子类,工作流网有着明确的起始库和终点库,所有的结点都在起始库和终点库之间,所有的路径都开始于起始库,并在终点库结束。有向图是一种用图形符号表示活动之间约束关系的形式化描述工具。

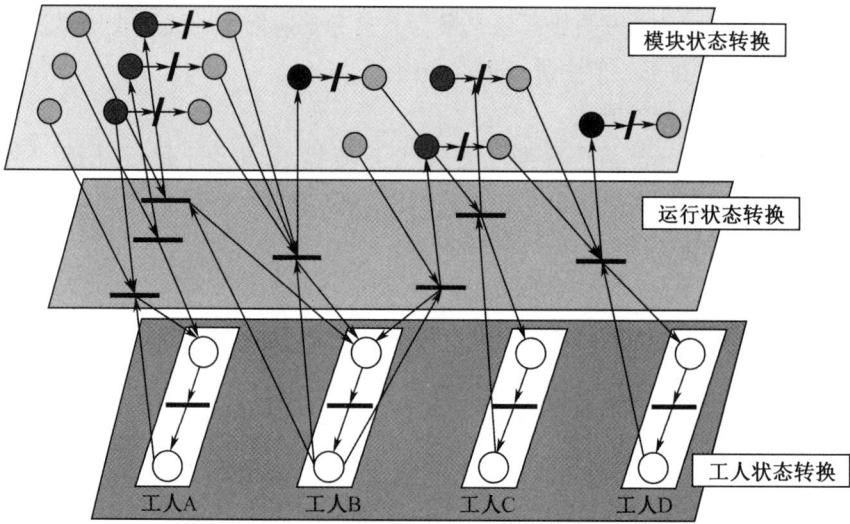

图 5-12　Petri 网模型

每条边都具有一个方向的图称为有向图,有向图使用节点和弧两类基本符号,在使用该技术对业务过程进行建模时,网中元素代表业务流程中的活动,有向弧代表活动之间的依赖关系。在有向图中,边是单向的,每条边所连接的两顶点是一个有序对,可将有向图的顶点用平面上的一个点来表示,弧用平面上的有向线段来表示。图 5-13 所示为典型的有向图模型,因为两个节点之间对应着一定的方向关系,所以这里用一个箭头来表示从一个节点到另外一个节点的有向关系。

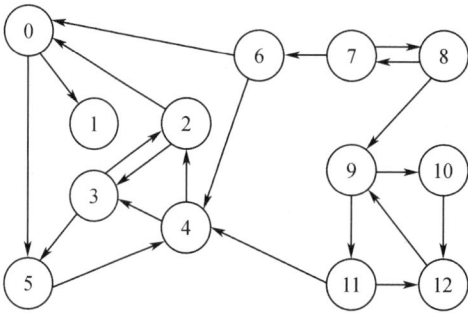

图 5-13　有向图模型

因为在分析并表示分段运输链路时,任意两项工序都不可能同时进行,任意工序利用点圈表示,任意工序的进程利用有向边表示,就能够很好地展现分段运输链路,没有必要用较为复杂的 Petri 网进行表示,有向图是最为合适的选择。

5.4.2　分析结果

1. 输入文件形式研究与制作

现以 Block101、Block102 和 Block103 为例,说明本节的分析研究思路。表 5-6 为数据预处理后得到的该 3 个分段的运输日志。

表 5-6　某船 Block101、Block102、Block103 分段运输日志

日期	分段号	起始地	目的地	部门	工艺流向
4 月 14 日	101	8 号平台	9B 号平台	组立部	组装–堆场堆放
4 月 16 日	101	9B 号平台	5 号平台风雨棚	组立部	堆场堆放–预舾装
4 月 17 日	101	5 号平台风雨棚	经五路	组立部	预舾装–堆场堆入
4 月 17 日	101	经五路	5 号平台风雨棚	组立部	堆场堆放预舾装
5 月 2 日	101	5 号平台风雨棚	6 号平台	组立部	预舾装–冲砂前周转
5 月 3 日	101	6 号平台	涂装 B2 跨	涂装部	冲砂前周转–冲砂打磨
5 月 4 日	101	涂装 B2 跨	涂装 A1 跨	涂装部	冲砂打磨–喷漆
5 月 11 日	101	涂装 A1 跨	涂装广场	涂装部	喷漆–喷涂后周转
6 月 17 日	101	涂装广场	4 号平台	搭载部	喷涂后周转–预总组
3 月 15 日	102	曲面 48 米跨	0 号平台	组立部	组装–堆场堆放
3 月 16 日	102	0 号平台	5 号平台风雨棚	组立部	堆场堆放–预舾装
3 月 28 日	102	5 号平台风雨棚	0 号平台	组立部	预舾装–堆场堆放
4 月 3 日	102	0 号平台	移位	组立部	堆场内移位
4 月 18 日	102	0 号平台	移位	组立部	堆场内移位
4 月 20 日	102	0 号平台	涂装 B1 跨	涂装部	堆场堆放–冲砂打磨
4 月 21 日	102	涂装 B1 跨	涂装 C5 跨	涂装部	冲砂打磨–喷漆
4 月 30 日	102	涂装 C5 跨	涂装广场	涂装部	喷漆–喷涂后周转
5 月 3 日	102	涂装广场	4 号平台	搭载部	喷涂后周转–预总组
5 月 3 日	102	4 号平台	移位	搭载部	预总组–预总组
5 月 17 日	102	4 号平台	移位	搭载部	预总组–预总组
5 月 18 日	102	4 号平台	移位	搭载部	预总组–预总组
3 月 21 日	103	8 号平台	移位	组立部	组装–堆场堆放
3 月 21 日	103	8 号平台	移位	组立部	堆场堆放–堆场堆放
3 月 23 日	103	8 号平台	5 号平台风雨棚	组立部	堆场堆放–预舾装
4 月 6 日	103	5 号平台风雨棚	0 号平台	组立部	预舾装–堆场堆放
4 月 15 日	103	0 号平台	经三路	组立部	堆场堆放–堆场堆放

表 5-6（续）

日期	分段号	起始地	目的地	部门	工艺流向
4月15日	103	经三路	0号平台	组立部	堆场堆放-冲砂前周转
5月3日	103	0号平台	涂装 E1 跨	涂装部	冲砂前周转-冲砂打磨
5月4日	103	涂装 E1 跨	涂装 A5 跨	涂装部	冲砂打磨-喷漆
5月8日	103	涂装 A5 跨	涂装广场	涂装部	喷漆-喷涂后周转
5月23日	103	涂装广场	4号平台	搭载部	喷涂后周转-预总组

在文献[2]中,认为造船过程中的工艺流向是固定的,即从组装到预舾装到冲砂打磨到喷漆到总组,中间会进入堆场周转等待,但是再拿到该造船企业的分段运输日志数据后,发现造船中的返工现象还是较为严重的,如果按照文献[2]中的方式进行关联规则输入文件的编制显然是不合适的,因为其没有考虑工序的顺序问题,默认顺序是固定的。鉴于此,本章基于关联规则分析方法,在输入文件的编制上进行了创新。现在定义组装为 A(Assembly),预舾装为 O(PreOutfitting),冲砂打磨为 B(Blasting),喷漆为 P(Painting),总组为 E(Erection),堆场为 S(Stockyard),涂装广场为 R,并定义从组装到预舾装的运输为 AO,组装到堆场的运输为 AS,以此类推。同样以表 5-6 中的 3 个分段为例,编制关联规则数据预处理文件,因为关联规则关心的是有没有这道工序(即过程模型中的圈),以及有没有从某工序到某工序运输(即过程模型中的单箭头线),并不关心其在某一分段的运输链路中出现了几次,故需要删除重复项,数据预处理文件如图 5-14 所示。

A	AS	S	SO	O	OS	SB	B	BP	P	PR	R	RE	E	
A	AS	S	SO	O	OS	SS	SB	B	BP	P	PR	R	RE	E	EE
A	AS	S	SS	SO	O	OS	SB	B	BP	P	PR	R	RE	E	

图 5-14　关联规则算法测试输入文件

针对图 5-15 的输入文件进行分析,并先行设置支持度阈值为 0.5,置信度阈值为 0.4,根据计算所得的强规则结果绘制过程模型图,假若聚类分析将分段 Block101、Block102 和 Block103 分为一组,那么该组分段运输链路如图 5-15 所示。

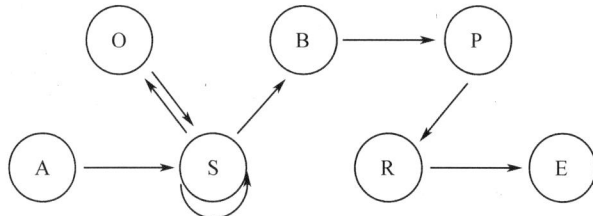

图 5-15　测试分段运输链路过程模型

(1)组装作业后,所有分段均需要去堆场进行周转,等待预舾装作业调度指令;预舾装作业后,所有分段均需要去堆场进行周转,等待冲砂打磨作业调度指令。

(2)3 个分段均有冲砂打磨与喷漆作业,并在喷漆后都进入过涂装广场,这一子过程的运输较为顺畅,不存在任何需要进入堆场等待的环节。

(3)堆场内(间)存在大量的无效运输,主要集中在组装和预舾装阶段,也包括堆场与堆场之间的无效周转。

2. 结果分析与讨论

现针对 3.2.3 节中的聚类分析结果,针对组号为 4,6,9 的三大组分段运输链路进行关联规则分析,并制作过程模型图。三组的输入文件(部分)如图 5-16 所示。

A	AS	S	SO	O	OS	SS	SB	B	BP	P	PR	R	RE	E	EE	
A	AS	S	SO	O	OO	OS	SS	SB	B	BP	P	PR	R	RS	SE	E
A	AS	S	SS	SB	B	BP	P	PS	SE	E						
A	AS	S	SB	B	BP	P	PR	R	RR	RS	SE	E				
A	AS	S	SS	SB	B	BP	P	PR	R	RS	SE	E				
A	AS	S	SS	SA	SB	B	BP	P	PR	R	RR	RS	SE	E	EE	
A	AO	O	OS	S	SS	SB	B	BP	P	PS	SE	E	EE			
A	AO	O	OO	OS	S	SS	SB	B	BP	P	PR	R	RS	SE	E	
A	AS	S	SS	SB	B	BP	P	PR	R	RS	SE	E				
A	AS	S	SS	SB	B	BP	P	PR	R	RR	RS	SE	E	EE		
A	AO	O	OO	OS	S	SS	SB	B	BP	P	PS	SE	E	EE		
A	AS	S	SS	SA	AO	O	OS	SB	B	BP	P	PR	R	RR	RE	E
A	AA	AS	S	SS	SB	B	BP	P	PR	R	RE	E	EE			
A	AS	S	SS	SB	B	BP	P	PR	R	RR	RS	SE	E	EE		
A	AS	S	SS	SB	B	BP	P	PR	R	RE	E	EE				
A	AS	S	SS	SB	B	BP	P	PE	E	EE						
A	AS	S	SS	SB	B	BP	P	PR	R	RS	SE	E	EE			
A	AA	AS	S	SS	SB	B	BP	P	PS	SE	E					
A	AS	S	SB	B	BP	P	PS	SS	SE	E	EE					
A	AS	S	SS	SB	B	BP	P	PR	R	RS	SE	E	EE			
A	AS	S	SS	SB	B	BP	P	PR	R	RS	SE	E	EE			
A	AS	S	SS	SR	R	RB	B	BR	RS	SB	BP	P	PE	E	EE	
A	AS	S	SS	SB	B	BP	P	PR	R	RS	SE	E				
A	AS	S	SR	R	RB	B	BP	P	PS	SS	SE	E				
A	AA	AS	S	SS	SB	B	BB	BP	P	PS	SE	E	EE			
A	AA	AS	S	SS	SA	SB	B	BP	P	PS	SE	E	EE			
A	AS	S	SS	SB	B	BP	P	PR	R	RS	SE	E	EE			
A	AS	S	SS	SB	B	BP	P	PR	R	RR	RE	E	EE			
A	AS	S	SS	SB	B	BP	P	PR	R	RE	E					
A	AS	S	SS	SB	B	BP	P	PR	R	RS	SE	E				

(a)

A	AA	AS	S	SS	SB	B	BP	P	PR	R	RS	SE	E	EE					
A	AA	AS	S	SS	SO	O	OO	OS	OB	B	BP	P	PS	SE	E	EE			
A	AA	AS	S	SS	SO	O	OS	SB	B	BR	R	RB	BP	P	PR	RE	E		
A	AA	AS	S	SO	O	OO	OS	SS	SB	B	BP	P	PR	R	RR	RE	E		
A	AA	AS	S	SS	SB	B	BP	P	PS	SE	E								
A	AA	AS	S	SS	SB	B	BP	P	PB	PR	R	RE	E						
A	AA	AS	S	SS	SO	O	OS	SB	B	BP	P	PS	SE	E					
A	AA	AS	S	SS	SO	O	OO	OS	SB	B	BP	P	PE	E					
A	AA	AS	S	SS	SO	O	OS	SB	B	BP	P	PS	SE	E					
A	AA	AS	S	SO	O	OO	OS	SS	SB	B	BP	P	PE	E					
A	AA	AS	S	SS	SB	B	BP	P	PR	R	RE	E							
A	AA	AS	S	SB	B	BP	P	PR	R	RE	E								
A	AA	AS	S	SO	O	OS	SS	SB	B	BP	P	PR	R	RR	RE	E			
A	AA	AO	O	OS	S	SS	SB	B	BP	P	PR	R	RE	E					
A	AA	AS	S	SS	SB	B	BP	P	PR	R	RE	E							
A	AA	AS	S	SS	SB	B	BP	P	PR	R	RS	SE	E						
A	AA	AS	S	SS	SO	O	OO	OS	SB	B	BP	P	PR	R	RE	E	EE		
A	AA	AS	S	SS	SB	B	BP	P	PP	PS	SE	E							
A	AA	AS	S	SS	SB	B	BP	P	PR	R	RE	E							
A	AA	AS	S	SO	O	OS	SS	SB	B	BP	P	PR	R	RS	SE	E			
A	AA	AS	S	SA	SS	SO	O	OS	SB	B	BP	P	PR	R	RR	RS	SE	E	EE
A	AA	AS	S	SS	SB	B	BP	P	PR	R	RR	RS	SE	E					
A	AA	AS	S	SS	SB	B	BP	P	PE	E									
A	AA	AS	S	SS	SB	B	BP	P	PS	SE	E								
A	AA	AS	S	SS	SO	O	OO	OB	B	BP	P	PR	R	RR	RS	SE	E		
A	AA	AS	S	SS	SB	B	BP	P	PR	R	RE	E							
A	AA	AS	S	SS	SO	O	OS	SB	B	BP	P	PE	E						
A	AA	AS	S	SS	SB	B	BP	P	PS	SE	E								
A	AO	O	OS	S	SS	SB	B	BP	P	PS	SE	E							
A	AA	AS	S	SS	SB	B	BP	P	PS	SE	E								

(b)

图 5-16 关联规则分析输入文件

A	AS	S	SO	O	OS	SB	B	BP	P	PR	R	RE	E		
A	AS	S	SS	SO	O	OS	SB	B	BP	P	PR	R	RE	E	
A	AS	S	SO	O	OS	SS	OB	B	BP	P	PE	E			
A	AS	S	SS	SO	O	OS	SB	B	BP	P	PR	R	RS	SE	E
A	AS	S	SA	SO	O	OS	SS	SB	B	BP	P	PR	R	RS	SP
A	AS	S	SS	SA	SO	O	OS	SB	B	BP	P	PE	E	EE	
A	AS	S	SS	SO	O	OS	OB	B	BP	P	PR	R	RE	E	
A	AA	AS	S	SS	SO	O	OS	SB	B	BP	P	PE	E		
A	AS	S	SS	SO	O	OO	OS	OB	B	BP	P	PE	E		
A	AS	S	SO	O	OO	OS	OB	B	BP	P	PE	E			
A	AS	S	SO	O	OO	OS	SS	SB	B	BP	P	PR	R	RS	SE
A	AO	O	OO	OS	S	SO	OB	B	BP	P	PE	E			
A	AS	S	SO	O	OO	OS	SB	B	BP	P	PR	R	RS	SS	SE
A	AA	AS	S	SO	O	OS	SB	B	BP	P	PS	SE	E		
A	AA	AS	S	SS	SO	O	OS	SB	B	BP	P	PR	R	RE	E
A	AS	S	SS	SO	O	OO	OS	OB	B	BP	P	PR	R	RS	SE
A	AS	S	SA	AA	SS	SO	O	OS	SB	B	BP	P	PR	R	RE
A	AA	AS	S	SS	SO	O	OS	SB	B	BP	P	PR	R	RS	SE
A	AS	S	SA	SO	O	OO	OS	SB	B	BP	P	PS	SE	E	
A	AS	S	SO	O	OB	B	BP	P	PS	SS	SE	E			
A	AS	S	SS	SO	O	OB	B	BP	P	PP	PR	R	RS	SE	E
A	AS	S	SS	SO	O	OO	OS	SB	B	BP	P	PS	SE	E	
A	AS	S	SO	O	OO	OS	SS	SB	B	BP	P	PR	R	RR	RS
A	AS	S	SO	O	OO	OS	SB	B	BP	P	PR	R	RR	RE	E
A	AA	AO	O	OS	S	SS	SO	SB	B	BP	P	PS	SE	E	EE
A	AS	S	SO	O	OS	OB	B	BP	P	PS	SE	E			
A	AS	S	SO	O	OS	OB	B	BP	P	PE	E				
A	AS	S	SS	SO	O	OS	OB	B	BP	P	PS	SE	E	EE	

(c)

图 5-16(续)

通过对图 5-18 所示的输入文件分别进行关联规则分析,取支持度阈值为 0.3,置信度阈值为 0.2,分别得到 3 个分段运输链路聚类组的过程模型,分别如图 5-17(a)(b)(c)所示。

(a)

(b)

图 5-17 分段运输链路过程模型

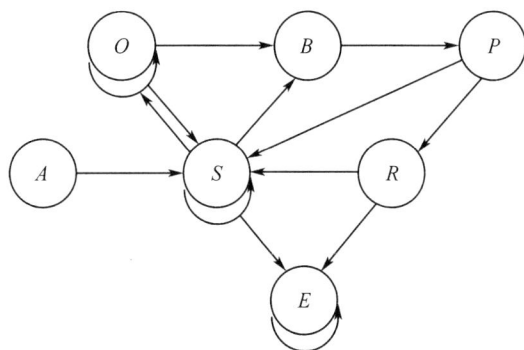

(c)

图 5-17(续)

图 5-18(a)中所显示的过程模型为聚类分析中组号 4 的分段组中所有分段运输链路在支持度阈值为 0.3,置信度阈值为 0.2 时所显示的强规则。从中可以发现,该过程模型的特点是没有预舾装作业,工序较为简单,从冲砂打磨、喷漆到进入涂装广场较为顺畅,无须进入堆场进行等待。但是组装后的分段都要进入堆场等待,同时在涂装广场周转的分段有部分没有直接进入总组,而是进入堆场等待总组。图 5-18(b)中所显示的过程模型为聚类分析中组号 6 的分段组中所有分段运输链路在支持度阈值为 0.3,置信度阈值为 0.2 时所显示的强规则,从中可以发现,组装阶段存在多次运输,涂装广场内也存在多次运输,前者是有必要的,而后者多半是无效运输。预舾装工序和冲砂打磨工序,都是瓶颈工序,需要进入堆场周转等待。图 5-18(c)中所显示的过程模型为组号 9 的分段组中所有分段运输链路在支持度阈值为 0.3,置信度阈值为 0.2 时所显示的强规则。从中可以发现,预舾装工序和冲砂打磨工序,都是瓶颈工序,需要进入堆场周转和等待,同时围绕预舾装会进行多次运输,而这一运输受制于预舾装实际作业场地的大小和布置,属于无效的让位运输。

3. 选择不同支持度与置信度阈值后的结果

在上一节的分析中,选取的支持度阈值为 0.3,置信度阈值为 0.2,阈值变化会影响到整个过程模型的变化,现在取支持度阈值为 0.5,置信度阈值为 0.4 进行分析,所得的结果如图 5-18 所示。

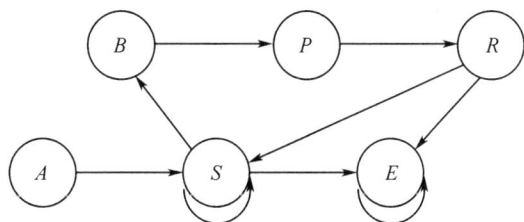

(a)

图 5-18 分段运输链路过程模型
(改变支持度和置信度阈值以后)

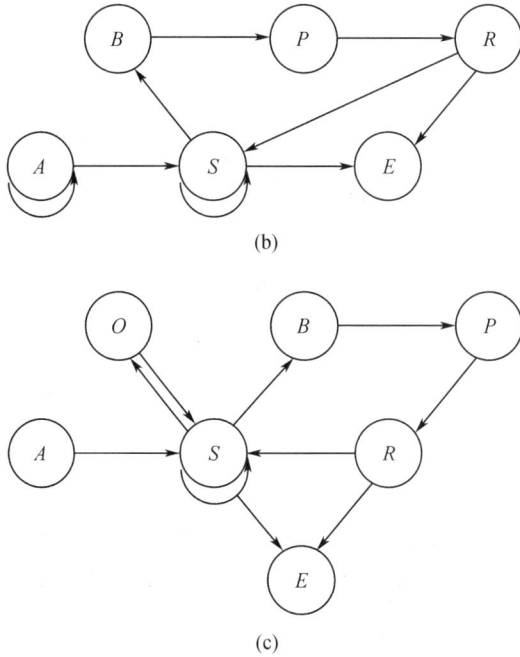

(b)

(c)

图 5-18(续)

通过对比图 5-18 与图 5-17 的结果可以看出,随着支持度与置信度阈值的提升,大量的关联规则会达不到阈值而被取消,所以图 5-19 中所体现的分段运输链路过程模型要比图 5-18 中的分段运输链路过程模型简单,可以看出合适的支持度与置信度阈值的选取将是本章的又一个关键点。

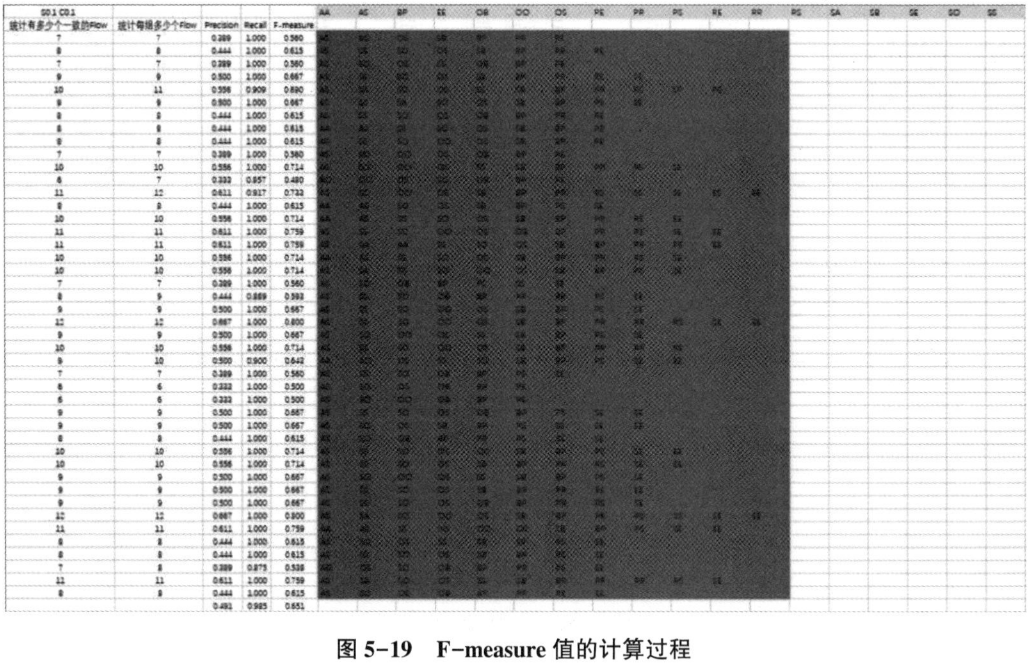

图 5-19　F-measure 值的计算过程

4. 确定支持度与置信度阈值

现引入分类器算法中的混淆矩阵概念,如表 5-7 所示。TP 代表一个流程存在于分段运输链路中,同时也体现在过程模型中;TN 代表一个流程不存在于分段运输链路中,也没有体现在过程模型中;FP 代表一个流程不存在于分段运输链路中,但是体现在过程模型中;FN 代表一个流程存在于分段运输链路中,但是没有体现在过程模型中。

表 5-7　混淆矩阵

项目	一个流程存在于分段运输链路中	一个流程不存在于分段运输链路中
一个流程体现在过程模型中	True Positive, TP	False Positive, FP
一个流程没有体现在过程模型中	False Negative, FN	True Negative, TN

同时,Precision,recall 和 F-measure 的计算公式为

$$Precision = \frac{TP}{(TP+FP)}$$

$$Recall = \frac{TP}{(TP+FN)}$$

$$F\text{-}measure = 2x \frac{(precision \times recall)}{(precision+recall)}$$

F-measure 值的计算过程如图 5-19 所示(部分),支持度阈值范围为 0.1 至 0.9,置信度阈值范围为 0.1 至 0.9,组合后每组均有 81 个工况,总共 3 组。在选择一组支持度阈值和置信度阈值后,经过计算得到过程模型,所存在的 flow(规则),与该组所有分段的运输链路,将所得过程模型与本组中所有分段运输链路进行比较,参考混淆矩阵,并根据计算得到 F-measure 值,改变支持度阈值和置信度阈值后,过程模型所存在的 flow 会改变,F-measure 值也随值改变,F-measure 值越高代表所得的过程模型最具有代表性,最能够代表本组分段运输链路所体现的规则。

在通过变化支持度与置信度阈值,并带入混淆矩阵,计算 F-measure 值后,图 5-20 所示为各组取最大 F-measure 值时所对应的分段运输链路过程模型。

从图 5-20 可以看出,该造船企业在目标船的建造过程中,其分段运输链路可以分为三大类。

(1)第一大类运输链路的特点是(图 5-20(a)):没有预舾装作业工序,冲砂打磨是瓶颈工序,需要进入堆场等待作业调度命令,从冲砂打磨到喷砂再到涂装广场的周转较为顺畅,从涂装广场出来后还需要运往堆场,等待总组作业调度命令。该过程模型为该企业在该船建造过程中分段运输链路的最通用过程模型,涵盖了 98 个分段。

(2)第二大类运输链路的特点是(图 5-20(b)):组装过程中会经过多次运输,预舾装与

冲砂打磨是瓶颈工序,需要进入堆场等待作业调度命令,喷漆后在涂装广场内还有周转,部分分段直接从涂装广场运往总组场地,部分需要进入堆场等待总组作业调度命令。该过程模型与上组过程模型最大的区别在于制作过程中的周转,以双层底部分的分段为主。

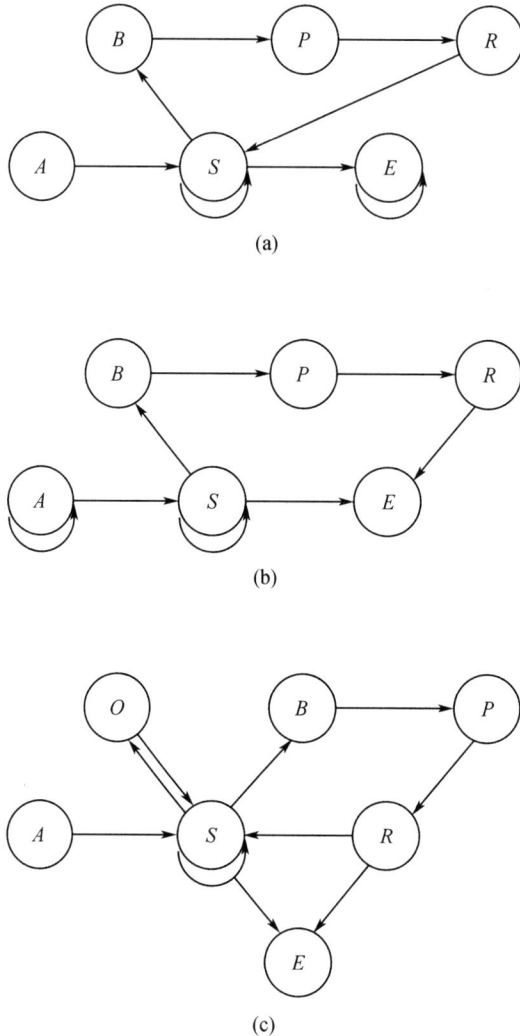

(a)

(b)

(c)

图 5-20   分段运输链路过程模型(具有最高 F-measure 值)

(3)第三大类运输链路的特点是(图 5-20(c)):预舾装与冲砂打磨是瓶颈工序,需要进入堆场等待作业调度命令,从冲砂打磨到喷砂再到涂装广场的周转较为顺畅,从涂装广场出来后还需要运往堆场,等待总组作业调度命令。该过程模型与上两组过程模型最大的区别是多了预舾装作业,代表了该船建造过程中存在预舾装作业分段的典型运输链路。

5.5　分段物流流程再造与优化

5.5.1　问题概述与分析

1. 问题概述

船厂分段堆场通常用于分段的临时存放,以及分段的报验、修补、打磨等工序。在船舶设计阶段,船体被划分为若干个分段,船体建造就以分段为单位。如果一个分段焊接成型后的下一道工序是预舾装,实际生产中该分段从组装车间完工运出后通常并不是直接运往舾装场地,而是先运到分段堆场,在分段堆场进行等待或者进行报验、修补或是打磨工作,然后根据舾装作业场地的生产计划确定从分段堆场提取分段的时间。

通过以上章节的分析,通过计算总结得到分段运输的几种典型链路,可以看出该船舶建造企业在进行船舶建造过程中存在两个主要问题:第一个问题是,预舾装作业与冲砂打磨作业属于其建造流程中的瓶颈工序,需要在寻找分段堆场进行等待和周转,等待下一步的工作指令;第二个问题是,在堆场内部还存在大量的分段搬运和堆位调整作业。

第一个问题和现象存在的原因可以归结于以下几个部分。首先,该船舶建造企业的建造规则,分段在组装完毕后,或是预舾装完毕后均需要去堆场进行报验;其次,预舾装作业场地和冲砂打磨作业场地,没有办法同时承担太多分段同时进行预舾装或冲砂打磨作业任务,必须进入堆场进行周转和等待。从冲砂打磨到喷漆再到涂装广场的周转较为顺畅,与此阶段的报验可以在作业场地内进行有一定的关系。

对于第二个问题,分段在堆场空间的位置分配问题要考虑分段调度计划的时间约束和放置空间的约束,也需要同时考虑分段在运输过程中对移动路径的要求。分段在堆场内的运输同样由平板车来完成,属于平面运输问题,在运输过程中,分段的运输路径如果会经过其他分段堆位,则相关的分段堆位上不能存放其他分段,如果已经存放了其他的分段,则必须将该分段进行临时移位,也就是发生了不必要的堆场内运输。在船舶建造企业中,分段在堆场的堆位分配和调度基本是依赖有一定经验的工作人员进行人工编排和指挥,因为不合适的计划安排所导致的堆场临时分段移动时有发生,因此十分有必要在理论上开展面向船厂分段在堆场的堆位分配问题的研究,一方面可以有效提高分段堆场的调度效率,节约时间和能源成本,另一方面可以与现代造船模式更好地接轨。

2. 解决方案

从图 5-21 可以发现,3 个运输链路过程模型围绕堆场都存在周转,或者必须进入堆场进行下一道工序指令的等待,产生这两类问题的原因在于作业场地规模限制和分段堆场的无规则摆放。为了解决这一问题,对其进行流程再造和优化可以从以下四个方面着手。

首先,需要建立合理的分段运输管理机制,从分段、堆场、运输车辆等多维度进行长效管理。能够将分段、堆场、运输车辆三者有机结合,实现智能化分段运输管理。

其次,合理安排堆场在厂区内的布置,堆场作为分段的临时存放与周转场地,作用十分重要。该船舶建造企业在目前的建造模式和条件下,几乎所有的船舶分段必然存在堆场堆放这一阶段,因此在这一前提下合理安排堆场的位置显得尤为重要。通常情况下,分段各个工序的作业车间位置在企业建造之初就已经全部固定下来,例如装配车间、涂装车间、预舾装场地、打磨场地、总组场地等,在几类作业场地之间合理的安排分段堆场,可以显著减少分段运输路程,减少平板车的运输时间和能源消耗。

526分段	206分段	423分段	175分段	826分段
417分段	235分段	245分段	236分段	501分段
225分段	295分段	525分段		
403分段	509分段	186分段		
221分段	274分段	459分段	293分段	

■ 运出分段　　□ 等待分段

图 5-21　分段堆场示意图

然后,围绕堆场内的分段运输作业任务繁重,且堆场内的分段移动较为不易,当堆场内某一分段等到下一步工作指令可以作业移动时,其余的挡在出口处的分段可能需要随之进行移动,此时便增加了分段的无效搬运次数,如图5-21所示。因此需要妥善安排分段的堆位放置次序与位置,进行合理的堆位分配。在分段堆场上,通常针对分段的运输操作可以分为三类:

(1)将要进场的分段移入堆场的某个位置;

(2)将要出场的分段移除堆场;

(3)将已放置在堆场上的分段进行临时移动。

最后,在实际分段调度作业中,由于位置不确定、定位滞后或是不精确,以及调度作业计划调整等问题的发生,实际分段位置数据的记录一定存在偏差,所以要及时进行分段运输数据的录入,当有计划外情况发生时,任何单独的计划变化都有可能对全局的计划造成影响。因此,计划调整后要能对整体计划的变更做出及时的反应和调整,要迅速根据计划外事件发生后作业场地内分段的优先级重新对整体工作计划进行安排,尽量不影响整体计划。此时,就需要一些其他软硬件方面的技术支持,例如精确的分段定位与追溯技术。

5.5.2　方法分析

1. 分段运输管理

建立适用的分段运输管理是船舶建造企业分段物流体系的重要组成部分。将数字化的设备和先进管理模式运用到传统船舶分段运输中,通过对分段运输路径规划和堆位计划,实现分段、堆场一体化信息集成,实现分段和堆场信息的管理和流通,能够自动化输出分段调度指令,并能够实时显示分段的位置和状态以及运输车辆的位置和状态。对厂区内分段相关动态的实时监控,就可以对分段实施有效的计划和管理,提高分段堆场的周转和运输效率。目前一些船舶建造水平先进的船厂,已经建立起了很好的分段物流运输管理制度,但是由于种种原因,在一些硬件设施、软件条件、算法可靠性上还存在多多少少的缺陷,还有待于进一步的完善和开发。

智能调度运输系统能够知道分段的位置信息,分段运输平板车可以按照最近的规划路线到达指定的作业位置,在抵达相关位置后,对分段进行身份自动识别,然后把分段运输到指定位置,如图 5-22 所示。

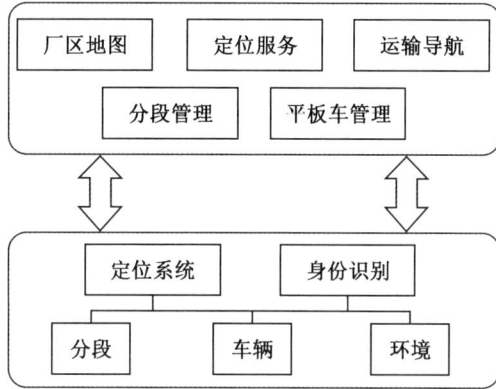

图 5-22　智能物流管理要素

实现智能化运输调度主要包含以下四个方面。

(1)厂区环境建模。厂区环境建模是分段运输调度的基础环境信息,可以建立厂区的二维或是三维模型,需要包括道路信息和作业场地信息,然后再将分段模型加载进入厂区模型之中。

(2)分段与平板车的精确定位。分段调度系统需要对平板车和分段进行精确定位,把位置信息及时反馈到管理系统中,能够在地图上实时展现平板车和分段的位置,系统根据这些信息进行路径规划。

(3)分段身份自动识别。对分段进行自动的身份识别,调度人员能够准确确认分段信息。

(4)平板车信息管理。对所有分段运输平板车进行统一信息管理,根据作业需求合理派出合适的车辆。

2. 堆场选址

堆场选址问题属于最小成本问题,优化整个分段运输流程并减少成本支出的第一步是堆场选址,堆场选址对船舶建造企业分段运输成本的影响是很大的。在整个分段运输系统中,分段堆场的位置越来越重要,它是分段从上一道工序到下一道工序的重要运转和等待场所。堆场选址问题即研究在给定的某一区域所有备选的地址集合中选出一定数目的地点设置为堆场,使得形成的分段运输网络的总运输费用最少,这里主要体现为分段运输里程最少。传统的分段堆场选址问题的目标函数是以分段运输需求量和运输距离为约束条件的,达到成本最小化。

船舶分段堆场的功能主要有以下几个方面。

(1)分段周转功能。分段堆场需要一整套运输工具,分段堆场的功能之一就是实现分段周转,提升分段运输效率、降低运输成本。同时,分段堆场上还需要进行分段报验等

操作。

(2)分段存储功能。分段存储是堆场重要功能之一,在实现分段存储功能的同时,还要实现便捷地分段运转。

(3)分段装卸搬运功能。合理的装卸搬运和周转可以提高分段的运输效率。

(4)分段运输信息处理功能。目前,这一点绝大部分的分段堆场还不具备。物流信息需要处理记载每个分段的详细信息,包括进、出堆场时间,并进行反馈,形成良好的反馈与执行机制。

分段堆场选址的重要性在于一旦堆场位置选定,对其投入使用后的生产经营费用以及成本都有深远的影响。位置如若选择不当,带来的不良后果不是通过加强后期管理所能够弥补的。不同船舶制造企业由于船舶建造工艺水平的不一致,船舶建造模式的区别,对于堆场中心位置的选择原则也会存在一定的区别。有些船舶建造企业现代化水平较高,并且报验等流程可以直接在工序作业场地进行,不需要专门转移到堆场,所以对于堆场位置的选择主要考虑生产任务紧张时,分段的临时周转,需要考虑布置在容易产生瓶颈工序的作业场地与其上一道工序作业场地之间。有些船舶建造企业现代化水平尚可,但是受限于企业的报验流程,需要在组装后进入专门场地进行报验,并等待下一道工序作业指令的下达,此时需要在组装场地旁专门设置堆场用于堆放从组装场地出来的分段,并进行报验。对于建造现代化水平不高,工艺水平有限,并且要报验流程场地限制的船舶建造企业,因为瓶颈工序可能较多,同时要考虑报验,堆场位置的选择需要综合考虑多个方面的因素,较为复杂。

在建立堆场选址模型之前,需要考虑以下几个问题。

(1)堆场选址的数量。根据堆场选址的数量可以分为单堆场选址和多堆场选址。单堆场选址无须考虑竞争力因素、建造成本和数量之间的关系,主要考虑运输成本,因此单堆场选址问题要比多堆场选址问题简单。

(2)堆场选址目标区域。按照堆场选址目标的区域特征,可以分为连续选址、网格选址和离散选址三大类。连续选址的待选区域是一个平面,不考虑其他结构,可能堆场选址的位置是不受个数限制的。连续性模型所使用的方法以重心法为主。网格选址的待选区域是一个平面,被细分为众多相等面积的区域,同时候选地址的数量是有限的。离散目标选址区域是离散候选位置的集合,候选位置的数量通常十分有限,认为堆场位置是有限的几个可行点中的最优点,代表方法有逐次逼近法等。

(3)堆场选址目标和成本函数。根据堆场选址成本可以将选址问题分为几类问题,是寻求可行成本方案还是寻求最优成本方案,是采用固定权重还是可变权重,是静态的还是动态的选址问题。

(4)堆场选址约束和边界条件。根据堆场选址问题的约束分类,可以分为有能力约束的选址问题和无能力约束的选址问题,有不可行区域与无不可行区域的选址问题。

船舶建造企业的堆场选址通常不止一个,但是通常情况下单堆场选址问题会比多堆场选址问题简单得多,所以可以将船舶建造企业的多堆场选址问题分为若干个单堆场选址问题。为了考虑所选堆场位置是否最合适,堆场选址的目标区域可以设置为连续性。堆场选址的目标可以设置为寻求最优成本方案,船舶建造企业堆场选址问题可以划分为无能力约束选址问题,堆场选址要素如图5-23所示。

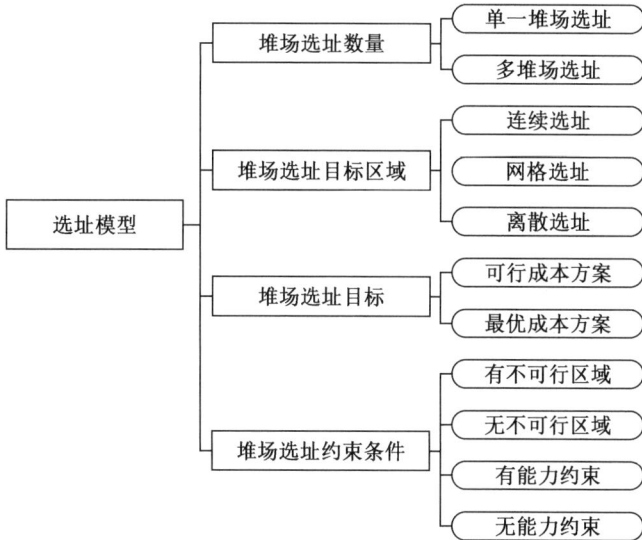

图5-23　堆场选址要素

通常情况下船舶建造企业的分段堆场在建厂之初就已经规划并建造好,如果再进行改造和搬址会造成大量的成本消耗和工时的浪费,并影响企业的正常生产,因此堆位的选址需要重点针对船舶建造企业在生产过程中的临时堆场开展,对于刚开始规划厂区的新建船舶建造企业,需要重点关注固定堆场的选址。临时堆场即在生产任务紧张时,正常堆场已经堆满了分段而临时在厂区内规划出一片场地作为临时堆场,以供分段存储与周转,综合考虑各种堆场选址方法,重心法比较适用于船舶建造企业临时分段堆场的选址问题。

如图5-24所示,为一船舶建造企业的简要示意图,对分段堆场选择进行优化研究。深灰色区域为道路,其部分区域可以用来设置为临时堆场,浅灰色区域为工序作业场地和固定堆场,中灰色为其他不相关建筑等分段不可进入区域。黑色字母顺序为两个能代表部分分段的典型分段所在区域顺序示意,可以看出分段从西边区域运往东边区域后,还需再往回运输,运到前两块区域的中间区域,然后再往东运输,最后再往西运输,这样会加大分段的运输距离,并导致运输效率的下降和成本的上升。此外,这两个分段都有过使用道路作为临时堆场进行分段的存储和周转。利用重心法进行求解后,可以发现黑体数字所代表的分段在7—8—9的运输过程中,放置位置不合理,经过算法优化后,选择黑色粗体斜体数字8(不是唯一解)所在的位置会较为合理,能够缩短行车路程。

3. 堆位分配

分析分段在堆场中的堆位空间分配与调度,以最少的分段堆场内临时移动为目标,需要综合考虑分段的进场时间、出场时间、存放空间要求、堆场内运输空间要求等多个方面的要素。

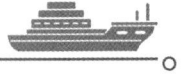

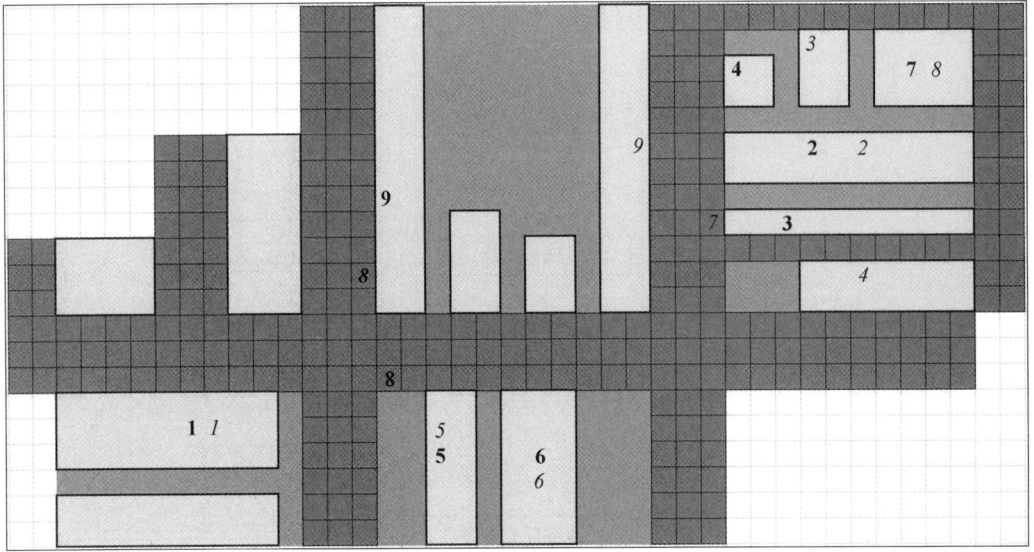

图 5-24   堆场选址模型示意图

　　随着现代造船工艺水平和调度水平的不断提高,特别是在造船订单需求旺盛的时候,分段堆场的空间资源已经越来越紧缺,调度管理上的落后已经深深影响到船舶制造企业分段物流系统的正常周转。对分段堆场的堆位资源进行合理的调度与规划,可提高分段堆场堆位资源的利用率,同时降低分段堆场的运作成本。分段堆场内的空间调度需要考虑分段的时间约束和放置位置空间的约束,还需要同时考虑分段在运输过程中对移动路径上的空间需求。在理论上,有必要开展面向船舶建造企业分段堆场堆位资源调度问题进行研究。

　　分段在堆场内的运输由平板车完成,属于平面运输,在运输的过程中,分段的运输路径如果要经过其他的分段堆位,那么在相关的分段堆位上不能存放其他分段,如果存放了其他分段,则必须将其移开。根据分段堆场的布置情况,在分段堆场内,分段的运输操作通常可以分为以下三类:

　　(1)分段进场,进入某个堆位;

　　(2)分段出场,进入其他工序;

　　(3)对已经放置在堆场上的分段进行临时移动。

　　其中第一类和第二类运输操作作为前后道生产工序要求所产生的分段运输,属于必要操作,而第三类运输操作则属于由于调度计划和堆位计划安排相冲突所导致的无效运输。第三类运输操作也是伴随着前两类有效运输操作而产生的。一次无效的分段运输会产生很大的成本浪费,临时移动次数的数量是决定分段进场、出场效率的主要因素。

　　分段的堆场对位调度和分配是在已知分段堆场信息和一系列分段进场和出场调度任务之后,确定平板车在分段堆场内的操作流程和序列,确定每一次平板车起点、运输路径和终点。对于需要临时移动的分段,确定临时移动的策略是场内临时移动还是场外临时移动。

　　如图 5-25 所示,为一个分段堆场调度示意图,白色代表该分段堆位为空,每一空格的

左端数字代表进场时间,每一空格的右端数字代表出场时间。在第六天时,有两个前两类分段运输要求,一个是存放于3×3堆位的分段需要运出,用深灰色标出;一个是进场分段,准备存放于4×1堆位,用中灰色标出。同时,由于需要移除位于3×3堆位的分段,由于其前后左右的堆场堆位都被其他分段占据,所以将发生第三类运输,即分段的临时移动,用黑色表格标出。因此,该堆场的堆位分配与调度产生了冲突,堆位的分配不合理。

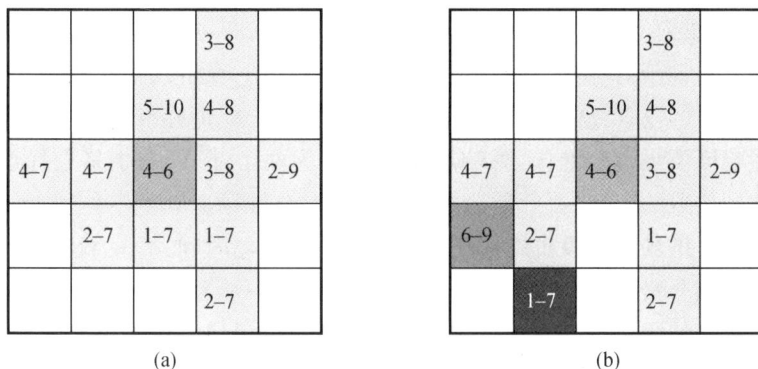

图 5-25　分段堆场调度示意图

分段临时移动调度主要对进场和出场分段的运输路径上的阻挡分段进行堆位调整。主要存在以下两种情况。

(1)分段进场时,该分段所选择的堆位其运输路径上存在其他阻挡分段,因此需要进行分段的临时移动调度。

(2)分段出场时,该分段移出堆场路径上存在其他阻挡分段,因此需要进行分段的临时移动调度。分段临时移动调度问题即在进行分段进场存放或出场分段提取的作业任务时,对分段堆场内阻碍其运输路径的分段进行移动。因此,为了减少分段临时移动的发生,就需要结合分段的进场和出场调度计划,合理安排分段在堆场的堆位。

对分段进场时的阻挡分段通常有如下三种处理方法:

(1)将阻挡分段向内部移动;

(2)将阻挡分段移出堆场,等进场分段放置在堆位后,再将阻断分段放回原来的位置;

(3)在堆场上存在于其他的空堆位时,将阻挡的分段移至其他堆位,所选择的新堆位不得在进场分段的移动路径上。

对分段出场时的阻挡分段的处理方法通常有以下三种:

(1)先将阻挡分段移出,等分段离开后,再将该分段放回原来的堆位;

(2)先将阻挡分段移出,待出场分段离开后,将阻挡分段放置于出场分段的堆位;

(3)在堆场上存在其他空的堆位的情况下,将阻挡分段移至其他堆位,所选择的新的放置堆位不得在出场分段的移动路径上。

已知分段的堆场信息,以及一组进场和出场分段调度任务,合理规划安排分段运输平板车每一次操作的序列、起点、路径和终点。对于进场分段,需要确定该分段在堆场的堆放位置和移动路径;对于出场分段,需要确定该分段移出堆场的移动路径。优化的目标可以

设置为该调度周期内的分段临时移动率,因为分段在堆场内临时移动次数直接影响分段堆场的调度任务执行效率,因此减少分段在调度周期内的临时移动率是分段堆场的重要目标。分段运输平板车在堆场内沿直线行驶,可以在某个分段对位的东西南北四个方面进出,因为在堆场内如果沿斜线行驶,将会遇到更多的干扰分段,从而增加临时移动的次数。

下面对分段在堆场的位置分配问题进行优化研究,分段在堆场的位置分配问题的优化目标为最小化分段堆场的临时移动率。首先需要在堆场中搜索候选堆位集,即在某一分段进场前,在分段堆场内的所有空位置中选择所需的临时移动次数最少的位置的集合。在进行这一步骤之前,需要获得堆场上所有位置的堆放状态,在得到堆位候选集合后,需要在其中选择一个最好的位置,这个位置的选择需要制定一个评价标准。在该堆位的选择上可以遵循选择影响度值最小的堆位,影响度值可以分为两个部分:一个是选择该位置后对该堆场上已经占用位置的影响,一个是选择该位置后对该堆场上其他空位置的影响。前一部分考虑了现有分段堆场的分段布局情况和在场分段的出场时间,后一部分则包含选择某一位置后对后续进场分段的影响。

考虑到新进场的分段有可能会成为已在堆场的分段出场时候的阻挡分段,需要定义候选堆位对已占用堆位的影响度。假设某一分段放置于某一候选空堆位上,那么这一分段成为其他已经在场分段的阻挡分段的次数记为 x。对于候选堆位对分段上其他空堆位的影响,采用堆位自由度变化值 y 进行描述。此外,用 r 和 c 描述堆场的行数和列数,将 x 和 y 的值进行归一化,x 和 y 的归一化分别如下:

$$U_x = \frac{x - x_{min}}{x_{max} - x_{min}}$$

其中,$x_{min} = 0$;$x_{max} = \max\{r-2, c-2, r+c-6\}$。

$$U_y = \frac{y - y_{min}}{y_{max} - y_{min}}$$

其中,$y_{min} = 0$;$y_{max} = r+c-2$。

因此,影响度值可以表达为

$$U_{xy} = aU_x + bU_y, a+b = 1$$

影响度值最小的堆位为最合适的堆位,考虑到现实情况与专家经验,a 和 b 各取 0.5。

现根据某一堆场及其存在的分段和调度计划,对后进场分段在堆场的堆位分配进行优化。以 7 进 4 出为例,代表该分段根据调度计划,第 4 天进场,第 7 天出场。利用上述公式进行计算后,可得之前堆法 1 的 U_{xy} 值为 0.5,之前堆法 2 的 U_{xy} 值为 0.38,利用该算法公式计算后选择新的堆位的 U_{xy} 值为 0.31。因此,改进后的堆放位置较之前两个堆放位置更优。图 5-26 为堆场堆位分配模型示意图。

7进11出

5进8出	6进12出	4进10出	6进11出
5进10出	4进8出	4进9出	3进9出
			3进10出

阻挡分段次数

0	0	0	0
0	0	0	0
			0

堆位自由度

3				
3				
3	2	2	2	
4	3	3	3	3

之前堆法1

5进8出	6进12出	4进10出	6进11出
5进10出	4进8出	4进9出	3进9出
			3进10出
			7进11出

阻挡分段次数

0	0	0	0
0	0	0	0
			0
			0

堆位自由度

3			
3			
3	2	2	2
3	2	2	2

之前堆法2

5进8出	6进12出	4进10出	6进11出
5进10出	4进8出	4进9出	3进9出
7进11出			3进10出

阻挡分段次数

0	0	0	0
0	1	0	0
	0		0

堆位自由度

3			
3			
3	2		1
3	2	2	2

之前堆法3

5进8出	6进12出	4进10出	6进11出
5进10出	4进8出	4进9出	3进9出
		7进11出	3进10出

阻挡分段次数

0	0	0	0
0	0	1	0
		0	0

堆位自由度

3				
3				
3	2	2		
4	3	3	3	3

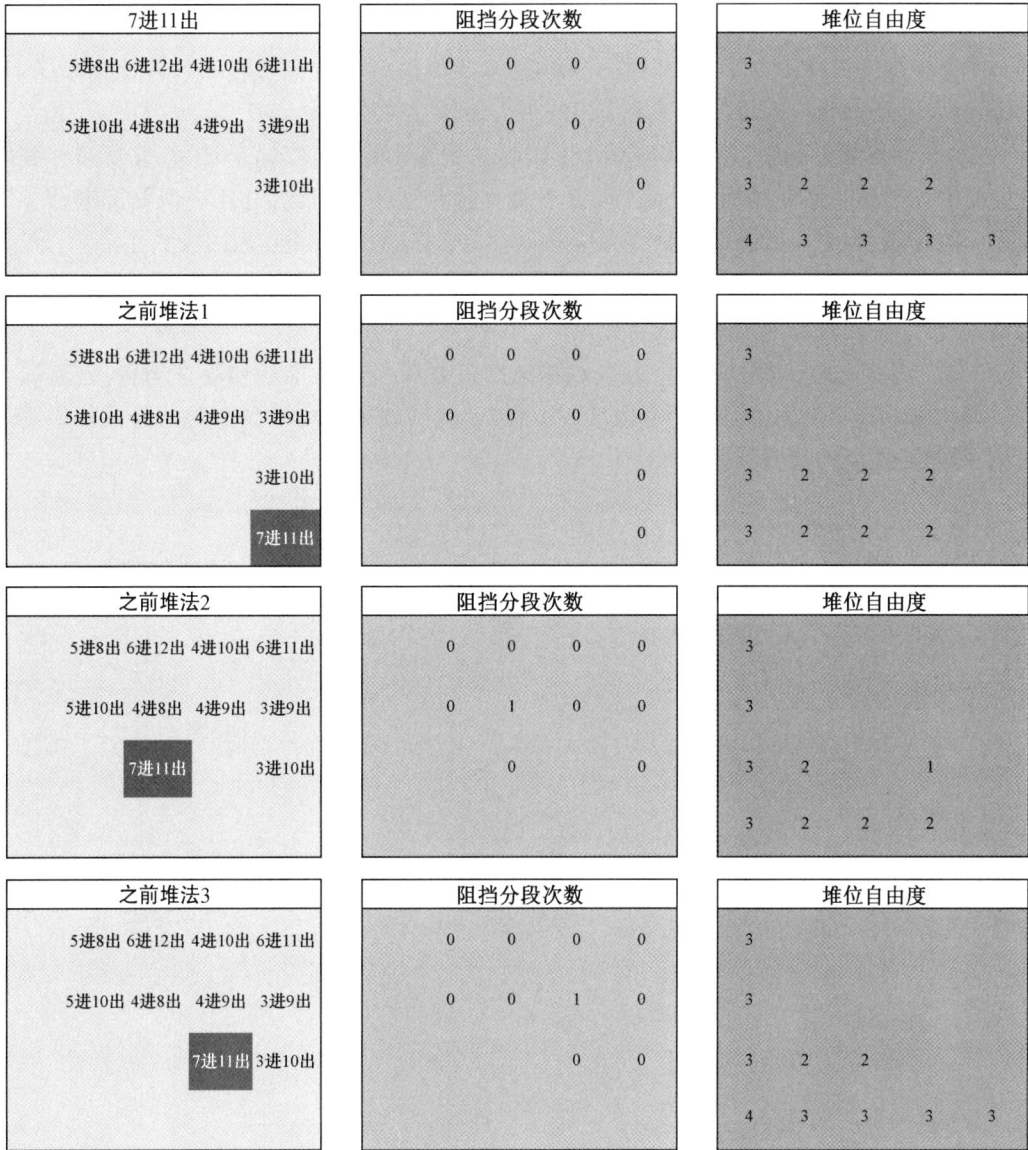

图 5-26 堆场堆位分配模型示意图

5.6 本章小结

本章分析所根据的分段运输日志关注的是以事件日志的方式记录在企业或组织内实际发生的情况,通过利用数据挖掘技术,并集合过程挖掘技术,让这些实际的过程可被发现,现有的过程模型能够被评估和改进,这正是本章致力于达到的目标。经过本章分析,可以得到以下几点结论。

(1)该企业在船舶建造过程中,预舾装作业与冲砂打磨作业是瓶颈作业工序,需要进入堆场进行周转,等待作业调度指令。此现象存在的主要原因是受限制于该企业船舶建造规程,分段在组装完毕后,或是预舾装完毕后均需要去堆场进行报验;此外,预舾装作业是瓶颈工序的原因还是受限制于预舾装作业场地,无法承担过多分段同时进行该作业工序,只能进入堆场进行周转,等待作业场地空出后再等待作业调度指令。

(2)在预舾装过程中,还经常出现让位搬运的现象(阈值稍取低点时)。此现象存在的主要原因是预舾装作业场地较小,且布置不是十分合理,一些搬运进该场地等待进行预舾装作业的分段,因为一些已经预舾装完毕的分段要出来,只能再重新搬出为其让位。

(3)从冲砂打磨到喷漆再到涂装广场的周转较为顺利,因为此阶段的报验是允许在该场地内进行的,同时场地设施也较为充足。

(4)由图5-20可以发现,3个分段运输链路过程模型围绕堆场均存在周转,这就属于无效的运输。其产生的原因在于分段堆放位置,一些摆放在分段堆场里面的分段如果需要运出,则需要搬运外面的分段。

第6章 基于大数据的
船厂智能能源管控

6.1 概 述

本章以船厂用电量数据为切入点,结合数据挖掘技术,挖掘隐藏的价值与知识。在调研并整理船厂用电情况的基础上确定了电量预测与预警的研究对象。本章内容通过分析主要耗电设备的特征,梳理了影响电能消耗的影响因素,并对进行大数据分析的历史数据进行预处理。以切割车间区域的历史用电数据和影响电能消耗的影响因素之间的关系为研究对象,应用大数据技术,建立电能消耗模型,进行电能的预测和预警研究。根据两路进线平衡的要求以及不同时段电价不同的情况,开展面向生产计划的能源平衡调度方法研究。

6.2 数据预处理

6.2.1 数据选取

如图 6-1 所示,船厂耗能主要以电能、燃气、二氧化碳等为主,同时还大量消耗蒸汽、水、O_2 等资源,能源品种多,管理难度大。尽管造船工艺实现了流水线作业,但仍有不少工序交叉作业,给能源的精确使用与管理带了诸多困难。在船厂的能源消耗中,电能消耗是企业的主要能耗,占全部能耗的 70%~80%,因此我们抓住主要矛盾,从电能问题入手,通过对电能消耗进行预警、平衡调度来实现船厂的能源管控。

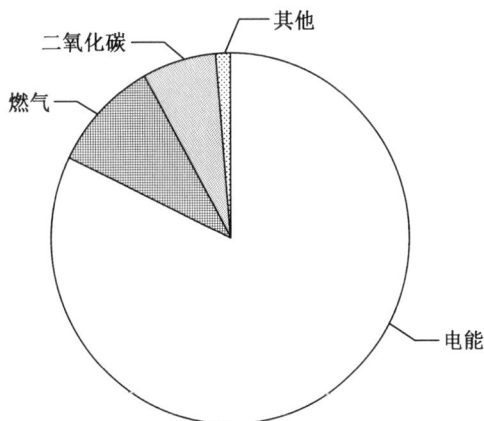

图 6-1 船厂中的能源消耗比例

6.2.2 数据和方法介绍

1.数据描述
采用某船厂的历史用电量数据。原始

数据以 Excel 表格的形式按照月份存储,涵盖了 2014 年 1 月到 2019 年 10 月近六年的各车间用电量数据,数据包括配电站、空压站、联合车间、组立车间、预处理车间等车间用电量信息。数据表格和初始数据部分内容如图 6-2 所示。

对上述目录中的 Excel 进行读取,并整合到一起,按照时间顺序排序,同时对部分行数据全部为空值的进行了剔除,部分为空值的进行了数据填充,填充方法为全部填充为 0 值,因为咨询某船厂的技术人员,得知数据为空值的情况,多数是因为当天实际值为 0,从而得到了预处理后的初步的 Excel 文件,如图 6-3 所示。

在处理过程中发现,部分数据离群点过多,会对后面用电量预测产生干扰,如图 6-4 所示。

同时该项目还提供了 2019 年切割车间的物量数据,咨询相关船厂相关专家之后,了解到其中完工日期、板厚、板长、板宽、切割米数和工时是重要的物量数,也就是与用电量相关度较高的特征量。故选取上述几个量作为挖掘模型输入的特征,在模型输入过程中总结为"总切割时间(min)""总切割吨位(t)""总切割长度(m)"三个特征量。

再对上述目录(图 6-5)中的 Excel 进行读取,并整合到一起,按照时间顺序排序,同时对部分行数据全部为空值的进行了剔除,部分为空值的进行了数据填充。进行整合后,得到图 6-6 所示数据。

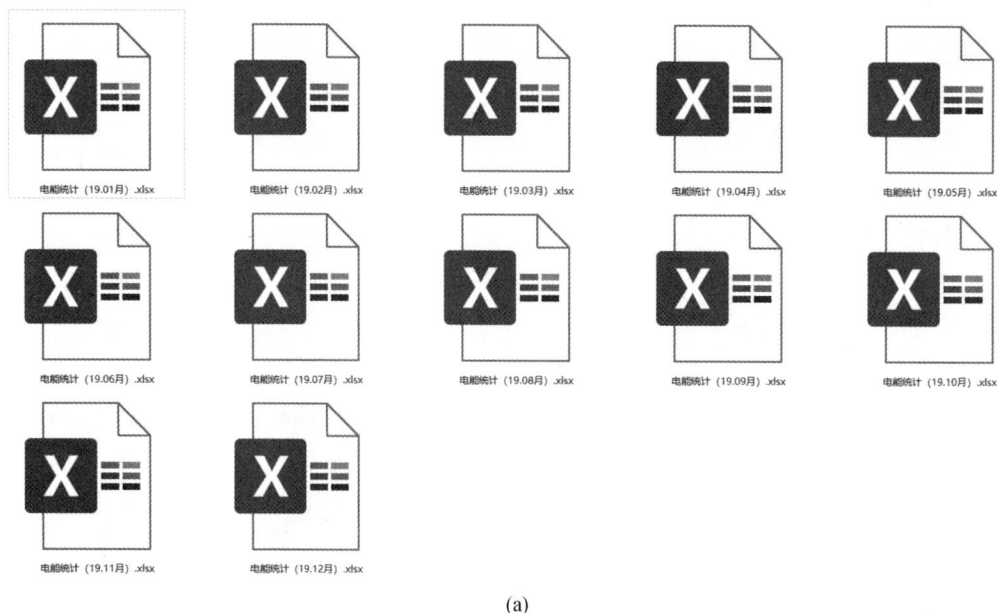

(a)

图 6-2 数据表格和初始数据

分站电量汇总		1#配电站电量汇总统计			1#空压站电量汇总统计			2#配电站电量汇总统计					
日期	设备	1#配电站1#进线 P(kw/h)	1#配电站2#进线 P(kw/h)	每日合计 kw/h	1#空压站1#进线 P(kw/h)	1#空压站2#进线 P(kw/h)	每日合计 kw/h	2#配电站1#进线 P(kw/h)	2#配电站2#进线 P(kw/h)	每日合计 kw/h	2-3#(T1) P(kw/h)	2-3#(T2) P(kw/h)	每日合计 kw/h
公元2018年12月	星期三	14690	12280	26970	10770	13500	24270	13300	6970	20270	2580	910	3490
公元2018年12月	星期四	14410	15310	29720	17520	3070	20590	10560	6580	17140	2560	690	3250
公元2018年12月	星期五	14260	16230	30490	11430	23760	35190	10870	6500	17370	1890	810	2700
公元2018年12月	星期六	15100	10730	25830	5990	10830	16820	7410	5870	13280	2780	660	3440
公元2018年12月	星期日	9670	16800	26470	32690	0	32690	10010	5640	15650	2670	670	3340
公元2018年12月	星期一	11760	21620	33380	38350	0	38350	12680	6730	19410	2580	1010	3590
公元2018年12月	星期二	10130	27990	38120	29820	7500	37320	10710	6220	16930	2530	750	3280
公元2018年12月	星期三	21660	40060	61720	17050	11120	28170	8350	5800	14150	2520	710	3230
公元2018年12月	星期四	13140	8010	21150	8250	25850	34100	10780	7260	18040	2870	770	3640
公元2018年12月	星期五	10330	22100	32430	7380	24530	31910	11980	6940	18920	2590	940	3530
公元2018年12月	星期六	26010	16960	42970	14880	25020	39900	12850	7420	20270	2650	990	3640
公元2018年12月	星期日	19360	24450	43810	0	24930	24930	12010	7060	19070	1920	1580	3500
公元2018年12月	星期六	25340	14890	40230	6860	18490	25350	10400	6400	16800	2520	1480	4000
公元2019年1月	星期二	18590	21490	40080	8100	25910	34010	7150	5360	12510	1430	550	1980
公元2019年1月	星期三	14640	19930	34570	9490	19980	29470	12190	8090	20280	2690	1040	3730

(b)

图 6-2(续)

时间	星期	1#配电站1#进线	1#配电站2#进线	每日合计	空压站1#进线	空压站2#进线	每日合计	配电站1#进线	配电站2#进线	每日合计	2-3#(T1)	2-3#(T2)
2013-12-21	星期六	5080	15770	20850	1480	3660	5140	7350	4280	11630	1640	1671
2013-12-22	星期日	6230	22040	28270	9950	9040	18990	5260	2940	8200	868	578
2013-12-23	星期一	5620	20600	26220	9320	7050	16370	5420	4520	9940	2582	912
2013-12-24	星期二	7250	23490	30740	3210	3390	6600	6680	5080	11760	5631	2671
2013-12-25	星期三	7730	22090	29820	2770	3130	5900	6430	4040	10470	3678	1408
2013-12-26	星期四	9360	20120	29480	9390	20660	30050	6830	5470	12320	2911	1381
2013-12-27	星期五	12560	10950	23510	2710	0	2710	3920	3170	7090	2175	1055
2013-12-28	星期六	9230	17660	26890	18020	6110	24130	5520	4170	9690	2811	1481
2013-12-29	星期日	7690	15840	23530	14160	4990	19150	5680	3640	9320	2348	1168
2013-12-30	星期一	9670	14050	23720	7550	16050	22600	5340	3540	9340	2509	1109
2013-12-31	星期二	8460	13130	21590	8840	12120	20960	5940	3990	9930	2288	1108
2014-01-01	星期三	1600	12730	14330	21710	0	21710	6120	3830	9950	2121	911
2014-01-02	星期四	5280	12020	17300	14270	1470	15740	4090	3090	7180	2321	578
2014-01-03	星期五	4670	12330	17000	13520	7280	20770	5401	4630	10031	3064	1634
2014-01-04	星期六	3810	11420	15230	10130	6130	16260	5849	3090	8939	2320	1080
2014-01-05	星期日	4590	15470	20060	6580	9280	15860	6850	4520	11370	2294	1024
2014-01-06	星期一	5620	14590	20210	17570	11150	28720	5340	3150	8490	2220	850
2014-01-07	星期二	13330	26090	39420	14360	29550	43910	5670	2670	8340	1316	996
2014-01-08	星期三	10330	18940	29270	14940	25390	40330	9010	3010	12020	1761	1471
2014-01-09	星期四	7490	19850	27340	6030	16120	22150	11790	4430	16220	2743	1323
2014-01-10	星期五	6670	21190	27860	7320	10300	17620	8670	4310	12980	3314	1914
2014-01-11	星期六	8720	25430	34150	21730	3040	24770	7530	4080	11610	2388	1108
2014-01-12	星期日	7890	26240	34130	20260	3320	23580	6650	4230	10880	2504	1104
2014-01-13	星期一	7750	26070	33820	47000	0	47000	8300	5640	13940	2761	1681
2014-01-14	星期二	5370	22240	28010	19060	0	19060	9700	4980	14680	3241	1636
2014-01-15	星期三	8210	17980	26190	22020	0	22020	9370	3660	13030	3169	1153
2014-01-16	星期四	7440	15520	22960	19090	0	19090	0	4590	4590	3379	1089
2014-01-17	星期五	4070	10720	14790	17570	5280	22850	2450	1570	4020	902	712
2014-01-18	星期六	6220	13490	19710	21360	5660	27020	4260	2340	6600	1058	718
2014-01-20	星期一	2810	20330	23140	14300	21140	35440	4070	3600	7670	1487	397
2014-01-21	星期二	6890	19920	26810	14420	7010	21430	7360	7900	15260	2144	1072
2014-01-22	星期三	7580	16820	24400	12940	5350	18290	6110	7040	13150	2877	1297
2014-01-23	星期四	570	5170	5740	11010	210	11220	4070	3250	7320	1710	551
2014-01-24	星期五	1720	4440	6160	10960	280	11240	3890	3080	6970	1555	545
2014-01-25	星期六	1341	4190	5531	0	510	510	1270	1030	2300	241	161
2014-01-26	星期日	319	1220	1539	0	560	560	890	500	1390	67	37

图 6-3 预处理后的初步 Excel 文件

2. 基于统计方法的数据预处理

从折线图可以看到在 270 天的时候,有一个离群点,当天的用电量高于 30 000,需要进行剔除。

项目组尝试了四种基于统计的噪声数据过滤方法。

方法 1 极值过滤法

在统计学中,异常值可以被定义为小于等于 First Quartile-3 * IntEerquartile Range 的数或者是大于等于 Third Quartile+3 * Interquartile Range 的数,其中 First Quartile 和 Third Quartile 分别是所有统计数据按从小到大排列之后,位于 1/4 和 3/4 处的点对应的数据。具体规则如下:

$$Data \leqslant (First\ Quartile-3 * IntEerquartile\ Range)\ \&\&$$

$$Data \geqslant (Third\ Quartile+3 * Interquartile\ Range)$$

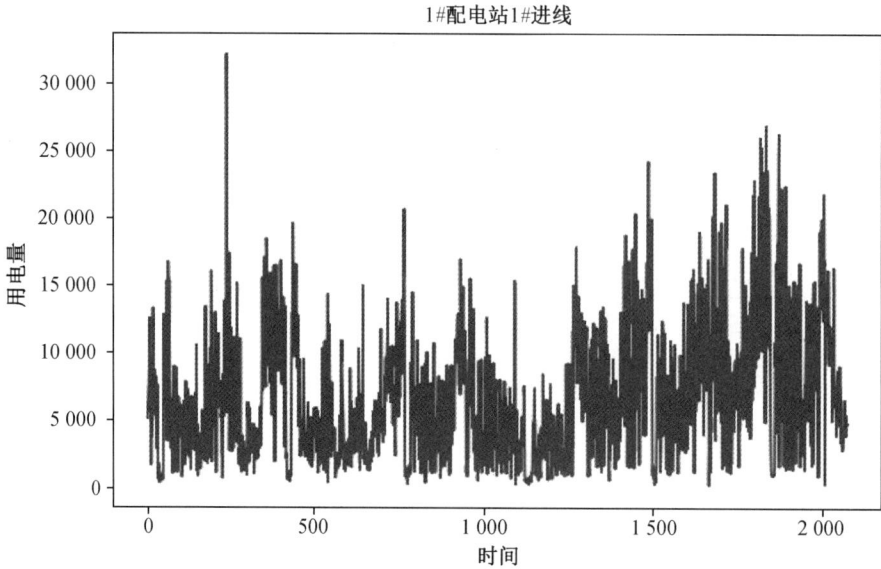

图 6-4　1#配电站 1#进线数值折线图

序号	工装名称	程序名	完成	派工日	完工日	材质	板厚	板长	板宽	数量/块	机器代	操作人	切割米数	工时	跨
1	烟囱标记		OK	12月26日	12月26日	A	6	1820	1205	1	B-3	L29	23.6	0.18	B
2	条子	150*880		12月26日	12月26日					10	B-3	L29	21.0	0.20	B
3	舱口盖机加工零件		OK	12月27日	12月27日	A	20	4850	1301	1	B-3	L29	81.5	0.72	B
4	舱口盖机加工零件		OK	12月27日	12月27日	AH36	30	3770	2360	1	B-3	L29	55.2	0.71	B
5	舱口盖机加工零件		OK	12月27日	12月27日	A	20	3420	780	1	B-3	L29	16.3	0.15	B
6	舱口盖机加工零件		OK	12月27日	12月27日	A	20	5000	780	1	B-3	L29	16.3	0.14	B
7	舱口盖机加工零件		OK	12月27日	12月27日	A	20	1830	780	1	B-3	L29	16.3	0.14	B
8	马板	MB	OK	12月28日	12月28日	A	16	440	340	83	D-9	D2	290.5	2.49	D
9	密性眼板		OK	12月28日	12月28日	A	16	700	175	88	B-1	Y9	431.2	3.52	B
10	条子	14*100*1800	OK	12月28日						15	D-8	L37	57	0.45	D
11	引熄弧板	YXHB	OK	12月29日	12月29日	A	8	341	335	76	C-5	G3	175	2.28	C
12	复板切割		OK	12月30日	12月30日	AH32	16	3680	1250	1	C-5	L36	59.2	1.44	C
13	复板切割		OK	12月30日	12月30日	A	18	5920	630	1	C-5	L36	5.6	0.14	C
14	复板切割		OK	12月30日	12月30日	A	10	3020	2550	1	C-5	G3	57.2	1.04	C
15	部件工装		OK	12月30日	12月30日	A	8	700	700	20	B-2	C3	128	2.60	B
16	部件工装	GZ-BJ-02	OK	12月30日	12月30日	A	8	541	266	30	B-2	C3	42	0.60	B
17	复板切割		OK	12月30日	12月30日	AH36	8	1211	500	1	D-9	W14	6.1	0.09	D
18	引熄弧板	YXHB	OK	12月30日	12月30日	A	8	341	335	46	C-5	S8	105.8	1.38	C
19	引熄弧板	YXHB	OK	12月30日	12月30日	A	8	341	335	21	C-5	G3	48.3	0.63	C
20	引熄弧板		OK	12月31日	12月31日	AH36	16	1950	1290	1	D-7	W17	17.3	0.36	D
21	H1468管口保护闷板		OK	12月31日	12月31日	A	6	1670	1665	15	D-8	L37	154.5	1.50	D
22	H1468管口保护闷板		OK	12月31日	12月31日	A	6	2000	1005	7	D-8	L37	86.1	1.26	D
23	FPSO试板		OK	12月31日	12月31日	A	6	360	250	4	D-8	L37	15.2	0.12	D
24	引熄弧板	YXHB	OK	12月31日	12月31日	A	8	341	335	38	C-5	S8	87.4	1.14	C
25	格栅	GS-13	OK	12月31日	12月31日	A	8	1720	280	10	C-4	D7	42	0.50	C
26	格栅	GS-03	OK	12月31日	12月31日	A	8	1720	280	10	C-6	G4	42	0.50	C
27	格栅	GS-02	OK	12月31日	12月31日	A	8	1670	280	3	C-5	B1	11.4	0.09	C
28	组立工装		OK	1月2日	1月2日	A	12	5000	170	15	D-8	L37	22.5	0.30	D
29	格栅	GZ-GS-03	OK	1月2日	1月2日	A	8	1720	280	1	C-6	G4	25.2	0.30	C
30	工务工装	GZ-GW-03	OK	1月3日	1月3日	A	18	520	520	7	D-9	Z23	16.8	0.35	D
31	工务工装	GZ-GW-02	OK	1月3日	1月3日	A	18	620	420	7	D-9	Z23	16.8	0.35	D
32	工务工装	GZ-GW-01	OK	1月3日	1月3日	A	20	320	170	40	D-9	D2	36	0.80	D
33	FPSO试板	GZ-SB-02	OK	1月3日	1月3日	A	20	320	170	20	D-9	Z23	18	0.40	D
34	FPSO试板	GZ-SB-01	OK	1月3日	1月3日	A	20	320	170	20	D-9	D2	18	0.40	D
35	FPSO试板	GZ-SB-01	OK	1月3日	1月3日	A	20	320	170	20	D-8	Y	18	0.40	D

图 6-5　切割工序 19 年物量数据

Interquartile Range = Third Quartile - First Quartile

对于不满足上述条件的数据予以剔除,采用该规则对"1#配电站 1#进线"数据进行清洗,结果如图 6-7 所示。

横虚线即为清洗上界,超过该值的数据即为异常值,下界由于小于零值,没有实际意义,故没有画出。由图中数据明显看出,在 270 天的离群点已经剔除,但是在 250 天的离群点高于 25 000 的离群点仍未被去除,清洗效果没有达到预期效果,可能会对后期数值预测带来不便和偏差,故没有采用此种方法。

完工日期	切割时间a(min)	切割时间b(min)	总切割时间(min)	吨位a(t)	吨位b(t)	总切割吨位(t)	切割长度a(m)	切割长度b(m)	总切割长度(m)	车间总切割
2019/1/2	2463.12	174	2637.12	245.37025	4.0500591	249.4203082	8004.96	217.9	8222.86	12353
2019/1/3	2576.45	279.6	2856.05	333.28004	2.7936066	336.0736425	7039.77	226	7265.77	11763
2019/1/4	2058.4	207	2265.4	236.63477	7.2569806	243.8917527	6217.14	282.5	6499.64	12065
2019/1/5	29.85	34.8	64.65	8.4994717	3.9156161	12.41508782	71.22	65.1	136.32	10015
2019/1/7	1351.8	8.4	1360.2	169.08118	0.2617539	169.3429323	5925.97	10.7	5936.67	11281
2019/1/8	834.53	115.2	949.73	59.762755	0.7868907	60.54964599	3277.99	191.9	3469.89	13596
2019/1/9	1245.48	950.4	2195.88	78.042919	0.6729485	78.71586731	4130.79	1345.8	5476.59	11126
2019/1/10	2487.07	351.6	2838.67	171.30845	1.3881383	172.6965855	7807.01	431.8	8238.81	13137
2019/1/11	1719.14	129.6	1848.74	116.77909	0.5982254	117.3773198	5188.65	175.3	5363.95	9750
2019/1/12	1992.57	613.8	2606.37	116.90773	3.0758439	119.9835736	6407.53	1552.1	7959.63	13823
2019/1/13	2290.89	304.2	2595.09	201.24051	1.4206228	202.6611367	6348.15	653.3	7001.45	9340

图6-6　预处理之后的数据信息

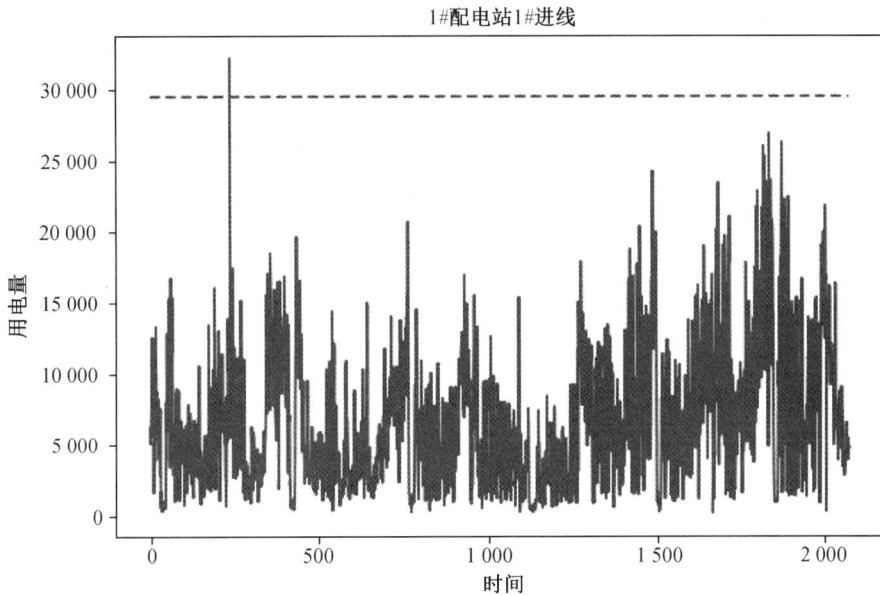

图6-7　方法1——1#配电站1#进线数值折线图(极值过滤优化后)

方法2　正态分布法

如图6-8所示,方法2的思路是利用离群点的绝对值离总体数据平均值差异大于标注差倍数的性质来进行过滤。根据正态分布的定义可知,数据点落在偏离均值正负1倍标准差(即sigma值)内的概率为68.2%;数据点落在偏离均值正负2倍标准差内的概率为95.4%;数据点落在偏离均值正负3倍标准差内的概率为99.6%。在这种情况下,异常值是指一组测定值中与平均值的偏差超过2倍标准差的测定值。与平均值的偏差超过3倍标准差的测定值,称为高度异常的异常值。在处理数据时,应剔除高度异常的异常值。用公式表示即为

$$abs(data_i) - mean(data) \leq 3 * std(data)$$

其中,$abs(data_i)$为检测数据的绝对值;$mean(data)$是数据的均值;$std(data)$为数据标准差。

添加以上规则之后,对数据重新清洗。横虚线即为清洗上界,超过该值的数据都被视为异常值,可以看到,优化之后离群点剔除较全,清洗效果比方法1更好。

143

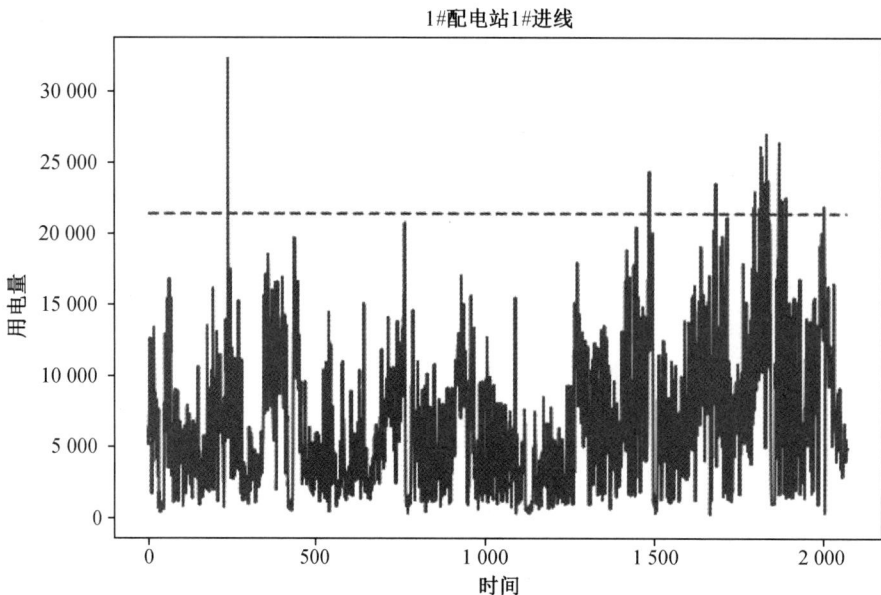

图 6-8　方法 2——1#配电站 1#进线数值折线图（正态分布法优化后）

方法 3　局部异常因子算法

在中等高维数据集上执行异常值检测的另一种有效方法是使用局部异常因子（local outlier factor，LOF）算法。LOF 通过计算一个数值 score 来反映一个样本的异常程度。这个数值的大致意思是：一个样本点周围的样本点所处位置的平均密度与该样本点所在位置的密度的比值。比值越大于 1，则该点所在位置的密度越小于其周围样本所在位置的密度，这个点就越有可能是异常点。

在此项目中，尝试将特征量与时间的关系转换为特征量与特征量之间的散点图，再用 LOF 算法剔除异常点，剔除效果如图 6-9 所示。

如图 6-9 所示，为切割车间的切割电量和切割时间的散点图，黑色点即为 LOF 算法剔除的异常点，可以看到距离群落较远的点都被视为异常点剔除了。

方法 4　散点图线性拟合剔除异常点

这个方法的核心就是多元线性回归，对于图 6-9 所示的散点图，通过线性拟合，确立两个特征量的线性关系，对于距离拟合直线距离较远的点，予以剔除。

如图 6-10 所示，为散点图线性拟合去除异常点的效果，中间的拟合直线为预测，上下两条直线为预测上下限，对于超过界限的点均视为异常点，予以剔除。剔除的上下限可以根据专家的意见进行相应修改。

3. 基于机器学习的数据预处理

上述方法为非动态，清洗上下界为常量，不能针对数据的更新进行动态清洗，于是在基于切割加工物量影响因素的切割车间电量的预测部分，我们设计了一种新的数据清洗方法：基于核密度的方法。

1#配电站1#进线

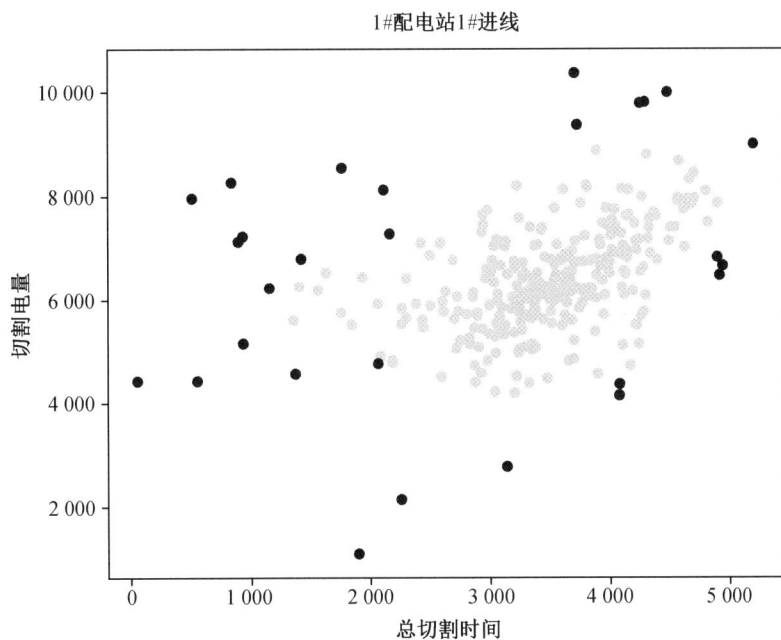

图 6-9 LOF 算法剔除异常点效果图

1#配电站1#进线

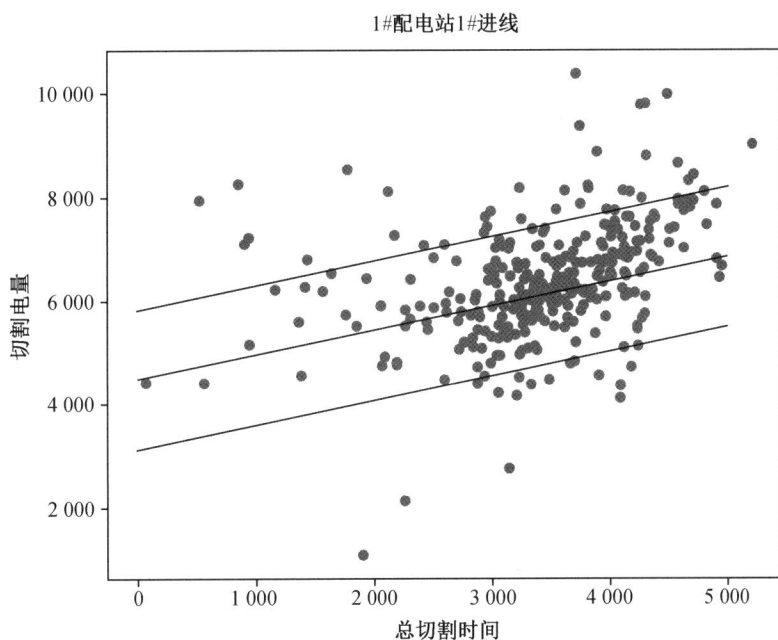

图 6-10 线性拟合剔除异常点效果图

核密度估计是一种非参数估计方法,在无须假设数据分布的条件下估计未知密度函数。该方法是一种基于核密度估计的单指标异常检测算法,通过估计当前点所在时间段的概率分布从而判定异常,具有实时性、轻量级、多维度的特点。

相较于传统算法,基于核密度的方法是一种无监督的在线学习算法,同时适用于周期性与非周期性指标数据,可根据实际数据的类型和长度进行自适应学习,最少仅需 1 天的数据,可以自动识别指标模式变换及趋势偏移,适用于各种类型性能指标及业务类指标的异常检测,如图 6-11 所示。

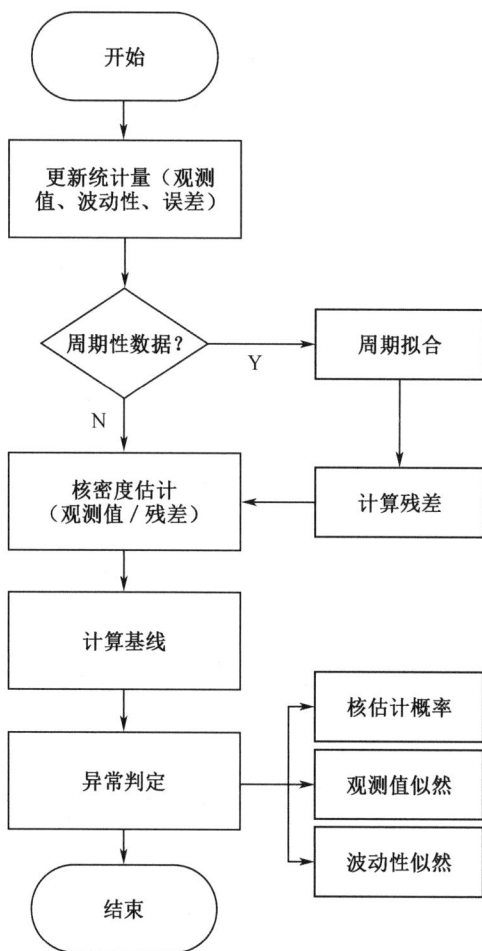

图 6-11　基于核密度的方法流程

基于核密度的方法采取如下几个策略:
(1)对周期和非周期类型的数据采用不同的检测逻辑,适用范围广;
(2)历史数据中剔除极端波动点,减缓异常点的影响;
(3)核密度估计的对象不仅仅局限于观测值,可支持多维;
(4)综合核密度估计结果和相关统计量进行异常判定,鲁棒性强。

如图 6-12 所示,在对物量数据进行整合后,基于核密度的方法对于超过上下限的异常点予以标记,剔除这些异常波动点后,对于采用的线性回归预测电量提供了更加稳定的数据,有利于提高后期预测的准确度和精度。

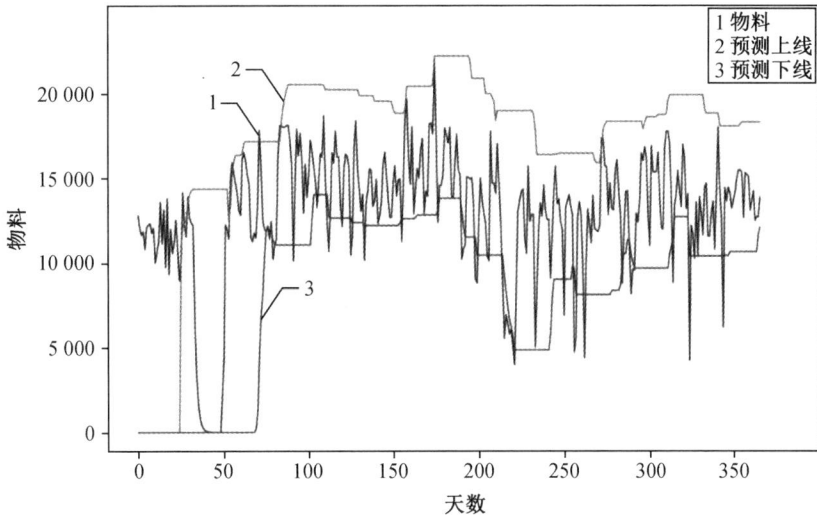

图 6-12 采用核密度方法清洗物量数据的效果图

6.3 基于电能历史记录的智能能耗预测与预警技术

针对用电量预测问题,从物理模型出发,根据车间用电量与实际影响因素(主要是加工物量)之间的关系进行建模,挖掘用电量与物量之间的内在关系,利用物量输入来预测对应的电量消耗。物理模型与生活实际联系紧密,得到的预测结果具有说服力和实际意义,最终目标是希望对现有数据进行深层次挖掘,建立高效、稳定的数据预测模型。基于大数据的船厂智能能源管控研究,为智能预警以及调度提供数据基础,将船厂电能预测调度程序智能化,实现面向船舶智能制造的具体应用的支撑。

6.3.1 用电量预测与预警实现方法

1. 用电量预测

针对用电量预测问题,总体思路是基于车间积累的电能消耗数据与加工物量数据,建立电能消耗模型,基于模型进行用电量的预测,作为用电量预警和平衡调度的依据。

2. 基本算法介绍

在以物量为主要影响因素的电量预测的过程中,使用多特征量关系挖掘的算法,将用电量数据与物量数据背后的潜在关系分析提取出来,作为预测的依据。在此提及一下算法并解释原理。

(1) XBGoost 算法。XGBoost 是一个优化的分布式梯度增强库,旨在实现高效、灵活和便携。它在 Gradient Boosting 框架下实现机器学习。XGBoost 提供并行树提升(也称为GBDT,GBM),可以快速、准确地解决许多数据问题。相同的代码在主要的分布式环境(Hadoop,SGE,MPI)下运行,并且可以解决数十亿个示例之外的问题。

XGBoost 是对梯度提升算法的改进,求解损失函数极值时使用了牛顿法,将损失函数泰勒展开到二阶,另外损失函数中加入了正则化项。训练时的目标函数由两部分构成,第一

部分为梯度提升算法损失,第二部分为正则化项。损失函数定义为

$$L(\phi) = \sum_{i=1}^{n} l(y_i', y_i) + \sum_k \Omega(f_k)$$

其中 n 为训练函数样本数,l 是对单个样本的损失,假设它是凸函数,为模型对训练样本的预测值,为训练样本的真实标签值。正则化项定义了模型的复杂程度:

$$\Omega(f) = \gamma T + \frac{1}{2}\lambda \|\omega\|^2$$

XGBoost 使用了一阶和二阶偏导,二阶导数有利于梯度下降得更快、更准。使用泰勒展开取得函数作为自变量的二阶导数形式,可以在不选定损失函数具体形式的情况下,仅仅依靠输入数据的值就可以进行叶子分裂优化计算,本质上也就把损失函数的选取和模型算法优化/参数选择分开了。这种去耦合增加了 XGBoost 的适用性,使得它按需选取损失函数,可以用于分类,也可以用于回归。

(2)LR 算法。在本项目中,因为考虑了多个特征量,故为多元线性回归模型。一元线性回归是一个主要影响因素作为自变量来解释因变量的变化,在现实问题研究中,因变量的变化往往受几个重要因素的影响,此时就需要用两个或两个以上的影响因素作为自变量来解释因变量的变化,这就是多元回归亦称多重回归。当多个自变量与因变量之间是线性关系时,所进行的回归分析就是多元线性回归。设 y 为因变量,$x_1, x_2, \cdots, x_k$ 为自变量,并且自变量与因变量之间为线性关系时,多元线性回归模型为 $y = b_0 + b_1 x_1 + \cdots + b_k x_k + e$,其中,$b_0$ 为常数项,$b_1, b_2, \cdots, b_k$ 为回归系数,b_1 为 $x_2, \cdots, x_k$ 固定时,x_1 每增加一个单位对 y 的效应,即 x_1 对 y 的偏回归系数;同理 b_2 为 $x_1, x_3, \cdots, x_k$ 固定时,x_2 每增加一个单位对 y 的效应,即 x_2 对 y 的偏回归系数,等等。

建立多元线性回归模型时,为了保证回归模型具有优良的解释能力和预测效果,应首先注意自变量的选择,其准则如下:

(1)自变量对因变量必须有显著的影响,并呈密切的线性相关;

(2)自变量与因变量之间的线性相关必须是真实的,而不是形式上的;

(3)自变量之间应具有一定的互斥性,即自变量之间的相关程度不应高于自变量与因变量之间的相关程度;

(4)自变量应具有完整的统计数据,其预测值容易确定。

多元线性回归模型的参数估计同一元线性回归方程一样,也是在要求误差平方和为最小的前提下,用最小二乘法求解参数。

3. 基于影响因素的用电量预测

鉴于船厂车间的用电量数据与加工物量相关性较强,考虑将物量作为影响特征量加入预测电量的因素中。船厂提供了切割车间 2019 年全年每天每张钢板的切割物量数据,部分数据显示如图 6-13 所示。

其中每个完工日期的每张钢板的板厚、板长、板宽、切割米数和总的切割预算工时(总切割时间)是需要的物量数据,也就与用电量相关度较高的特征量,故选取上述几个量作为挖掘模型输入的特征,在模型输入过程中总结为"总切割时间(min)""总切割吨位(t)""总切割长度(m)"三个自变量。

序	工装名称	程序名	完成	派工日	完工日	材质	板厚	板长	板宽	数量	机器代	操作人	切割米数	LB	跨
1	烟囱标记	[涂黑]	OK	12月26日	12月26日	A	6	1820	1205	1	B-3	L29	23.6	0.18	B
2	条子	150*880	OK	12月26日	12月26日					10	B-3	L29	21.0	0.20	B
3	舱口盖机加工零件	[涂黑]	OK	12月27日	12月27日	A	20	4850	2360	1	B-3	L29	81.5	0.72	B
4	舱口盖机加工零件	[涂黑]	OK	12月27日	12月27日	AH36	30	3770	2360	1	B-3	L29	55.2	0.71	B
5	舱口盖机加工零件	[涂黑]	OK	12月27日	12月27日	A	20	3420	780	1	B-3	L29	16.3	0.15	B
6	舱口盖机加工零件	[涂黑]	OK	12月27日	12月27日	A	20	5000	780	1	B-3	L29	16.3	0.14	B
7	舱口盖机加工零件	[涂黑]	OK	12月27日	12月27日	A	20	1830	780	1	B-3	L29	16.3	0.14	B
8	马板	MB	OK	12月27日	12月27日	A	16	440	340	83	D-9	D7	290.5	2.49	D
9	密性眼板	[涂黑]	OK	12月28日	12月28日	A	16	700	175	88	B-1	Y9	431.2	3.52	B
10	条子	14*100*1800	OK							15	D-8	L37	57	0.45	D
11	引想弧板	YXHB	OK	12月29日	12月29日	A	8	341	335	76	C-5	G3	175	2.28	C
12	复板切割	[涂黑]	OK	12月30日	12月30日	AH32	16	3680	1250	1	C-5	L36	59.2	1.44	C
13	复板切割	[涂黑]	OK	12月30日	12月30日	A	18	5920	630	1	C-5	L36	5.6	0.14	C
14	复板切割	[涂黑]	OK	12月30日	12月30日	A	10	3020	2550	1	C-5	G3	57.2	1.04	C
15	部件工装	GZ-B1-??	OK	12月30日	12月30日	A	8	700	700	20	B-2	C3	1.28	2.60	B
16	部件工装	[涂黑]	OK	12月30日	12月30日	A	8	541	266	30	B-2	C3	42	0.60	B
17	复板切割	[涂黑]	OK	12月30日	12月30日	AH36	8	1211	500	1	D-9	W14	6.1	0.09	D
18	引想弧板	YXHB	OK	12月30日	12月30日	A	8	341	335	46	C-5	S8	105.8	1.38	C
19	引想弧板	YXHB	OK	12月30日	12月30日	A	8	341	335	21	C-5	G3	48.3	0.63	C
20	复板切割	[涂黑]	OK	12月31日	12月31日	AH36	16	1950	1290	1	D-7	W17	17.3	0.16	D
21	H1468管口保护闸板	GZ-FU3-01	OK	12月31日	12月31日	A	6	1670	1665	15	D-8	L37	154.5	1.50	D
22	H1468管口保护闸板	GZ-FU3B-00?	OK	12月31日	12月31日	A	6	2000	1005	7	D-8	L37	86.1	1.26	D
23	FPSO试板	GZ-SB-01	OK	12月31日	12月31日	A	6	360	250	4	D-8	L37	15.2	0.12	D
24	引想弧板	YXHB	OK	12月31日	12月31日	A	8	341	335	38	C-5	S8	87.4	1.14	C
25	格栅	GS-01	OK	12月31日	12月31日	A	8	1720	280	10	C-4	D7	42	0.50	C
26	格栅	GS-03	OK	12月31日	12月31日	A	8	1720	280	10	C-4	G4	42	0.50	C
27	格栅	GS-02	OK	12月31日	12月31日	A	8	1670	280	3	C-5	B1	11.4	0.09	C
28	组立工装	[涂黑]	OK	1月2日	1月2日	A	12	5000	170	15	C-6	L37	22.5	0.30	C
29	格栅	GZ-GS-03	OK	1月2日	1月2日	A	8	1720	280	1	C-6	G4	25.2	0.30	C
30	工务工装	GZ-GW-0?	OK	1月3日	1月3日	A	18	520	520	7	D-9	Z23	16.8	0.35	D
31	工务工装	[涂黑]	OK	1月3日	1月3日	A	18	620	420	7	D-9	Z23	16.8	0.35	D
32	工务工装	GZ-GW-0?	OK	1月3日	1月3日	A	20	320	170	40	D-9	D2	36	0.80	D
33	FPSO试板	GZ-SB-02	OK	1月3日	1月3日	A	20	320	170	20	D-9	D2	18	0.40	D
34	FPSO试板	GZ-SB-01	OK	1月3日	1月3日	A	20	320	170	20	D-9	D2	18	0.40	D
35	FPSO试板	GZ-SB-00	OK	1月3日	1月3日	A	20	320	170	20	D-8	Y	18	0.40	D

图6-13　切割车间物量数据

　　通过对切割车间设备列表图的探究,考虑到夏季月份和非夏季月份电量与影响因素关系中存在是否开启风机这一差别,而风机消耗的用电量不能忽略,所以决定对夏季和非夏季分别进行建模,分别考虑开启风机和没有开启风机两种情况的预测模型;同时为了提升模型实用性和预测精度,在考虑天气炎热和寒冷时候用电量的差异,引入温度这一特征量,放入预测模型中。

　　切割车间0-5#变电站2019年供电设备列表和对应温度数据表如图6-14、图6-15所示。

0-5#车间的设备包括:

设备名称	功率	对应数据表格维度	备注	电量消耗的影响因素的维度
等离子切割机 C4C5C6D7D8D9 (包含离心通风机、滤筒除尘器)	90KW*6 台	"设备编号" C-4,C-5,C-6, D-7,D-8,D-9	包含离心通风机和滤筒除尘器的耗电量。划线时功率大约5KW。空闲时,大约1KW。空闲时,不关除尘,约18KW;最大功率切割时,大约60KW.(包括18KW的除尘)引割功率:3KW(切割机厂商给出的数据)	Y 空行时间 AA 划线时间 AC 引割时间 AE 切割时间 M 切割长度(待专家确认)
半门式起重机	12.8kw*5 台	///		Q 板厚*R 板宽*S 板长
照明控制箱	0.2KW*180 个灯		工作时间 8am-17pm 17pm-02/03am (中班)	
岗位风机 落地风机	1.1KW*4 台		6 月到10月工作	
岗位风机 挂壁风机	3KW*17 台		6 月到10月工作	

图6-14　0-5#车间设备列表图

时间	温度
2019-01-01	4.04
2019-01-02	4.86
2019-01-03	7.47
2019-01-04	9.46
2019-01-05	8.22
2019-01-06	7.18
2019-01-07	7.37
2019-01-08	6.76
2019-01-09	5.12
2019-01-10	6.68
2019-01-11	7.83
2019-01-12	6.64
2019-01-13	6.12
2019-01-14	7.65
2019-01-15	7.32
2019-01-16	3.98
2019-01-17	4.68
2019-01-18	6.26
2019-01-19	8.70
2019-01-20	6.61
2019-01-21	5.18

图 6-15　船厂 2019 年对应温度数据表

将船厂提供的物量与其对应的电能消耗数据做分析,首先对数据进行清洗,清洗采用的是散点图线性回归数据清洗方法,筛选去除异常点之后,通过 XGBoost 回归和多元线性回归算法,对用电量数据建立回归模型,将回归预测结果与实际值进行比较,检验物量预测电量的准确程度。

导入模型训练的预处理后的数据如图 6-16 所示。

完工日期	切割时间a(min)	切割时间b(min)	总切割时间(min)	吨位a(t)	吨位b(t)	总切割吨位(t)	切割长度a(m)	切割长度b(m)	总切割长度(m)	车间总切
2019/1/2	2463.12	174	2637.12	245.37025	4.0500591	249.4203082	8004.96	217.9	8222.86	12353
2019/1/3	2576.45	279.6	2856.05	333.28004	2.7936066	336.0736425	7039.77	226	7265.77	11763
2019/1/4	2058.4	207	2265.4	236.63477	7.2569806	243.8917527	6217.14	282.5	6499.64	12065
2019/1/5	29.85	34.8	64.65	8.4994717	3.9156161	12.41508782	71.22	65.1	136.32	10015
2019/1/7	1351.8	8.4	1360.2	169.08118	0.2617539	169.3429323	5925.97	10.7	5936.67	11281
2019/1/8	834.53	115.2	949.73	59.762755	0.7868907	60.54964599	3277.99	191.9	3469.89	13596
2019/1/9	1245.48	950.4	2195.88	78.042919	0.6729485	78.71586731	4130.79	1345.8	5476.59	11126
2019/1/10	2487.07	351.6	2838.67	171.30845	1.3881383	172.6965855	7807.01	431.8	8238.81	13137
2019/1/11	1719.14	129.6	1848.74	116.77909	0.5982254	117.3773198	5188.65	175.3	5363.95	9750
2019/1/12	1992.57	613.8	2606.37	116.90773	3.0758439	119.9835736	6407.53	1552.1	7959.63	13823
2019/1/13	2290.89	304.2	2595.09	201.24051	1.4206228	202.6611367	6348.15	653.3	7001.45	9340

图 6-16　预处理后的数据

通过对切割车间的用电量及其影响因素进行分析建模,寻找符合切割车间实际的用电量与其影响因素的对应关系。通过输入将来加工物量的计划数值求出用电量的预测值。

4. 用电量预警

针对用电量预警问题,提出分别采取固定阈值和动态阈值的方式进行预警。采取固定阈值预警时,由专家给出不同车间/工序的用电量预警阈值,当用电量实际值超过阈值时报警。

采取动态阈值预警时,当用电量实际值与预测值的偏差超出限定值时,则说明可能有异常发生,从而及时进行报警。限定值可以由专家给出,比如偏差超出预测值 30% 的时候,启动用电量预警。

6.3.2 结果分析

1. 准确性分析

将切割车间 0-5# 变电站 2019 年用电量与其影响因素进行数学模型线性回归计算,计算的结果如图 6-17 所示。

完工日期	割时间a(m	割时间b(m	割时间(n	吨位a(t)	吨位b(t)	切割吨位	割长度a((	割长度b(	切割长度(	切割长度/车间总	度*切割长度/	度*板厚a(度	*板厚b(长度	长度*板厚(	切割电量	温度	pre	误差
2019-01-02 00:00:00	2463.12	174	2637.12	245.3702	4.050059	249.4203	8004.96	217.9	8222.86	12353	0.665657	97756.08	3834.55	101590.6	6160	4.86	5935.24	3.65%
2019-01-03 00:00:00	2576.45	279.6	2856.05	333.28	2.793607	336.0736	7039.77	226	7265.77	11763	0.61768	107049.8	4113.2	111163	6020	7.47	6161.175	2.35%
2019-01-04 00:00:00	2058.4	207	2265.4	236.6348	7.256981	243.8918	6217.14	282.5	6499.64	12065	0.538719	84445.77	3515.05	87960.82	5520	9.46	5701.936	3.30%
2019-01-05 00:00:00	29.85	34.8	64.65	8.499472	3.915616	12.41509	71.22	65.1	136.32	10015	0.013612	1432.14	715.1	2147.24	4430	8.22	4069.35	8.14%
2019-01-07 00:00:00	1351.8	8.4	1360.2	169.0812	0.261754	169.3429	5925.97	10.7	5936.67	11281	0.526254	47103.47	193.5	47296.97	5590	7.37	5171.594	7.48%
2019-01-08 00:00:00	834.53	115.2	949.73	59.76276	0.786891	60.54965	3277.99	191.9	3469.89	13596	0.255214	31320.16	1921.3	33241.46	5150	6.76	4664.671	9.42%
2019-01-09 00:00:00	1245.48	950.4	2195.88	78.04292	0.672948	78.71587	4130.79	1345.8	5476.59	11126	0.492234	48658.58	11117.6	59776.17	4780	5.12	5269.22	10.23%
2019-01-10 00:00:00	2487.07	351.6	2838.67	171.3084	1.388138	172.6966	7807.01	431.8	8238.81	13137	0.627145	102721.2	4556.35	107277.6	5120	6.68	5845.664	14.17%
2019-01-11 00:00:00	1719.14	129.6	1848.74	116.7917	0.598225	117.3773	5188.65	175.3	5363.95	9750	0.550149	72601.7	1628.7	74230.4	5510	7.83	5216.627	5.32%
2019-01-12 00:00:00	1992.57	613.8	2606.37	116.9077	3.075844	119.9836	6407.53	1552.1	7959.63	10574	0.620836	79554.3	12103.7	91658	5960	6.64	5630.92	5.53%
2019-01-13 00:00:00	2290.89	304.2	2595.09	201.2405	1.420623	202.6611	6348.15	653.3	7001.45	9340	0.74962	98040.65	4868.2	102908.8	4500	6.12	5760.605	28.01%
2019-01-14 00:00:00	3087.41	157.8	3245.21	276.7052	1.452945	278.1582	8912.85	223.8	9136.65	12010	0.760754	128575.2	2360.5	130935.7	5900	7.65	6270.306	6.28%
2019-01-15 00:00:00	2315.76	130.2	2445.96	200.0055	1.681938	201.6874	6396.72	168	6564.72	10574	0.620836	102023.2	1695.6	103718.8	5450	7.32	5681.645	4.25%
2019-01-17 00:00:00	2464.43	1074.6	3539.03	171.647	0.274504	171.9215	8174.25	1223	9397.25	12540	0.749382	99605.17	11669.85	111275	6380	4.68	6163.029	3.40%
2019-01-18 00:00:00	2154.86	1084.8	3239.66	118.2671	6.886368	125.1535	6826.08	1670.8	8496.88	10856	0.78269	90355.57	20490.85	110846.4	4980	6.26	5906.156	18.60%
2019-01-19 00:00:00	2558.86	518.4	3077.26	230.8546	5.157058	236.0116	6883.9	853.3	7736.79	8964	0.863091	112892	15845.9	128318.9	5390	8.7	6049.718	12.24%
2019-01-21 00:00:00	3602.5	559.2	4161.7	212.5162	14.82419	227.3404	11244.17	658.1	11902.27	14173	0.839785	148535.2	9032.25	157567.5	6150	5.18	6636.12	7.90%
2019-01-22 00:00:00	3661.04	343.2	4004.24	312.3596	7.469988	319.8296	9988.52	456.1	10444.62	12175	0.857874	156483.4	4822.9	161306.3	6500	6.72	6708.978	3.22%
2019-01-23 00:00:00	3253.72	93	3346.72	346.6204	2.945372	349.5658	8992.49	129.8	9122.29	11559	0.789194	139817.1	1545.3	141362.4	6260	7.87	6462.974	3.24%

图 6-17 数学模型线性回归计算结果

图 6-17 的列分别表示:多个影响因素、回归模型得到的计算电量值,以及计算电量值与实际电量值的相对误差,且有

$$相对误差 = abs(计算值 - 实际值)/实际值$$

通过 6.2.2 节提到的散点图线性拟合去除异常点,将 2019 年全年的数据点进行清洗筛选,304 个点清洗筛选后得到 279 个数据点,验证方法采用十折交叉验证,确保每一部分的数据都能应用到训练集和测试集中,抽取 90% 的样本作为学习集,另外 10% 的样本作为测试集,部分回归计算效果图如图 6-18 所示。

由图 6-18 可以看到计算模型的回归效果还是比较好的,可以作为电量预测和预警的计算工具。预警阈值暂定为计算值的 70% 和 130%。实际用电量一般在预警下限和预警上限范围之内,如果超限应报警,并分析原因。

表 6-1 是多个预测模型的平均误差结果,可以看到在预测过程中,我们考虑到 6.2.2 节提到的清洗异常点的方法,同时考虑到夏季和非夏季中风机有无启动的问题,然后采用了 XGBoost 和 LR 算法作为回归算法,得到了回归的结果。其中基于核密度的清洗方法效果最好,非夏季的 LR 模型预测平均误差为 8.41%,夏季的为 12.39%,对应的最大误差也在 30% 以内,预测效果基本满足要求。

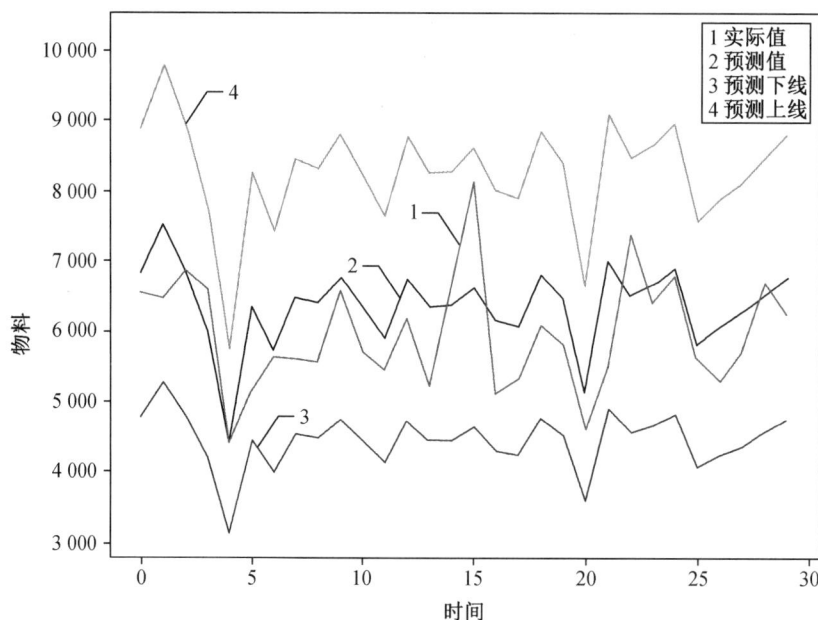

图 6-18　2019 年物量预测效果折线图

表 6-1　预测结果平均误差统计

项目	季节	XGBoost	LR
LOF 去除异常点	夏季	14.31%	12.60%
	非夏季	10.29%	8.49%
基于核密度去除异常点	夏季	13.04%	12.39%
	非夏季	10.50%	8.41%
散点图线性回归去除异常点	夏季	13.22%	12.97%
	非夏季	10.26%	8.82%

2. 性能分析

采用 XGBoost 算法预测的运行时长为 10.34 s,采用 LR 算法运行时长在 5.21 s,所以计算效率没有很大差距,在预测误差方面,XGBoost 对所有情况的预测最大误差在 14.31%,LR 模型预测的最大误差为 12.97%,故在同样计算时间的情况下,可以看到 LR 算法的性能表现更好,但是二者都在同一数量级,运行时间对实际生产的预测不会产生较大影响。

3. 用电量预警

针对用电量预警问题,提出分别采取固定阈值和动态阈值的方式进行预警。采取固定阈值预警时,由专家给出不同车间/工序的用电量预警阈值,当用电量实际值超过阈值时,则进行报警。

采取动态阈值预警时,当用电量实际值与预测值的偏差超出限定值时,则说明可能有异常发生,从而及时进行报警。限定值可以由专家给出,比如偏差超出预测值 30% 的时候,启动用电量预警。

6.3.3 结论

通过调研和分析切割车间 0-5# 变电站供电区域相关设备用电量的影响因素,基于历史记录数据,通过数据预处理和回归计算,我们建立了用电量与其影响因素的数学模型,计算平均误差可控制在 10% 以内,最大误差在 30% 以内,较好地反映了用电量和其影响因素(主要是加工物量数据)之间的关系,为进行基于加工物量生产计划的用电量预测、预警和能源平衡调度奠定了基础。

目前用电量的数据采集采用人工抄表方式,加工物量分 a、b 两类进行记录,部分日期的数据记录存在明显的错误,数据采集质量有待提高。通过应用上述电量预测数学模型,当发现预测值与实际值存在较大偏差时,可以及时地对采集的输入数据进行检验,及时发现数据采集中的问题,不断提高数据采集的质量。在采集数据质量得到提高的基础上,基于新的历史数据重新进行回归计算,可以得到更加准确的用电量与其影响因素的数学模型。

基于以上的研究分析方法,各生产车间的用电量可以找到主要的影响因素。通过历史数据的挖掘,建立数学模型,进行基于影响因素的用电量预测和预警。

6.4 电能平衡调度

6.4.1 船厂电能平衡调度概述

城市电网对船厂提供的是市政两部制 35 kV 供电线路,城市电网要求船厂尽可能使两条线路电量消耗达到平衡。

根据船厂降本增效的需求,基于峰、平、谷时段不同的电费单价,适当调节作业顺序和作业时间,实现用电负荷的削峰填谷,以达到节省电费开支的目的。

为了满足以上要求,本节基于对船舶制造流程历史数据和耗电数据的分析,面向生产计划与能耗预测,开展能耗平衡与调度的研究,从车间层面进行能耗消耗的平衡,协调能源的供应和控制,从而减少不必要的能源损耗。

6.4.2 电能平衡调度方法

城市电网对船厂提供两路进线平衡的要求。根据船厂历史用电数据,分析船厂两路进线电量消耗是否达到平衡的情况,提出了两路进线平衡调度、削峰填谷平衡调度两种方法,来协调船厂的能源管理和控制,从而减少不必要的电能损耗、节省电费支出。两路进线平衡调度方法主要实现船厂内部两路进线的用电负荷和车间任务分配的平衡。削峰填谷平衡调度方法主要为了节省电费开支和合理有序进行生产作业。

6.4.3　两路进线平衡情况分析

图 6-19 所示为历年每天 1#进线电量和 2#进线电量的散点图,每一个点的横坐标 x 表示某一天的 1#进线电量,纵坐标 y 表示 2#进线电量。在 $y=x$ 线上的点表示这一天的两路进线用电量是平衡的,但是仍有许多点不在 $y=x$ 直线上,甚至偏离的距离很大,所以说两路进线用电量不平衡的天数还很多,不平衡也比较严重。

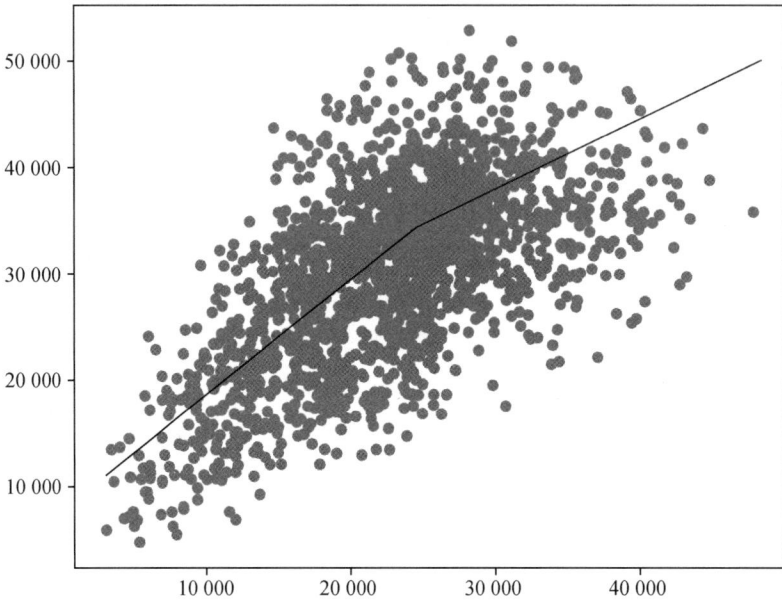

图 6-19　历年每天 1#进线电量和 2#进线电量的散点图

对 x 从 0~25 000 区间和从 25 000~50 000 区间的散点进行线性拟合后,形成了两条拟合线段,如图 6-19 上线段所示。上述两条拟合线段与 $y=x$ 直线较为接近,表明从较长的时间段来看,两路进线的用电量是比较平衡的,从一天的时间段来看,两路进线的用电量不平衡情况较为严重,所以进行电量平衡研究是很有必要的。

6.4.4　两路进线平衡调度方法

1. 调度方法概述

两路进线平衡调度方法主要分为以下两个层面:

(1)基于对历史电能数据的挖掘,从车间层面分析某一车间(如预处理车间、切割加工车间、组立车间和涂装车间)自身实现两路进线平衡调度的可能性。如果某一车间自身实现两路进线平衡调度是可能的,提出实现两路进线平衡调度的方法。

(2)当基于车间层面的平衡调度方法受一些条件的限制无法实现船厂两路进线平衡时,可以从车间以外的层面出发,研究两路进线平衡调度的方法。

2. 车间层面调度方法

车间供电分配图如图 6-20 所示。

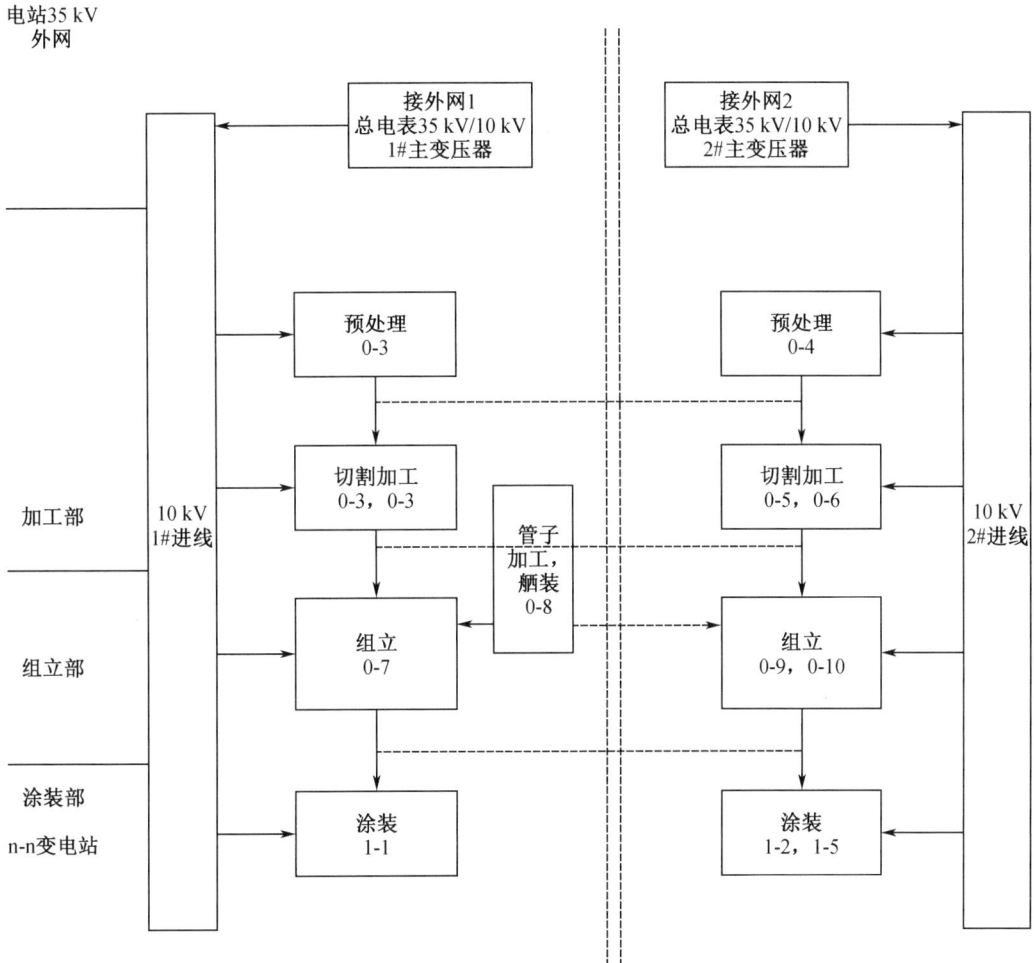

图 6-20　车间供电分配图

由图 6-20 分析可知,该船厂由两条进线(1#进线和2#进线)供电,两条进线分别给钢板预处理车间、板材型材切割加工车间、分段组立车间和涂装车间供电。其中,预处理车间分别由 0-3 变电站(属于 1#进线)和 0-4 变电站(属于 2#进线)供电;切割加工车间分别由 0-1 变电站、0-2 变电站(属于 1#进线)和 0-5 变电站、0-6 变电站(属于 2#进线)供电;组立车间分别由 0-7 变电站、0-8 变电站(属于 1#进线)和 0-9 变电站、0-10 变电站(属于 2#进线)供电;涂装车间分别由 1-1 变电站(属于 1#进线)和 1-2 变电站、1-5 变电站(属于 2#进线)供电。

对于预处理车间,每条进线下仅有 1 个变电站,1#进线是 0-3 变电站,2#进线是 0-4 变电站。图 6-21 所示为每天 0-3 变电站和 0-4 变电站用电量的散点图,每一个点的横坐标 x 表示某一天的 0-3 变电站电量,纵坐标 y 表示 0-4 变电站电量。

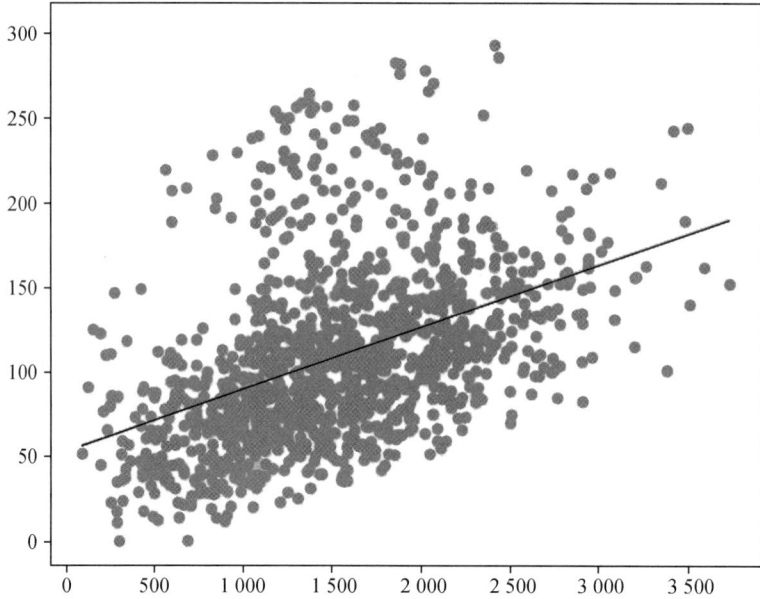

图 6-21　每天 0-3 变电站和 0-4 变电站用电量的散点图

对散点进行线性回归后,可得关系式为

$$y = 0.037x + 53.190$$

线性回归得出的直线如图 6-21 所示。其中 x 为 0-3 变电站的用电量,y 为 0-4 变电站的用电量。可以看出,预处理车间在两条进线之间的用电量差距在 20～30 倍,不在一个数量级,因此该车间无法进行自身的电量平衡。

对于切割车间,包含 0-1、0-2、0-5 和 0-6 四个变电站,其中 0-1、0-2 变电站属于 1#进线,0-5、0-6 变电站属于 2#进线。图 6-22 所示为每天切割车间 1#、2#进线用电量的散点图(2014—2019 年),每一个点的横坐标 x 表示某一天的 1#进线用电量,纵坐标 y 表示某一天的 2#进线用电量。

对两者用电量进行线性回归拟合,可得关系式为

$$y = 0.807x + 2\ 458.587$$

线性回归得出的直线如图 6-22 所示,与 $y = x$ 直线较为接近,表明从较长的时间段来看,切割车间两路进线的用电量是比较平衡的,从一天的时间段来看,两路进线的用电量不平衡情况较为严重。

由于切割车间两路进线的用电量在同一个数量级,因此该车间可以进行自身的电量平衡。

切割车间在一段较长的时间内,两路进线的用电量基本相当,是平衡的,但是在较短的时间内(一天中)不平衡的情况是普遍的,可以通过生产计划的调整进行自我平衡。

根据 6.3 节的预测结果,我们已经把 0-5 变电站的预测电量和其影响因素(主要是作业物量)建立了数学模型,并达到了一定的预测精度(随着采集数据质量的提高,精度还会

提高)。随着研究的进一步深入,我们可以建立切割车间两路进线的用电量和其影响因素(主要是作业物量)的预测数学模型,我们只要输入预测那一天的物量计划,就能够得到预测每路进线的用电量,如果预测出两路进线用电量不平衡,可以通过调整加工计划进行平衡。如切割车间 1#进线有 4 台等离子切割机,2#进线有 6 台等离子切割机,在保证当天加工总物量不变的情况下,在进线两侧的设备之间进行物量的调节分配,例如当 2#进线用电量负荷较高时,减少 2#进线设备的工作时间,将部分加工物量转移到 1#进线。如果某类设备已满负荷运行,则无法调节,可以考虑调节其他类设备的负荷,或调节某一侧进线某个设备的物量,最终使切割车间两路进线的用电量尽量保持平衡。

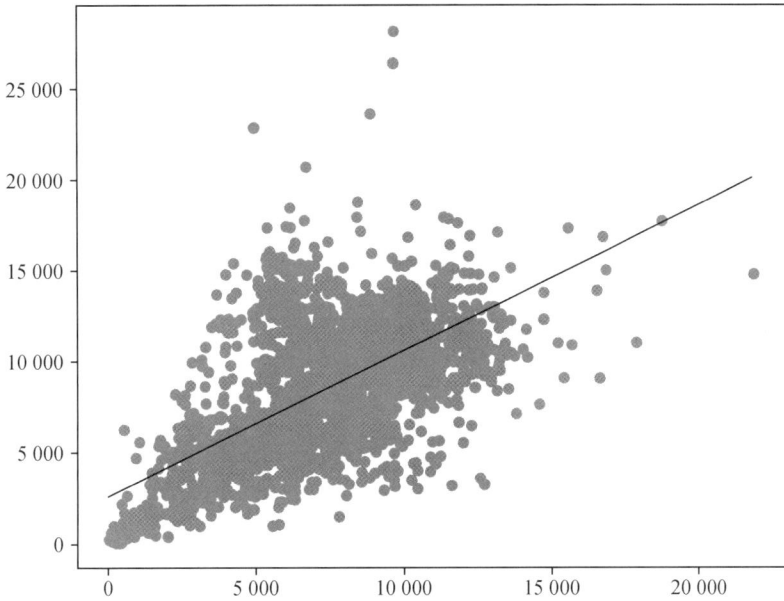

图 6-22　切割车间 1#、2#进线用电量比例关系

对于组立车间,我们求得在 1#进线(含 0-7 变电站、0-8 变电站)用电量与在 2#进线(含 0-9 变电站、0-10 变电站)用电量之间的关系式:

$$y = 0.636x + 782.513$$

其中,x 是 1#进线的用电量,y 是 2#进线的用电量。由于组立车间在两路进线的用电量为同一个数量级,因此该车间可以进行自身的电量平衡。

对于涂装车间,我们求得在 1#进线(含 1-1 变电站)用电量与在 2#进线(含 1-2 变电站、1-5 变电站)用电量之间的关系式:

$$y\_1 = 0.707x\_1 + 10\ 969.095$$

其中,x_1 是 1#进线的用电量,y_1 是 2#进线的用电量。由于涂装车间在两路进线的用电量为同一个数量级,因此该车间可以进行自身的电量平衡。

3. 车间层面以外调度方法

由于基于车间层面的平衡调度方法受一些条件的限制,如当生产计划饱满时,较难进行车间自我调节。因此,可以从车间以外的层面出发,研究全厂两路进线平衡调度的方法。

可以对两路进线的用电设备进行负载的动态调度,比如1#、2#空压站是用电大户,每个空压站由多台空压机构成,分别由两条进线供电,可以通过控制两侧进线上设备的开机时间来进行两路进线的电量动态平衡调节。

可以考虑某些可以选择性接入的负载动态地选择接入时间和接入线路,从而达到动态平衡调节的目的。比如正在调试当中的上层建筑总组平台用电或码头上的海工船用电,可以选择性接入两线中的一条,从而达到平衡的目的。

6.4.5 削峰填谷平衡调度方法

电力资源属于稀缺资源,基于电力供求不平衡的现象,供电企业根据不同用户的需求设置了分时电价(图6-23),以此来改变和调节用户的用电需求,使用户更多地在低谷期用电,一方面实现削峰填谷的目的,优化整体电网的供求关系,另一方面达到减少用电企业用电成本的目的。

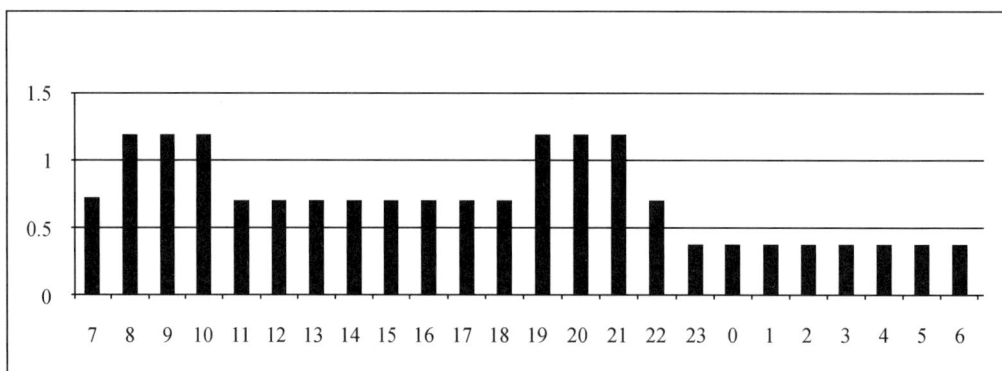

图6-23　船厂各时间段内用电单价

根据船厂减少电费开支的需求,基于用电峰、平、谷时段不同的电费单价,提出削峰填谷平衡调度方法。通过适当调节作业顺序和作业时间,来实现节省电费开支的目标。

对造船厂进行天、月、季、年的能耗研究发现,造船厂的空压站等能源消耗资源,可以将附近的焊接车间和舾装车间多余电网在负荷低谷段的电力用于空压机作业,将压缩空气储存起来,然后在电网负荷高峰时段就可以减少空压机的作业时间,利用削峰填谷的办法,每月可以为该造船厂节省约10%的涂装用电量。

以分段涂装生产作业为切入点,削峰填谷是分段涂装车间在实施精细化能耗管理方面所采取的一项平衡调度措施,主要是根据生产实际情况对车间在喷砂作业过程中的电能消耗情况实施的一项有针对性的降耗改善方案。其方法主要是根据不同时间段的电价区别,充分考虑用电峰时段、平时段和谷时段不同的用电单价,据此来合理安排喷砂生产作业时间,从而实现充分利用谷时段、合理利用平时段,以及少使用峰时段的作业方式进行喷砂及收砂相关作业,最大限度地降低或减少耗电总费用。

涂装车间喷砂完成后,由于收砂相关作业未能及时跟进,致使峰谷时电量阶段产生了2~3 h的空档期,其间没有作业,另外空档期仍然需保持除湿机的正常运转、维持厂房温湿度,导致大量能源浪费。实施无缝衔接能耗管理,经调整后喷砂车间每日电能消耗与调整前相比理论值下浮近35%,与此同时工作时间的调整带来的不仅仅是能耗的降低,更进一步优化了喷砂交验的时间,这对于车间后续的生产计划安排,诸如分段物流、场地布置、油漆喷涂等都起到了积极的促进作用。

根据图6-23所示的用电单价,若将喷砂作业集中安排在夜间23时至次日6时这一时间段内,是最节约电能总费用的安排。但考虑到每日安排生产的分段物量负荷高低不同,且施工作业分段的难度也存在差异等情况,将生产作业周期安排在23:00—6:00这个时间段也仅是理论上的可能性。在实际的生产安排时只能尽可能向谷时电区间靠拢,以此降低生产过程电能消耗总费用。

结合车间管理人员对历史收集数据的统计分析,并根据车间厂房设备资源、人员配置等情况以及历史人均喷砂效率等指标,针对每日不同生产物量阶段化制定每日喷砂计划,进一步将精细化能耗管理深入应用。表6-2为车间每日生产物量及作业时间参考。

表6-2　车间每日生产物量及作业时间参考

当日喷砂物量 M/m^2	$M<3\,000$	$3\,000<M<4\,000$	$M>4\,000$
最早喷砂开始时间	22:00	21:00	20:00
喷砂结束—收砂开始	次日4:00	次日4:30	次日5:00
喷砂交验时间	次日10:00	次日11:00	次日12:00
作业审批层级	主管级	作业长级	部长级

对图6-23和表6-2整体考虑,结合历史经验数据统计并作为重要的参考依据,再由各管理层级人工对生产作业安排进行调度,整体喷砂到收砂交验环节的工作集中在电价较低的时间段;另一方面也能将真空吸砂机的使用控制在谷时段,在控制整体能耗的同时也能有效利用设备设施,提高生产效率。

实施喷砂错峰用电管理,不仅仅使车间整体的电能费用得到下降,更使车间线路损耗和变压器有功损耗下降。基于船厂电能专家的研究成果表明,实施错峰用电管理,对于延长车间设备的使用寿命和减少设备损耗都是有益的。

6.4.6　结论

根据船厂调研的实际情况,结合专家和现场工作人员的实际需求、发电站对船厂提供两路进线平衡的要求,从车间层面进行电能平衡与调度,提出了两路进线平衡调度、削峰填谷平衡调度两种平衡调度的方法,来协调船厂的能源管理和控制,从而减少不必要的电能损耗、节省电费支出。根据船厂两路进线平衡的要求,提出了两路进线平衡调度方法,协调船厂的能源管理和控制,从而减少不必要的电能损耗,节省电费支出。

在车间层面,通过对历史电能数据采用线性回归的拟合方法,分析各车间两路进线的用电量比例关系,指出切割加工车间、组立车间和涂装车间具备自身实现两路进线平衡调度的可能性,并提出了基于生产计划预测两路进线的用电量,并通过生产计划的适度调整进行车间层面两路进线用电量平衡的调度方法。从车间以外的层面,提出了对两路进线的用电设备进行负载的动态调度的平衡方法。

根据船厂减少电费开支的需求,基于用电峰、平、谷时段不同的电费单价,提出削峰填谷平衡调度方法。通过增加空压机在电网负荷低谷时段作业时间,将压缩空气储存起来,然后在电网负荷高峰时段就可以减少空压机的作业时间,降低耗电费用。分段涂装车间实施喷砂错峰用电管理和喷砂完成后及时跟进收砂相关作业,实施精细化能耗管理。

6.5 本章小结

本章以船厂用电量数据为切入点,结合数据挖掘技术,挖掘其隐藏的价值与知识。得到船厂用电量的历史数据后,首先对数据进行预处理,剔除数据中的离群点,使数据更能体现一定的规律。其次对用电量数据进行预测,结合对应车间的加工物量和电量消耗关系,建立挖掘模型,深入研究电量和物量之间的内部联系,建立相关预测模型,进行预测,以此叠加固定阈值和动态阈值进行预警。最后根据电厂实际需求,提出两路进线平衡调度方法,根据船厂节能环保和经济效率的需求,基于峰平谷时段不同的电费单价,提出了削峰填谷平衡调度方法。

本章对船厂各部门各车间用电量的历史数据进行分析,利用数据挖掘技术,通过预测耗电量和平衡调度方法研究,得出用电量的趋势和关系,以达到指导安排生产和节省资源的目的,这正是本章致力于达到的目标。本章可以得到以下几点结论。

(1)通过调研和分析切割车间0-5变电站供电区域相关设备用电量情况,确定了影响电能消耗的影响因素为"总切割时间(min)""总切割吨位(t)""总切割长度(m)"和"温度(℃)"。通过数据预处理和回归计算,建立了用电量与其影响因素的数学模型,计算平均误差可控制在10%以内,最大误差在30%以内,较好地反映了用电量和其影响因素(主要是加工物量数据)之间的关系,为进行基于加工物量生产计划的用电量预测、预警和能源平衡调度奠定了基础。

(2)针对用电量预警问题,提出了分别采取固定阈值和动态阈值的方式进行预警。通过电量预警可以及时发现用电异常,排除故障,或发现数据采集的问题,不断提高数据采集的质量。

(3)根据船厂两路进线平衡的要求,从车间内和车间外两个层面提出了两路进线平衡调度方法。在车间层面,指出切割加工车间、组立车间和涂装车间具备自身实现两路进线平衡调度的可能性,可以基于生产计划预测两路进线的用电量,并通过生产计划的适度调整进行车间层面两路进线用电量平衡的调度。从车间以外的层面,可以通过对两路进线的用电设备进行负载的动态调度进行平衡。

(4)根据船厂节能环保和经济效率的需求,基于用电峰、平、谷时段不同的电费单价,提出了削峰填谷平衡调度方法。通过增加空压机在电网负荷低谷时段作业时间,降低耗电费用。通过分段涂装车间实施喷砂错峰用电管理和喷砂完成后及时跟进收砂相关作业,实施精细化能耗管理,不仅仅车间整体可以达到节省电费开支的目标,更使车间线路损耗和变压器有功损耗下降。基于船厂电能专家的研究成果表明,实施错峰用电管理,对于延长车间设备的使用寿命和减少设备损耗都是有益的。

附录1 《船厂大数据技术应用指南》

前 言

随着新一代信息通信技术的快速发展,数字化、网络化、智能化已经成为未来船舶制造业发展的重要趋势。近年来,我国船舶工业快速发展,骨干船舶企业不同程度地开展了智能化转型的探索工作,纷纷进行自动化、数字化、智能化方面技术升级、设备设施改造,制造技术科研攻关取得了积极进展,智能技术工程化应用成效初显,为船厂大数据应用提供了良好的条件。

《船厂大数据技术应用指南》是"船舶智能制造技术集成应用研究项目"的系列指导文件之一。

本指导文件起草单位:中国船舶工业集团公司第十一研究所。

本指导文件起草人:周同明,谢子明,姜军。

1 范围

本指南以船厂大数据技术应用框架指导文件为基础,提出了船厂大数据技术应用体系架构,分别从基础共性、数据处理、数据挖掘、应用实现四个层面进行了解析,围绕研发设计、生产管理、物流管理、经营管理和智能服务等船舶建造全流程,列举了大数据技术应用的典型场景,并提出了组织实施措施。

本指南可为船舶和海洋工程领域相关的企业单位、研究机构建立大数据技术应用体系与场景应用提供顶层指导及参考借鉴。

2 规范性引用文件

下列文件对于本指南的应用是必不可少的。凡是注日期的引用文件,仅所注日期的版本适用于本指南。凡是不注日期的引用文件,其最新版本(包括所有的修改单)适用于本指南。

GB/T 35295—2017《信息技术大数据术语》

GB/T 38673—2020《信息技术大数据大数据系统基本要求》

GB/T 38633—2020《信息技术大数据系统运维和管理功能要求》

GB/T 38667—2020《信息技术大数据数据分类指南》

GB/T 38666—2020《信息技术大数据工业应用参考架构》

GB/T 38555—2020《信息技术大数据工业产品核心元数据》

GB/T 37722—2019《信息技术大数据存储与处理系统功能要求》

GB/T 35589—2017《信息技术大数据技术参考模型》

3　术语和定义

GB/T 35295—2017、GB/T 38666—2020 界定的以及下列术语和定义适用于本指南。为了便于使用，以下重复列出了 GB/T 35295—2017、GB/T 38666—2020 中的某些术语和定义。

3.1　大数据（big data）

具有体量巨大、来源多样、生成极快且多变等特征并且难以用传统数据体系结构有效处理的包含大数据集的数据。

注：源自 GB/T 35295—2017

3.2　大数据应用（big data application）

利用数据分析的方法，从大数据中发现和挖掘有效信息，为用户提供辅助决策，实现大数据价值的过程，大数据应用的核心是用户的需求，大数据应用的领域包括产品设计、效率提升、决策支持、风险管控、精准营销等。

注：源自 GB/T 38666—2020

3.3　大数据技术（big data technology）

提取大数据价值的专门技术，是针对大数据的获取、存储、管理、分析等所需要的专门技术的总称，可以在可容忍的时间和可行的空间约束内有效地处理大量的数据。适用于大数据的技术包括大规模并行处理数据库、分布式文件系统、分布式计算、云计算、大数据挖掘和分析、互联网和可扩展的存储系统等。

3.4　大数据系统（平台）（big data system（platform））

支撑大数据技术应用，实现大数据处理的软硬件系统，是大数据智能应用的基础平台，其功能和性能对构建其上的大数据应用与服务的质量至关重要。大数据系统主要包括大数据的存储系统、大数据管理系统、大数据的分析处理系统等。

3.5　船厂大数据（shipyard industrial big data）

在船舶制造领域，围绕船舶智能制造模式，在整个船舶全生命周期各个环节所产生的各类数据和信息的总和。

3.6　船厂大数据技术应用（shipyard big data technology application）

船舶与海洋工程企业利用大数据技术，发现和再利用船厂大数据价值的过程。

4　船厂大数据技术应用体系架构

为保证船厂大数据技术建设目标的实现和技术应用的顺利进行，建议按照基础共性、数据处理、数据挖掘、应用实现的 4 层结构框架来构建船厂大数据技术应用体系架构，如图 1 所示。

基础共性层：在对船厂具体业务理解和对所拥有的数据理解的基础上，按照数据规范对整个船舶建造全生命周期中的多源异构数据，按主题进行采集和存储，数据包括设计、生产、物资、物流、仓储、品质管理、成本、人力、设备等方面，并在此过程中严格控制数据的质量。

数据处理层：将分散在制造过程中各个环节的数据，通过船厂大数据平台 Hadoop、Spark 等计算集群进行数据融合，并采用分布式存储与有效的编码管理和元数据管理方式进行数据治理，以实现高效的增、删、改、查等操作，并对有缺陷的数据进行质量修复。

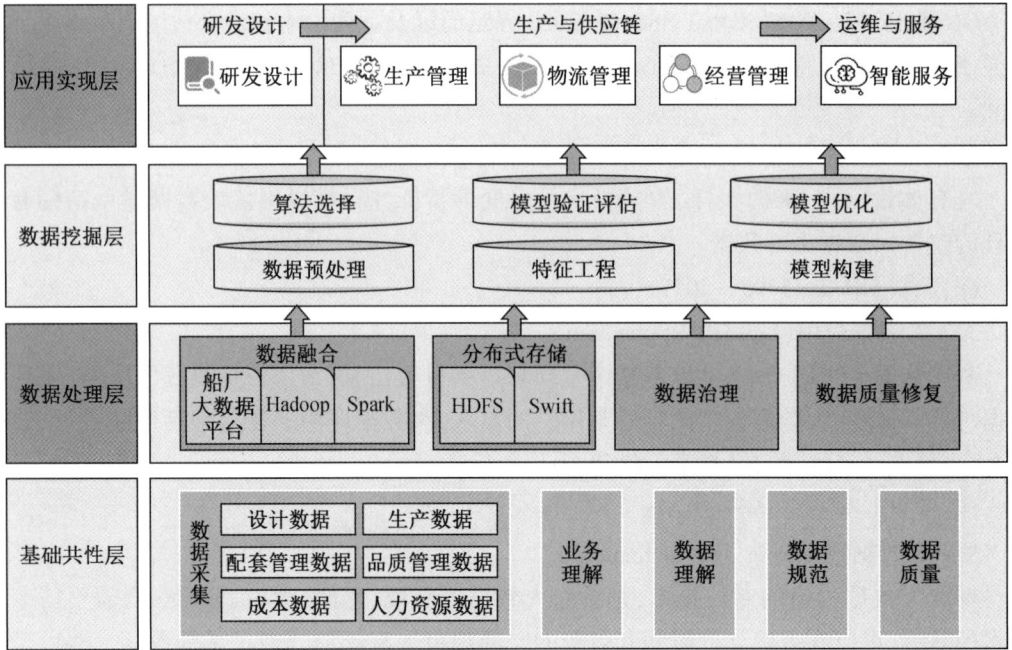

图1 船厂大数据技术应用体系架构

数据挖掘层:通过数据预处理过程消除数据中的噪声,纠正数据的不一致情况,识别和删除离群数据。根据专家的建议提取特征因子,挑出若干相对重要的变量,筛选出能表征关键因素的数据维度。框定优化范围的模型集合,以便在特定模型集合内找出误差最小的模型。根据不同的应用场景,选择最合适的算法。确认数据分析的结果或模型是否适合特定的应用。在应用模型后,找出产生误差的具体原因,进行模型优化。

应用实现层:在整个船舶建造产品生命周期的研发设计、生产管理、物流管理、经营管理、智能服务各个阶段,探索大数据技术应用的场景,加快提升制造过程分析、评估、预测、决策、控制、管理、远程支持等大数据应用能力。

5 船厂大数据技术应用的基础共性层

5.1 数据采集

造船是一项复杂的系统工程,船舶建造的数据采集同样是一个浩大的系统工程,其涉及大量的设计、建造、管理和服务的协同,需要实时地反映信息和数据的变更,并保证数据的一致性。

数据采集针对不同的数据分析主题,开展相应的数据采集工作。船舶建造企业的数据采集的来源主要包含设计数据,生产数据,物资、物流、仓储等配套管理数据,品质管理数据,成本数据和人力资源数据等。

5.1.1 设计数据采集

设计数据包括三个部分:设计模型数据、设计图纸数据和工艺及物量数据。

设计模型数据是针对三维数字化建模要求,按照企业壳、舾、涂一体化设计原则,形成的系列船标准模型。同时根据船东要求,根据具体工程号和标准模型库,建立每条船的设计模型。该模型采集由设计标准类、产品信息类、三维模型类、基础工艺类、船体工艺类、舾装工艺类、涂装工艺类组成的数据。

设计图纸数据采集,建议按照具体工程号和生产工艺要求,采集所进行的生产设计数据,并根据生产建造区域和建造工艺完成并下发现场的图纸数据。

工艺及物量数据采集,需要根据生产计划、生产建造及工艺要求,以及物资采购、物流配送、质量控制等要求,提供给生产管理部、物资配套部、质量保证部和生产现场使用的工艺及物量数据。

设计提供的工艺及物量数据主要由以下几方面构成。

(1)图纸数据:含工程号船下每份图纸的编码。

(2)组立树结构数据:含组立名、质量、焊缝、焊接工艺数据,焊条或焊丝用量数据,为智能焊接设备(如焊接机器人)提供的定位和焊接工艺数据。

(3)切割版图数据:含为智能设备提供的切割指令数据,切割板的规格、材质、米数、空程长度,隶属的工程和分段数据。

(4)物资采购需求数据:采购预估数据,包括钢材、型材、管子、电缆、油漆、主要设备、舾装件等。

(5)物资发放定额托盘数据:按阶段、分段、区域,根据生产派工计划需要以托盘方式组织发放到现场的物料,包括钢板、型材、船体零件、主要设备、舾装件等数据。

(6)为生产定额工时估算所使用的物量数据:以施工图、切割图、安装图为依据的相关物量数据。

5.1.2 生产数据采集

生产数据采集包括生产计划数据、生产作业任务数据、派工结算数据、现场智能生产设备作业运行数据、生产现场视频监控数据以及生产设备数据的采集。

(1)生产计划数据:线表、主计划、先行中日程计划、后行中日程计划、月度计划和周日计划、出图计划、采购计划等数据。

(2)生产作业任务数据:工作包(WP)、作业指令(WO)、派工结算单(WJ)。

(3)派工结算数据:依据作业任务(WP/WO/WJ)和生产计划要求,生产现场作业区进行的作业任务分配,并根据作业任务执行结果进行作业班组人员结算所产生的管理信息数据。

(4)现场智能生产设备作业运行数据:智能切割、焊接机器人、智能焊机、智能喷涂机器人、龙门吊、动能源设备等涉及数字化或智能化设备的运行数据。

(5)生产现场视频监控数据:生产作业工位、中间产品物流配送堆场、仓储、船坞码头登船和下船闸口等监控数据。

(6)生产设备数据:船厂智能切割机、焊接机器人、智能焊机、智能喷涂机器人、龙门吊、动能源设备等涉及数字化或智能化设备的作业设备数、设备性能、设备功率、指标等数据。

5.1.3 物资、物流、仓储等配套管理数据采集

(1)采购数据:依据采购需求(POR)执行所形成的采购订单、采购合同、物资纳期、采购

计划和供应商数据等。这里的物资数据涵盖主要设备类、材料类(钢材、型材)、舾装类(管、铁、电)、涂料类等数据。

(2)仓储数据:对于采购到货并验收通过的物资,需要进行库存管理和申领管理,过程中形成的库位、盘库、申领、发放交接等仓储数据。

(3)中间产品物流数据:生产建造中间环节产生的不同中间产品(涵盖船体零件、中小组立、分段、管舾件、铁舾件、电舾件等)的仓储、申请、发放和交接管理过程所形成的数据。

5.1.4 品质管理数据采集

品质数据主要包括:工程检验项目数据、工程项目质量检验数据、焊接管理数据、产品质量问题数据、设计质量问题数据、不合格品质量管理数据、售后服务数据等。

5.1.5 成本数据采集

为支撑企业运营管理、成本管控和分析的管理要求,建立预算成本、目标成本和完工成本库管理系统,采集与之匹配形成的成本数据。

5.1.6 人力资源数据采集

人力资源数据采集主要是为企业运营管理和生产制造而采集的组织结构信息、人员基本信息、人事管理(人员就职、内部调动、人员离职等)、薪酬、培训等数据。

5.2 业务理解

加强对船厂业务的理解是大数据技术应用的前提。在认识船厂业务的相关对象以及目标要求和条件约束的基础上,选择合适的数据进行挖掘和分析,以及时发现问题,提高工作效率和质量。

5.3 数据理解

业务理解和数据理解要在不断反复的过程中深化。业务理解是数据理解的基础和起点,用于全面理解船厂分析对象和业务需求;数据理解是从数据的角度认识对象和业务,是认识的深化,即判断是否有数据解。数据理解支撑对业务理解的深化。

5.4 数据规范

数据规范采用摘要表示的方式定义和描述船舶建造过程中产生与涉及的数据,摘要内容包括:数据名称、数据类型、长度、说明和备注。每个属性的条目格式如下。

(1)数据名称:数据(或属性)的名称。

(2)数据类型:数据的类型,比如,文本型、数值型、日期型、整型等。

(3)长度:数据的最大长度。

(4)说明:对数据(或属性)的定义或解释说明。

(5)备注:对数据(或属性)的其他信息进行补充说明,比如,数据的单位、数据来源、关联属性等。

5.5 数据质量

数据质量的本质是满足特定分析任务需求的程度。从这种意义上说,需求和目标不同,对数据质量要求就不一样。如果从部署和应用开始,就要考虑到数据的实时性、稳定性;还要考虑到是否会出现"假数据",如果确实存在这种情况,应该如何预防、如何识别,甚至如何修改、如何进行数据修复,等等。当然,这些做法都与具体的应用场景相关。

具体来说,数据质量包括以下几个方面的内容。

(1)完整性:用来衡量数据是否因各种原因采集失败,有丢失现象。

(2)规范性:用于衡量数据在不同场景下的格式和名称是否一致。

(3)一致性:用于度量数据产生的过程是否有含义上的冲突。

(4)准确性:用来衡量数据的精度和正确性。

(5)唯一性:用于度量哪些数据或者属性是否是重复的。

(6)关联性:用于度量数据之间的关联关系是否是完整、正确的。

6 船厂大数据技术应用的数据处理层

6.1 数据融合

船舶制造过程涉及的数据量庞大、类型多样,分散在制造的各个环节,涵盖了研发设计、生产、物流、经营、智能服务等多个阶段,形成了多源异构的海量数据。建议使用船厂大数据平台、Hadoop、Spark 等计算集群,其包含多台服务器,使多服务器协同工作,保持服务器之间的数据通信流畅。

6.2 分布式存储

由于数据和处理量的暴增,不得不采取各种并行算法和分布式处理技术,以提高数据存储和数据处理的效率。存储量是可扩展性的要求,在分布式集群部署环境下,通常要求计算机存储量能够扩展。计算稳定性是指故障容忍能力,在分布式集群部署环境下,通常要求计算框架能够自动对存储失败的错误进行重试。存储量的可扩展性通过分布式系统来实现,例如 HDFS、对象存储 Swift 等,这些技术通过分片技术实现存储容量的水平扩展。

6.3 元数据治理

针对船厂的海量异构数据,进行有效的编码管理和元数据管理,以实现高效的增、删、改、查等操作。根据实际的应用场景需求,迅速地从海量数据中查找到所需数据,并建立新的子表,为后续步骤准备好数据。

6.4 数据质量修复

船厂只有得到高质量的数据才有可能得到高质量、有价值的数据分析结论,数据质量低不仅会降低决策质量,更可能带来难以估量的灾难性后果。数据质量修复主要包括数据缺失处理、数据异常检测与数据错误修复三部分。

7 船厂大数据技术应用的数据挖掘层

船舶大数据技术应用,涵盖了全生命周期的设计研发、生产制造、物流管理、经营管理、智能服务等过程,涉及的数据量庞大、类型多样,分散在各个环节,且需求多样,需要进行多维度关联分析、挖掘、评估、预测及优化,获取智能的、深入的、有价值的信息,并指导企业的生产、经营、管理和运维,实现多问题、多环节乃至全产业链的协同优化,实现真正面向船厂需求的多维度分析与优化应用。

7.1 数据预处理

船舶建造过程中产生的数据由于传感器故障、人为操作因素、系统误差、多数据源、网络传输乱序等因素极易出现噪声、缺失值、数据不一致的情况,直接用于数据分析会对模型的精度和可靠性产生严重的负面影响。在应用数据挖掘建模前,需要采用一定的数据预处理手段,来消除数据中的噪声、纠正数据的不一致、识别和删除离群数据,来提高模型鲁棒性,防止模型过拟合。在实际数据分析工作中涉及的数据预处理技术主要有数据的异常值处理、数据的缺失值处理、数据的归约处理等。

7.2 特征工程

特征就是能够表征业务问题关键因素的数据字段。原始字段有时不能有效表征影响因变量的属性,可采用特征提取技术、特征变换技术,基于原始数据字段加工出有效的高阶特征。筛选特征,可以从最基本的因果关系出发,找到理论上所需要的数据。当理论上所需要的数据不存在的时候,再去找与之相关的数据。面对大量的相关数据,应该进行初步的筛选,根据专家的建议,挑出若干相对重要的变量,筛选出能表征关键因素的数据维度。

7.3 模型构建

建模过程本质上是个寻优的过程,目的是找到最合适描述对象的模型。模型构建的关键是选择特征、模型结构和算法。选择特征,就是选择模型的输入变量;模型结构本质上是用于框定优化范围的模型集合;算法确定优化目标和实施策略,以便在特定模型集合内找出误差最小的模型。

7.4 算法选择

针对船厂人员众多、零部件众多等大样本场景下,统计分析人员、零部件的群体特征,常用统计分析类算法,主要包括数据的离散趋势描述方法、集中趋势描述方法、多元统计学方法、方差分析、功效分析、假设检验分析、列联表分析、对应分析等。

针对船厂分析零部件分类等场景,常用分类算法,主要包括决策树、随机森林、梯度提升树算法、Bayes 类算法等。

针对分段类别多但差异小等场景,常用聚类算法,主要包括基于距离的聚类算法、基于密度的聚类算法、谱聚类算法等。

针对分析加工前后道工序、车间关联性场景,常用关联规则算法,主要包括 Apriori 算法、FTP 算法等。

针对数据质量问题,常用数据修复算法,包括数据异常处理算法、缺失值处理算法等。

针对工时计算的因素合成等场景,常用回归算法,包括线性回归算法、广义线性回归算法、弹性网络回归、岭回归、样条函数回归等。

船厂生产设备产生的数据很多都是高频时序数据,针对时序数据的时间序列类算法主要分六个方面:时间序列的预测算法,如 ARIMA、GARCH 等;时间序列的异常变动模式检测算法,包括基于统计的方法、基于滑动窗窗口的方法等;时间序列的分类算法,包括 SAX 算法、基于相似度的算法等;时间序列的分解算法,包括时间序列的趋势特征分解、季节特征分解、周期性分解等;时间序列的频繁模式挖掘,典型时序模式智能匹配算法(精准匹配、保形匹配、仿射匹配等),包括 MEON 算法、基于 motif 的挖掘方法等;时间序列的切片算法,包括 AutoPlait 算法、HOD-1D 算法等。

船舶建造生产过程中会积累大量的非结构化数据,如维修工单、工艺流程文件、故障记录等,针对这类非结构化数据的文本挖掘类算法,主要涉及分词算法、关键词提取算法、词向量转换算法、词性标注算法等。在生产过程中,需要对生产的产品质量进行检测、控制和优化,针对该类统计质量控制类算法主要有基于 SPC 的控制方法、基于 EWMA 控制图的控制方法、六西格玛管理法等。

船舶建造的大批量生产过程会导致高库存,生产过程中存在人力和物力的浪费,需要通过排程优化、调度优化来灵活安排生产过程,提高生产效率和资源利用率。排程优化类算法主要有线性规划、整数规划、混合整数规划、动态规划、分支定界、基于图论的网络模型优化等。此外,实际应用场景中决策变量和边界条件过多,导致模型求解困难,在求解过程中常常采用一些启发式的算法进行求解。

7.5 模型验证评估

验证和评估环节用于确认数据分析的结果或模型是否适合特定的应用。由于船舶建造领域追求高度的可靠性,对数据分析结果的质量要求很高。验证和评估的本质,就是评价知识或者模型的质量。

7.6 模型优化

模型的优化过程往往是认识更加深入的过程,是模型精度和可靠性不断提高、适用范围逐渐扩大的过程。这个过程的驱动力是模型在某些场景下出现的"异常"或者"误差",优化的过程就是找出产生误差的具体原因的过程。

8 船厂大数据技术应用的应用实现层

船厂大数据技术应用涵盖了整个船舶建造产品生命周期的各个阶段,主要围绕研发与设计、生产与供应链管理、运营与服务三个方面,具体包括研发设计、生产管理、物流管理、经营管理、智能服务 5 个阶段,如图 2 所示。

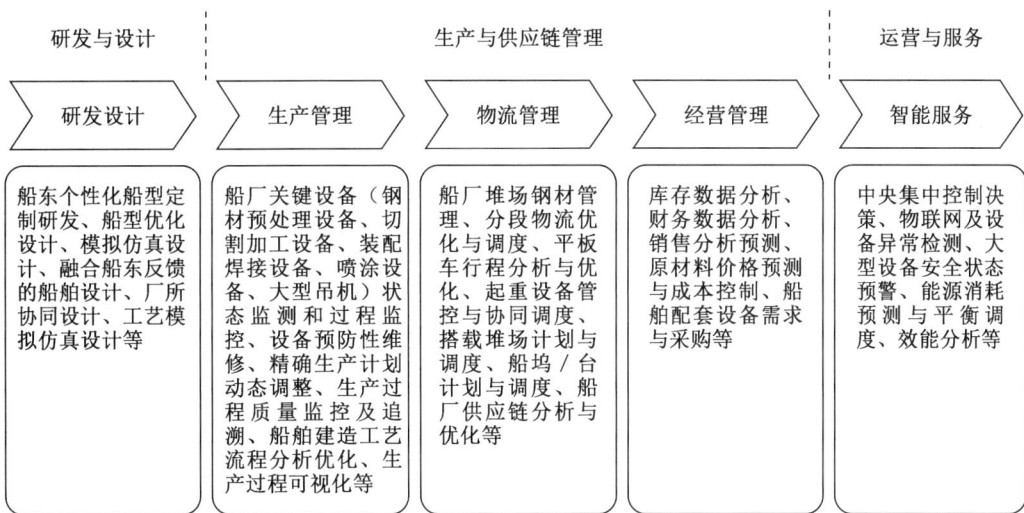

图 2　船厂大数据技术应用的应用场景

8.1 研发设计

船厂大数据在研发设计阶段的应用包括:基于大数据的船东个性化船型定制研发、船型优化设计、基于大数据的模拟仿真设计、融合船东反馈的船舶设计、基于大数据的厂所协同设计、基于大数据的工艺模拟仿真设计等场景,充分发挥大数据技术对船厂研发与设计的支撑作用。

8.2 生产管理

船厂大数据在生产阶段的应用主要包括:基于大数据的船厂关键设备(钢材预处理设备、切割加工设备、装配焊接设备、喷涂设备、大型吊机)状态监测和过程监控、设备状态的安全预警、设备预防性维修、精确生产计划并及时动态调整、派工资源调度、生产过程质量监控及追溯、质量风险预警、生产过程管控与协同调度、船舶建造工艺流程分析优化、船厂焊机群控、生产过程可视化,从而优化工艺流程,提高设备利用率,提升生产管理水平,实现基于大数据技术支撑的生产管理。

8.3 物流管理

船厂大数据在物流管理阶段的应用主要包括:船厂堆场钢材管理、分段物流优化与调度、平板车行程分析与优化、起重设备管控与协同调度、搭载堆场计划与调度、船坞/台计划与调度、船厂供应链分析与优化等,进一步满足船舶行业供应链上下游物流管理、船舶分段制造等相关需求。

8.4 经营管理

船厂大数据在经营管理阶段的应用主要包括:库存数据分析、财务数据分析、销售分析预测、原材料价格预测与成本控制、船舶配套设备需求与采购等。

8.5 智能服务

船厂大数据在智能服务阶段的应用主要包括:中央集中控制决策、物联网及设备异常检测、大型设备安全状态预警、能源消耗预测与平衡调度、效能分析等。

9 组织实施

加强统筹协调。鼓励和支持地方行业主管部门、造船企业、科研院所等建立统一的协调机制。推动加强船厂大数据技术支撑力量,普及船厂数据的重要性,整体统筹协调推进船厂大数据技术的应用。

加快大数据平台建设。加快船厂信息化基础设施的建设,实现信息化和物联网布局的同步推进,积极推动大数据平台建设,同时开展数据质量的教育和培训。

加强宣传培训。充分发挥地方主管部门、行业协会/学会、产业发展联盟等的引导作用,组织召开大数据技术应用宣传会,进行船厂大数据技术示范应用,总结并宣传船厂大数据技术的研究成果和应用案例,加强对重点领域的应用咨询和服务工作。

加强交流与合作。鼓励造船企业、科研院所、高等院校加强与国内外相关大数据组织机构开展多层面、全方位、跨行业的技术交流与合作。同时,积极参与船厂大数据规范标准制定。

加大人才引进与培养。建立健全船舶大数据人才引进、培养、使用、激励等专项政策和机制,培养和造就一批既具备大数据理念、技术和思维,又熟悉船厂建造流程的复合型、实用型、现代型的大数据高级管理人才、科技领军人才和专业技能人才。

附录 2 大数据标准体系

表 大数据标准体系

序号	一级分类	二级分类	国家标准编号	标准名称	状态
1	基础标准	总则		信息技术大数据标准化指南	暂时空缺
2		术语		信息技术大数据术语	已申报
3		参考模型		信息技术大数据参考模型	已申报
4	数据处理	数据整理	GB/T 18142—2017	信息技术 数据元素值表示 格式记法	已发布
5			GB/T 18391.1—2009	信息技术 元数据注册系统(MDR) 第1部分:框架	已发布
6			GB/T 18391.2—2009	信息技术 元数据注册系统(MDR) 第2部分:分类	已发布
7			GB/T 18391.3—2009	信息技术 元数据注册系统(MDR) 第3部分:注册系统元模型与基本属性	已发布
8			GB/T 18391.4—2009	信息技术 元数据注册系统(MDR) 第4部分:数据定义的形成	已发布
9			GB/T 18391.5—2009	信息技术 元数据注册系统(MDR) 第5部分:命名和标识原则	已发布
10			GB/T 18391.6—2009	信息技术 元数据注册系统(MDR) 第6部分:注册	已发布
11			GB/T 21025—2007	XML 使用指南	已发布
12			GB/T 23824.1—2009	信息技术 实现元数据注册系统(MDR) 内容一致性的规程 第1部分:数据元	已发布
13			GB/T 23824.3—2009	信息技术 实现元数据注册系统(MDR) 内容一致性的规程 第3部分:值域	已发布
14			GB/T 32392.1—2015	信息技术 互操作性元模型框架(MFI) 第1部分:参考模型	已发布
15			GB/T 32392.2—2015	信息技术 互操作性元模型框架(MFI) 第2部分:核心模型	已发布

表(续1)

序号	一级分类	二级分类	国家标准编号	标准名称	状态
16			GB/T 32392.3—2015	信息技术 互操作性元模型框架(MFI) 第3部分:本体注册元模型	已发布
17			GB/T 32392.4—2015	信息技术 互操作性元模型框架(MFI) 第4部分:模型映射元模型	已发布
18			20080046-T-469	信息技术 元数据模块(MM) 第1部分:框架	已报批
19		数据整理	20080044-T-469	信息技术 技术标准及 规范文件的元数据	已报批
20			GB/T 30880—2014	信息技术 通用逻辑(CL): 基于逻辑的语言族框架	已发布
21			20080485-T-469	跨平台的元数据检索、 提取与汇交协议	已报批
22			GB/T 34952—2017	多媒体数据 语义描述要求	已发布
23		数据分析	GB/T 38673—2020	信息技术 大数据 大数据系统基本要求	已发布
24			GB/T 35589—2007	信息技术 大数据 技术参考模型	已发布
25			GB/T 12991.1 —2008	信息技术 数据库语言SQL 第1部分:框架	已发布
26			GB/T 31916.1—2015	信息技术 云数据存储和管理 第1部分:总则	已发布
27		数据访问	GB/T 31916.2—2015	信息技术 云数据存储和管理 第2部分:基于对象的 云存储应用接口	已发布
28			GB/T 31916.5—2015	信息技术 云数据存储和管理 第5部分:基于键值(Key-Value)的 云数据管理应用接口	已发布
29			GB/T 36345—2018	信息技术 通用 数据导入接口	已发布
30				信息技术 通用数据导入接口测试规范	暂时空缺

表（续 2）

序号	一级分类	二级分类	国家标准编号	标准名称	状态
31			GB/T 20009—2019	信息安全技术 数据库管理系统安全评估准则	已发布
32			GB/T 20273—2019	信息安全技术 数据库管理系统安全技术要求	已发布
33			GB/T 22080—2016	信息技术 安全技术 信息安全管理体系 要求	已发布
34			GB/T 22081—2016	信息技术 安全技术 信息安全管理实用规则	已发布
35			GB/T 31496—2015	信息技术 安全技术 信息安全管理体系实施指南	已发布
36		通用要求	GB/T 20273—2006	信息安全技术 数据库管理系统安全技术要求	已发布
37				信息安全技术 信息技术产品在线服务信息安全规范	已立项
38	数据安全		GB/T 31168—2014	信息安全技术 云计算服务安全能力要求	已发布
39			GB/T 37973—2019	信息安全技术 大数据安全管理指南	已发布
40			GB/T 35279—2017	信息安全技术 云计算安全参考架构	已发布
41				信息安全技术 大数据全生命周期安全要求	暂时空缺
42			GB/Z 28828—2012	信息安全技术 公共及商用服务信息系统 个人信息保护指南	已发布
43			20130323-T-469	信息安全技术 个人信息保护管理要求	在研
44		隐私保护	GB/T 34978—2017	信息安全技术 移动智能终端个人信息保护技术要求	已发布
45			GB/T 41574—2022	信息技术 安全技术 公有云中个人信息保护实践指南	已发布
46				信息安全技术 大数据中的隐私保护规范	暂时空缺

表(续3)

序号	一级分类	二级分类	国家标准编号	标准名称	状态
47		元数据质量	2010-3324T-SJ	信息技术 元数据质量要求框架	在研
48			2010-3325T-SJ	信息技术 元数据质量指标	在研
49	数据质量	质量评价		软件工程 软件产品质量要求和评价(SQuaRE)数据质量模型	已立项
50				数据能力成熟度模型规范	已申报
51			GB/T 36344—2018	信息技术 数据质量评价指标	已发布
52		数据溯源		信息技术 数据引用规范	暂时空缺
53			GB/T 34945—2017	信息技术 数据溯源描述模型	已发布
54		关系型数据库产品	GB/T 28821—2012	关系数据管理系统技术要求	已发布
55			GB/T 30994—2014	关系数据库管理系统检测规范	已发布
56			GB/T 32633—2016	分布式关系数据库服务接口规范	已发布
57		非结构化数据管理产品	GB/T 32909—2016	非结构化数据表示规范	已发布
58			GB/T 32908—2016	非结构化数据访问接口规范	已发布
59	产品和平台		GB/T 32630—2016	非结构化数据管理系统技术要求	已发布
60				数据管理产品实时数据库通用接口规范	已申报
61			GB/T 34950—2017	非结构化数据管理系统参考模型	已发布
62				非结构化数据管理术语	暂时空缺
63				非结构化数据查询语言	暂时空缺
64		可视化工具		大数据可视化工具通用要求	暂时空缺
65		数据处理平台		大数据平台通用数据存储结构规范	暂时空缺
66				大数据平台通用软件开发工具包(SDK)规范	暂时空缺
67		开放数据集		开放数据集基本要求	暂时空缺
68				开放数据集标识管理	暂时空缺
69	应用和服务	数据服务平台	GB/T 29262—2012	信息技术 面向服务的体系结构(SOA)术语	已发布
70			GB/T 29263—2012	信息技术面向服务的体系结构(SOA)应用的总体技术要求	已发布

表(续4)

序号	一级分类	二级分类	国家标准编号	标准名称	状态
71	应用和服务	数据服务平台	GB/T 37728—2019	信息技术 数据交易服务平台 通用功能要求	已发布
72			GB/T 36343—2018	信息技术 数据交易服务平台 交易数据描述	已发布
73				数据服务平台管理操作规程	暂时空缺

参 考 文 献

［1］ 郑树泉,宗宇伟,董文生,等.工业大数据:架构与应用［M］.上海:上海科学技术出版社, 2017.

［2］ SEUNG - KYUNG L, BONGSEOK K, MINHOE H, et al. Mining transportation logs for understanding the after-assembly block manufacturing process in the shipbuilding industry ［J］. Expert Systems with Applications,2013,1(40):83-95.

［3］ 邱锡鹏.神经网络与深度学习［M］.北京:机械工业出版社,2020.

［4］ 怀特.Hadoop 权威指南［M］.王海,华东,刘喻,等译.4 版.北京:清华大学出版社,2017.

［5］ CHRISTOPHER M B. Pattern recognition and machine learning［M］. New York. Springer,2006.

［6］ 熊赟,朱扬勇,陈志渊.大数据挖掘［M］.上海:上海科学技术出版社,2016.

［7］ 伊恩,约书亚,亚伦.深度学习［M］.赵申剑,黎彧君,符天凡,等译.北京:人民邮电出版 社,2017.

［8］ RENCHER A, CHRISTENSEN W. Methods of Multivariate Analysis［M］. Hoboken:John Wiley & Sons,2012.

［9］ GREFF K, SRIVASTAVA R K, JAN K, et al. LSTM:A search space odyssey［J］. IEEE Transactions on Neural Networks and Learning Systems,2017,28(10):2222-2232.